探索与实践

——上海立信会计金融学院
2022—2023年教学研究与改革论文集

王军华 / 主编

图书在版编目(CIP)数据

探索与实践:上海立信会计金融学院 2022—2023 年教学研究与改革论文集 / 王军华主编. —上海：立信会计出版社,2024.4
　　ISBN 978-7-5429-7590-4

Ⅰ.①探… Ⅱ.①王… Ⅲ.①金融学－教学研究－高等学校－文集 Ⅳ.①F830-42

中国国家版本馆 CIP 数据核字(2024)第 078542 号

策划编辑　　张巧玲　汪玉玲
责任编辑　　张翠芳
助理编辑　　汪玉玲
美术编辑　　吴博闻

探索与实践——上海立信会计金融学院 2022—2023 年教学研究与改革论文集

TANSUO YU SHIJIAN SHANGHAI LIXIN KUAIJI JINRONG XUEYUAN 2022—2023 NIAN JIAOXUE YANJIU YU GAIGE LUNWENJI

出版发行	立信会计出版社		
地　　址	上海市中山西路 2230 号	邮政编码	200235
电　　话	(021)64411389	传　　真	(021)64411325
网　　址	www.lixinaph.com	电子邮箱	lixinaph2019@126.com
网上书店	http://lixin.jd.com		http://lxkjcbs.tmall.com
经　　销	各地新华书店		
印　　刷	江苏凤凰数码印务有限公司		
开　　本	890 毫米×1240 毫米　　1/16		
印　　张	10.75		
字　　数	332 千字		
版　　次	2024 年 4 月第 1 版		
印　　次	2024 年 4 月第 1 次		
书　　号	ISBN 978-7-5429-7590-4/F		
定　　价	58.00 元		

如有印订差错,请与本社联系调换

本书编委会

主　任　王军华

副主任　罗　秦

委　员（排名不分先后）

　　　　郭加林　林振兴　陈　兵　王　凤
　　　　桑瑞聪　彭锻炼　邓桂丰　胡翠华
　　　　高莉敏　万晴瑶　苏宏峰　吕大永
　　　　何　爽　张士引　陈芝岭　张　蕾

序　言

伴随着新时代高等教育的改革创新，新的教育环境、领域和方式对广大高校教师的角色和职业素养提出了新的挑战，也带来了新的教育理念和研究路径。针对这些变化，上海立信会计金融学院教师在纷繁忙碌的日常教学之余，笔耕不辍，将自己对教育教学的理解、研究与实践付诸笔端。为鼓励更多教师深入开展教学研究，不断总结与反思，我们从2022—2023年校级教学研究与改革项目的成果中遴选了部分教师及教学管理人员撰写的论文及案例，汇编成《探索与实践——上海立信会计金融学院2022—2023年教学研究与改革论文集》。

本论文集涵盖了上海立信会计金融学院课程思政建设、人才培养模式改革、教学方法改革、实践教学研究和教学管理研究五个部分。本论文集围绕学校教育教学改革工作中的重点、难点及热点问题展开探索与思考，提出了许多科学的研究思路、解决策略与途径，体现了教师及教学管理人员在教育教学改革道路上的实践、反思、再实践与再反思，凝聚着他们扎实教学、潜心研究的心血和知行合一、知微见著的智慧。

深化教育教学改革是广大教师和教学管理者的永恒主题，也是促进教师专业化发展的必由之路。我们希望广大教师与教学管理人员能够秉持初心与热爱，练好内功，力争在更广的领域、更深的层面收获更加丰硕的成果，持续推动学校教育教学工作提质增效。

本书编委会

2024年3月

目　　录

课程思政建设

定量视角下的会计学专业课程思政建设研究　　　　　　　　　　　　　　　　　王冰洁（003）

课程思政视域下自主探讨案例教学的实践研究——以数学类课程为例　　　　　　安玉娥（008）

发挥线上教学优势，推进课程思政建设　　　　　　　　　　　　　　　　　　　王宁馨（013）

创新创业教育融入思政课途径探析　　　　　　　　　　　　　　　　　　　　　于　闻（019）

人才培养模式改革

财经大数据复合型人才培养模式与路径研究　　　　　　　　　　　　　　　　　徐　鑫（025）

学业导师制下科教深度融合的人才培养模式探究与实践
　　　　　　　　　　彭海艳　王　亭　李　艳　李佳坤　左　川　张笑寒（030）

复合型商科人才培养创新与实践——以罗切斯特大学西蒙商学院为例　　　　　汪利锬（037）

新文科背景下本科生翻译人才培养创新路径　　　　　　　　　　　　　　　　　范　敏（043）

数据科学融入财税学科的典型案例分析——以学科布局优化的西南财经大学为样板
　　　　　　　　　　　　　　　　　　　　　　　　　　　　　　　　　　　范　琦（049）

教学方法改革

基于"两性一度"的案例教学课堂改革与探索——以"战略成本管理"课程为例
　　　　　　　　　　　　　　　　　　　　　　　　　　　　　　　　　　　林振兴（065）

应用型本科会计学专业财务会计类课程教学改革研究
……………………………………………………………… 杨　鲁（071）

基于PBL混合教学模式的"中外内审实务"课程教学改革研究
……………………………………………………………… 李文颖（076）

案例分析与项目教学的双驱动教学模式探讨
……………………………………………………………… 方　媛（082）

"商业银行学"BOPPPSI混合教学创新设计
……………………………………………………………… 王东明（089）

实践教学研究

以打造金课为目标的应用型本科高校经济学实验教学研究
……………………………………………………………… 李秀珍（097）

模拟法庭竞赛与本科实践教学关系研究
………………………………………………… 龙英锋　刘杨东（102）

经济学专业毕业论文渐进式改革研究
………………………………… 李　雪　谭　娜　桑瑞聪　潘瑞姣（107）

以学生发展为中心的大学生创新能力"双循环"培养模式建构——基于上海立信会计金融学院的实践
………………………………………………… 王军华　魏康婧　沈　丹（115）

教学管理研究

应用型高校一流本科专业建设项目管理与研究——以信息管理学院为例
……………………………………………………………… 麻二磊（125）

新文科建设背景下我校教改项目培育路径探讨
……………………………………………………………… 孟昭萍（132）

转专业人才流失原因及对策研究——以财税与公共管理学院为例
……………………………………………………………… 张笑寒（139）

基于教学质量持续改进的"一环、两级、三联动"教学督导工作体系探索与实施
………………………………………………… 牛媛媛　薛国强　郁顺华（146）

"一流本科专业"建设背景下高校教学改革项目实施效果绩效评价研究
……………………………………………………………… 胥晓雅（152）

"本研一体化"教务服务平台构建研究——以上海立信会计金融学院为例
……………………………………………………………… 沈晓欢（157）

课程思政建设

定量视角下的会计学专业课程思政建设研究

王冰洁

摘要 本文以上海立信会计金融学院会计学专业为研究对象,概括并总结了"会计学原理""中级财务会计""高级财务会计"等8门会计学基础课程的课程思政建设内容,在此基础上,分别针对教师和学生进行了问卷调研,从定量角度分析了当前在专业课程融入思政内容建设所具有的可以活跃课堂气氛、提高学生学习积极性等优点,并揭示了专业课程与思政建设内容不契合、相关素材不足、课程之间的思政建设内容重复度较高且内容单一等问题。研发发现,专业课程与思政建设内容不契合和思政建设内容推广时间短、专业课教师对思政建设内容了解不足、教学方法过于传统、时政新闻素材不足、专业课授课时间紧张等因素有关。对此,本文提出扩充教师思政知识、提高专业课程和思政建设内容的契合度、改善专业教师设计思政内容的激励机制、丰富思政学习形式给予政策支持和外援支持、与课程思政建设优秀的院校进行对接等建议。

关键词 课程思政 会计学专业 财经专业

一、引言

(一) 研究背景

2016年12月7日至8日,习近平总书记在全国高校思想政治工作会议上发表讲话,强调高校立身之本在于立德树人,要坚持把立德树人作为中心环节,把思想政治工作贯穿教育教学全过程,实现全程育人、全方位育人。把高校培养什么样的人、如何培养人以及为谁培养人作为高校思想政治工作的根本问题。自此,全国各大高校开始了思想政治工作在高校工作中的探索。

自2019年开始,上海立信会计金融学院将思政课程应用到专业课程的教学中。以会计学专业为例,"会计学原理""中级财务会计""高级财务会计""会计学""财务会计""管理会计"等专业课程从教学大纲设计到平时授课、期末考试等均与思政建设内容进行了多种形式的融合。以上课程均是会计学专业的基础课程,其中"财务会计"和"会计学"是面向全校开设的基础课程,覆盖全部专业的学生。

(二) 研究意义

近年来,上海立信会计金融学院,作为以财经类专业见长的高校,在各个专业课程中逐步融入思政内容,但是财经类专业多是专业性较强的学科,如何自然地将思政内容融入专业课程学习中,使学生能够对思政教育和专业知识融会贯通,并切实地应用到学习生活中。起到"润物细无声"的效果,使其终身受益是当前迫切需要解决的问题。另外,当前关于思政课程和专业知识的研究多集中在理论分析和定性分析方面,包括设计课程教案等,但是对这些研究或是方案的效果没有做进一步的阐述,这也是目前该部分研究比较薄弱的地方。

二、文献综述

随着思想政治建设走进大学课堂,关于课程思政的研究成果也日趋增多,从单独研究课程思政建设拓展到将课程思政与专业课学习结合。

高君(2022)强调了课程思政和思政课程的协同效应,认为两者之间的关系是分散性与系统性、隐含性与外显性、间接性与直接性、多样性与主导性的辩证统一,应从课程思政中发掘育人要素,发挥思政课程的引领作用。陈丹丹(2021)通过构建课程思政元素融入专业课的教学量表,利用探索性因子分析得出课程思政能够影响学生认知能力和情感态度变化,强调要将思政元素内化于心、外化于行。陈艳梅等(2022)以"创新创业基础"课程为切入点,将思政课程中的社会主义核心价值观(个人层面和社会层面)和家国情怀等要素融入创新创业课程中,达到教书育人的目的。朱宗友和刘凯(2022)通过问卷调查分析了课程思政与思政课程的同向同行中遇到的机遇和挑战,认为两者应该求同存异、多措并举和协同推进。童洪志(2021)从专业课课程思政教学过程评价和学生成长结果评价两个维度通过AHP法分析了重庆19所本科院校专业课课程思政建设的教学效果,研究发现教学效果总体评价、学生成长和课程教学过程无显著性的组间差异,但使用马克思主义研究和建设工程教材试点组和非试点组的专业课课程思政建设在总体评价和学生成长方面具有显著差异。

关于课程思政的研究从理论课程到实践类课程、从理工科到医学再到会计、工商管理等文科课程均有探索,研究方法有理论分析和问卷调查等。考虑到每个学校对课程思政的要求不同,课程思政在专业课的课程建设中也具有异质性。另外,当前关于专业课课程思政建设的研究多从两者融合角度进行分析,且分析也多以教师为主体,一定程度上忽略了学生对专业课中课程思政的领悟和运用能力。因此,本文以上海立信会计金融学院课程思政建设为背景,以会计学专业为研究对象,通过问卷调查从教师和学生角度分析专业课课程思政建设的现状、原因,并针对相关问题提出对策。

三、会计学专业课程思政建设现状分析

(一) 课程思政建设现状

随着上海立信会计金融学院思想政治工作的推进,作为国家一流学科建设的会计学专业在课程建设方面也融入了思政元素。从当前会计学专业开设的专业课程来看,会计学专业的基础课程均已涉及课程思政内容,并以案例分析、主题讨论、期末考试等形式给予学生思想和价值观引领,以达到教书育人的目的。会计学专业基础课均能根据所讲述的知识点设计思政教学内容。如:"会计学原理"涉及会计职业与会计职业道德讨论、会计信息质量与会计职业道德讨论、固定资产折旧年限等职业判断;"中级财务会计"根据各章内容涉及会计人员价值观、职业道德等内容,并通过直接讲授、小组案例讨论和期末考试的形式传授;"高级财务会计"将汇率与我国经济建设结合,帮助学生树立依法处理经济交易的理念;"管理会计"将专业课程与人生规划、职业规划紧密结合,以成本控制中的规划和控制技术为学生行为控制提供较好的借鉴和参照,并以案例分析为主要形式传授;"财务会计"将职业道德和社会主义核心价值观视角结合;"会计学"从诚信教育、创新意识和爱国思想等视角分析;"成本会计"考虑到污染治理、绿色发展和可持续发展;"政府会计"从地区经济发展、以人民为中心的小康社会建设、坚持群众路线、接受人民群众监督等视角分析。

(二) 问卷调研分析

本文在对课程内容进行调研的基础上,针对专业课中的思政建设以问卷的形式开展,选取大一到大四会计学专业学生和会计学专业教师为调研对象。本文针对学生发放问卷272份、教师31份,收回有效学生问卷243份、有教师问卷31份。

1. 学生问卷分析

在243份有效学生问卷中,大一学生占比23.4%,大二学生占比37.6%,大三学生占比21.9%,大四学生占比17.1%。调研的学生均反映不同会计学专业课程均涉及思政内容。25.3%的学生反映思政内容由教师在课堂讲解内容时直接讲授,37.1%的学生反映是在案例分析和小组讨论时学习到的,还有37.6%的学生反映在考试中也有涉及,目前只有如"中级财务"会计在期末考试时有涉及社会主义核心价值观的内容的考核。60.3%的学生认为思政课程对人生观、世界观有促进作用,但是仍有39.7%的同学认为其没有作用或作用不大,不认同的学生多数认为课堂涉及的思政课程内容过于简单,可拓展性和发散性不强,且思政课程涉及的内容重复率较高,如多门课程均涉及诚信和财务舞弊等会计人员的职业道德等内容,甚至部分课程对职业道德的切入点也相似。从思政内容看,调研结果显示72.3%的学生认为思政内容与职业道德有关,19.8%的学生认为专业课学习中涉及社会主义核心价值观,而认为专业课学习涉及家国情怀、时政热点和国际视野的学生仅占7.9%。94.6%的学生认为有必要把课程思政内容加入专业课课程学习中,以此增加专业课学习的趣味性,这也一定程度上从道德上约束了学生的行为。另外,有17.2%的学生反映在课堂上接触到新闻时事和案例讨论后,课后会进一步跟进了解时政新闻全貌,有小部分学生因为课堂案例的启发养成了看时政新闻的习惯。但是好习惯的养成除了个人兴趣和努力,还需要有老师的引导和同学之间的相互激励。几乎所有的学生都希望与思政内容能够更加紧密结合、并能与时政新闻有效结合,以学有所用,同时期待讲授方法更加有趣多样,而非仅停留在教师上课讲授。综上,目前的思政课程对学生价值观的构建有积极作用,对提高学生的团队协作能力还存在一定帮助,但是对学生形成良好的观察能力和思维能力、明确学习方向还存在一定的局限性。

2. 教师问卷分析

本文对会计学专业的31位教师进行访谈和问卷调研,问卷有效率为100%。首先,调研发现,几乎所有的专业课教学中均加入了思政内容,但是67.8%的教师认为当前的思政内容与专业课程虽有一定联系,但是不紧密。73.8%的教师认为专业课程加入思政内容一定程度上能够强化学生思想认知,但是26.2%的教师认为加入思政内容作用不大,一个比较重要的原因是课程时间紧,课上非常有限的思政内容能否对学生起到育人感化作用有待进一步考证。另外,当前教师在专业课中融入思政内容普遍面临专业课时间紧张,寻找到有价值、与时俱进的素材难度大,时政新闻材料与专业课结合的创新问题难以突破等问题。思政内容更多围绕在学生诚信、不做假账、坚守职业道德方面。其次,融入的思政内容较少涉及国家时政新闻,这也是学生感觉思政内容重复、吸引力不高的一个主要原因。教师准备课程思政内容更多是遵循教学大纲的要求和设计,主动性不高,课程中能反映时事的思政材料也不多,对此可增加教师的激励机制。再次,87.6%的教师认为设置思政内容能够提高学生学习的积极性,一方面课程思政作为专业课的"调味剂",起到提供新鲜感和放松脑力的效果,另一方面设置思政内容也能提高学生回答问题的积极性,这在案例分析和小组讨论中表现更加明显。从"中级财务会计"的期末考试来看,课程思政以简答题的形式考核,大部分学生的得分是在满分或接近满分的状态,只有小部分学生略有失分,学生基本能够领悟到思政内容,并能够结合专业知识进行分析。最后,目前针对思政内容学生主动反馈意见给老师的较少,仅有个别同学反馈要求增加思政内容创新性,部分相同内容在其他课程中已有涉及,该意见已在课程团队中形成讨论,团队考虑将在案例分析或小组讨论时增加思政的引导问题,从点到面,使问题更加具有创新性和开放性。

综上,学生问卷分析和教师问卷分析的结果显示,虽然当前在专业课程中加入思政课程存在一定的契合问题,但是在专业课程中加入思政内容后,学生对知识点理解更加透彻,小组讨论、案例分析以及时政新闻分析,一定程度上使学生的思想得到升华、培养了学生的家国情怀和道德情操,也提高了团队协作能力和问题发掘能力。

四、会计学专业课程思政建设原因分析

出现上述情况,原因如下:

第一,当前专业课中的课程思政设计过于简单,多门课程或是类似知识点存在重复的思政内容,这与思政内容推进时间短有关,2019年开始启动在专业课中融入课程思政,2020年和2021年才逐渐应用到各门专业课中、体现在教学大纲和授课计划中,相关思政材料准备还不充分。

第二,思政内容对非思政专业的任课教师来说是全新的内容,什么是思政课程、思政课程包含什么内容、如何将思政内容与专业课知识点有机结合是当前面临的难点。到目前为止,相当一部分专业课教师没有受过思政课程的训练,思政内容在专业课推进方面有难度。

第三,在专业课讲授中加入思政内容的教学方法过于传统,教师多是在讲授知识点时带入思政内容,少部分课程增加了案例分析和小组讨论,但是教师在引导学生方面还有待完善。当前课程思政的内容可拓展性不强,学生的学习兴趣较低。

第四,思政内容不仅仅与思政教材内容结合,还包括更多的时事新闻和公司案例,但是跟进时事并将其转化成教学所用的案例需要消耗专业课教师很多精力,更需要课程组成员协作努力,搜集素材、集体探讨思政内容,以增加可用性,这方面还需要给予教师更多的激励政策。

第五,当前专业课授课时间少,一定程度上也会压缩思政内容。专业课程的讲授一般持续15周,每周3课时,一门课程平均是45课时,扣除法定节假日、考前复习和期中考试时间,讲课课时约为40课时,但是专业基础课的内容较多,本身上课时间就紧张,一定程度上也会影响到思政内容的引入。

五、会计学专业课程思政建设对策分析

通过分析在专业课中融入思政内容的现状效果、相关问题及其原因,本文提出以下对策:

第一,扩充教师的思政知识。建议定期或不定期开展思政内容讲座或向教师推送思政内容,使更多的专业任课教师了解思政、认识思政,以及正确运用思政。

第二,进一步提高专业课程和思政内容的契合度。当前专业课程和思政内容的融合是一个难点,两者结合不紧密,内容难以创新。对此,建议教师可以以个人或课程组团队形式搜集思政资料,对资料进行加工分析,在诚信等职业道德信息的基础上增加有关家国情怀和国际视野的信息,拓展思政内容的创新点和分析点。

第三,改善专业教师设计思政内容的激励机制。将专业课程与思政内容融合需要教师搜集大量的资料、关心时政新闻并对资料进行分析整理,需要花费教师很多时间和精力,如果再涉及课程组的团队合作,集体讨论工作量更大。建议学校增加在这方面的项目经费投入。另外,在专业课程中融入思政内容也需要学校在制度上给予支持,从学校层面到学院层面,再到课程组团队层面,建立相关制度。

第四,采用多种形式的思政内容学习。考虑到专业课程讲授时间有限,建议增加课前课后的学习思政时间,可以使用学习通中的"讨论"和"问卷"功能,设置讨论主题和发放问卷,提高学生的认知和活跃度。

第五,鼓励教师提高专业课程和思政内容契合度的同时,增加外援支持,与课程思政建设较好的学校对接,互相交流沟通和观摩学习,以进一步提高校内专业课教师对思政内容的理解和把握度。

六、结论

思政内容走入大学校园,专业课程与思政内容相结合,反映了当前教育的目的不仅仅是传授专业知识,更是育人,对学生起到引导作用。

本文以上海立信会计金融学院的会计学专业为研究对象,运用专家访谈和问卷分析法探讨了在专业课程中融入思政内容的建设现状,并进行了原因分析,最后提出可行性对策。本文对"会计学原理""中级财务会计""高级财务会计"等8门会计学基础课程的思政建设情况进行了概述,同时分别对教师和学生两大主体进行问卷调研,从定量角度分析了在专业课程中融入思政内容具有活跃课堂气氛、提高学生学习积极性等优点,但也存在专业课程与思政内容不契合、相关素材不足、课程之间的思政建设内容重复度较高且内容单一等问题。研究发现,专业课程与思政建设内容不契合和思政建设内容推广时间短、专业课教师对思政建设内容了解不足、教学方法过于传统、时政新闻素材不足、专业课授课时间紧张等因素有关。对此,本文提出扩充教师思政知识、提高专业课程和思政建设内容的契合度、改善专业教师设计思政内容的激励机制、丰富思政学习形式、给予政策支持和外援支持、与课程思政建设优秀的院校进行对接等建议。在后续的研究中,继续挖掘更多的影响因素,完善会计学专业课程的思政建设。

参考文献

[1] 高君.高校课程思政与思政课程的协同效应[J].天津师范大学学报(社会科学版),2022(2):122-128.
[2] 陈丹丹.基于学生反馈的课程思政教学评价研究[J].科教文汇,2021(31):64-67.
[3] 陈艳梅,李存国,都三强.立德树人视域下高校课程思政建设理论内涵与实践探索——以《创新创业基础》为例[J].产业与科技论坛,2022,21(5):168-170.
[4] 朱宗友,刘凯.关于课程思政与思政课程同向同行的问卷调查分析[J].山东农业工程学院学报,2022,39(2):101-104.
[5] 童洪志.高校专业课课程思政教学效果分析——基于重庆19所本科院校的调查数据[J].重庆第二师范学院学报,2021,34(5):87-93.

作者简介

王冰洁 博士,上海立信会计金融学院会计学院讲师;研究方向为资本市场财务和会计。

课程思政视域下自主探讨案例教学的实践研究

——以数学类课程为例

安玉娥

摘要 结合大学数学类课程"抽象性"的特点和财经类院校培养应用型人才的实现,笔者设计并实施了自主探讨案例教学。结果表明,开展自主探讨案例教学,解决了数学学习抽象性的问题,加深了学生对知识的理解;提高了学生解决实际问题的能力;激发了学生探索未知的兴趣,增强了学生勇攀科学高峰的责任感。

关键词 课程思政　科学思维　自主探讨案例

2020年教育部印发的《高等学校课程思政建设指导纲要》明确指出,课程思政建设是全面提高人才培养质量的重要任务,要明确课程思政建设的目标要求和内容重点,科学设计课程思政教学体系,结合专业特点分类推进课程思政建设。对于理学类专业课程,要提高学生正确认识问题、分析问题和解决问题的能力,要注重科学思维方法的训练和科学伦理的教育,培养学生探索未知、追求真理、勇攀科学高峰的责任感和使命感。

一、问题的提出

(一) 数学类课程的特点

大学数学类课程的普遍特点是抽象的数学概念多、定理多、公式多、计算推导复杂,晦涩难懂。多年习惯于直观教学的新入学的大学生对此普遍感到陌生和困难。传统的数学课堂通常采用"定义、定理、证明"的教学模式,这势必导致学生学习兴趣不高,无法满足学生的需求。

(二) 学生畏难情绪普遍存在,学习内驱力不足

学生是学习的主体,面对复杂的数学类课程,部分学生没有兴趣也没有毅力,存在畏难情绪,缺乏钻研精神、奋斗精神。

结合上海立信会计金融学院的人才培养的目标——高素质财经类的应用型人才,剖析数学类课程的特征,在数学类课程教学中,我们要改变传统讲授式教学,丰富创新教学形式,有意识地调动学生学习的积极性,培养、锻炼学生自主发现实际问题,建立数学模型,应用数学理论知识解决实际问题的能力,实现从被动学习到主动探索,提高学生内驱力与创造思维能力。

二、研究的设计

(一) 自主探讨案例教学的内涵

自主探究教学是指在教师的组织、指导和启发下,以所学的教材为基本探究内容,以学生独立自主学习和合作讨论为前提,以学生的研究和生活实际为参照对象,教师为学生提供充分的自由表达、质疑、探究、讨论问题的机会,引导学生自主探索、发现所学的知识,或者将所学的知识创造性地应用于解决实际问题的一种教学形式。

案例教学法由哈佛大学法学院首次提出并成功应用,后被广泛应用到工商管理、医学、法学等领域。案例教学法是以教师为主体,以学生为中心,根据教学目的,设计创设案例,以案例为基础,安排学生对案例进行文献检索、阅读、分析、讨论和交流,通过师生、生生互动,培养学生的批判精神、团队协作合作能力;将理论和实际相结合,加深学生对基本原理和概念的理解,从而提高学生分析问题和解决问题的能力。

自主探讨案例教学是将自主探究教学和案例教学结合在一起实施的教学方法,主要针对数学类基础课程的抽象性,以及财经类数学课程学习的特殊需求而提出的一种新的教学模式。自主探讨案例教学让学生成为教学活动的主体,围绕一定的专题内容,自行寻找实际生活中的案例,应用这个专题内容的理论知识解决实际问题,从而让学生更好地理解这些理论知识如何在各个领域中应用,进而培养学生自主探究学习、运用知识思考与创造的意识。

自主探讨案例教学方法既吸取了自主探究教学和案例教学法的优点,又弥补了它们各自的一些缺陷。

自主探讨案例教学和自主探究教学都以学生为教学活动的主体,学生自己围绕一定的主题,通过开展积极主动的探讨和研究活动来完成任务。这两者区别在于以下3点。

(1) 前者强调的是应用,而不是新知识的发现,它是让学生找到生活中的实际案例,通过建立数学模型,将其所学的理论知识应用到这些案例中,从而解决实际问题;而后者的目标是宽泛地培养学生自主学习的能力,既可以是对新知识的探究,也可以是对知识应用的探究。

(2) 前者更注重"讨"论案例,而后者更注重探"究"知识。前者基本上就是讨论案例,讨论怎样利用学过的理论知识分析、解决实际问题;后者则要学生自主探索研究某个教学任务,教师应慎重安排组织这个探究活动,要考虑到学生是否力所能及。

(3) 自主探讨案例教学更适合专、本科学生的课程教学;而自主探究教学更适合研究生的课程教学。

自主探讨案例教学和自主探究案例教学这两者共有的突出特征就是案例的运用,这也是区别它们与其他案例教学法的关键。区别在于:

(1) 自主探讨案例教学和自主探究案例教学由学生自己课下通过查阅参考文献、上网搜索或者结合实际找到与主题相关的案例;而一般的案例教学中的案例基本上都是教师设计给出的,学生围绕案例去查找资料,解决问题。

(2) 自主探讨案例教学和自主探究案例教学经过笔者的反复实践,非常适用于理科课程的教学;而一般的案例教学更广泛用于经济学、管理学、法学和医学等领域。

(二) 自主探讨案例教学的实施过程——学以致用,以用促学

自主探讨案例教学主要是让学生自主探讨理论知识在实际中的应用。在具体的操作上,分为"独立探索案例""课堂报告讨论""点评总结提高"三个步骤。第一步是学生结合相关的理论知识自主探索案例、建立模型;第二步是学生在讨论课上报告自己的案例;第三步是点评老师针对发言进行分析和评价。

1. 课前准备——独立探索案例

自主探讨案例课需要教师和学生双方共同努力、认真筹备。首先,在安排学生搜索整理案例之前,教师需先讲解几个理论知识应用的经典案例,让学生对这部分知识的"有用性"有初步的感受。其次,智慧教学平台发布任务,给学生一到两周的时间,让他们自己通过各种途径,包括图书馆查阅各类参考书、网上搜索各种资料、在实际生活中探索,找到问题,建立模型,运用所学的理论知识切切实实地去分析问题、解决问题。再次,教师会要求每个学生将这些内容按照课程论文的格式写成课程报告,上传到线上教学平台。最后,教师从他们提交的论文中选取部分有代表性的案例,让这部分学生制作PPT,在课堂上报告讨论。

2. 课堂组织——课堂报告讨论

在课堂讨论中,学生是主体,讲台属于学生,教师是一位"主持人"。学生在报告自己的案例时,教师需要认真倾听学生的发言,并总结评价其报告的闪光点;同时还要密切观察台下学生的反应,鼓励他们积极提问、参与讨论。比如有位学生在一个房屋价格待估问题中建立了一个六阶的线性方程组,系数矩阵的元素是一些没有规律的小数,此时台下就有其他学生质疑他用了多长时间解出这个方程组,他回复是自学了Matlab软件,调用命令求出解。

3. 反馈评价——点评总结高

笔者的课堂组织有一个很重要的环节,就是教师对学生的点评。讨论课时笔者会邀请不同研究领域的老师参加,请他们对每个学生的报告做点评,这些点评很重要,因为老师们不仅对他们建立的模型、采用的手段、方法做深入的点评,让每个学生明白自己报告的优点和不足,更重要的是还要给学生讲解这些知识在以后学科中的应用。比如有个学生在讲完线性方程组的应用——酒的合理配置问题后,点评的老师就提出这个配置问题的求解可用于投资组合中的资产配置问题,等同于在资产一定的前提下如何判定每支股票的投资比例,以达到我们期望的收益;再比如有个学生讲了线性方程组的应用——总统选举问题,点评老师就提出这个矩阵就是统计中的概率转移矩阵。这些点评使学生了解了知识之间的联系,产生迁移形成新观点,有助于增强学生学习的内在动力,更好地吸收课程思政的知识。

(三)自主探讨案例教学的实施策略

1. 让学生"活"起来、"动"起来,"逼"着学生去做

长期以来,学生习惯于听老师讲、自己记笔记、完成作业的学习方式。对于自主探讨案例教学中的自主查找问题、解决问题、登台演讲、讨论交流的学习方式,他们会有一些困惑与陌生,甚至有学生只是简单地从网上复制一个案例。对此我们让学生把自己的案例做成PPT,在讨论课上做报告。这样就"逼"着他们把自己找到的案例搞懂,计算解答一遍,再上讲台清楚地讲解给其他学生听。其结果是学生既掌握了这部分理论知识,又体会到了这些理论知识在实际中的应用,自然就激发了他们继续深入学习课程的兴趣。

2. 放手让学生去发挥

只要学生"活"起来、"动"起来,教师就应该放权了。凡是学生能看懂、能独立解决的问题,放手让他们自己分析、讨论、解决。首次采用自主探讨案例教学时,我们也担心学生能否找到合适的案例、是否会做PPT,上台表达能否清楚,课堂是否会冷场等。事实证明,担心是多余的,学生都找到了合适的案例、PPT做得还很漂亮,大部分学生也不怯场,还不时地来点小幽默,整个课堂的氛围非常好。

3. 从课堂到赛场,以赛促学

为启发学生思考和实践,分享学生的所思所悟,培育学生求知探索和分析验证的科学素养,我们还举办了全院的案例比赛,近两年我们成功举办了两届学生层面的思政案例大赛,第一次面向班级,第二次面向全院学生,学生组队参赛。大赛要求学生围绕所学专业知识,从理论知识的内涵及其现实意义出发,深度挖掘理论知识背后的故事,并利用理论知识解决实际问题。比如,第二届思政案例比赛的获奖者的比

赛内容是结合概率论的内容展开的,有学生从概率的视角去探寻马尔科夫链,有学生基于朴素贝叶斯模型对足球胜率做分析,还有学生应用泊松分布的理论研究于口罩进货方面,获奖小组的详情如表1所示。

表1 获奖小组详情

题目	姓名
浅析贝叶斯公式及其应用推广	郑梦婷、吴楚璇、景韵
基于泊松分布的X射线照射而引起的染色体交换概率分析	刘庆、韦瑀莹、梁善善
随机事件独立性在抽卡游戏中的应用分析	刘芸琪、瞿迎琦
泊松分布及其在口罩进货方面的应用	王铁森、嵇钰恒
基于朴素贝叶斯模型的足球胜率分析	刘子瑞、凤艺、陈亚东
从概率论的视角探寻马尔科夫链	王琳、蒋凯瑶、徐奕霖

数学是从事科学研究的基本工具,经常会在别的学科中得到很好的应用并在应用中发展自身,这些应用和发展往往会激起不同专业学生的兴趣,坚定学生学好数学的决心。

三、结果与讨论

在数学类课程多年的教学实践中,结合一流课程的建设经验以及近几年专业课程思政建设的探索尝试,我们在小班授课的专业课程里进行了自主探讨案例教学的实践,取得了一定的效果。

(1) 该教学方法解决了数学类课程学习的抽象性问题,加深了学生对知识的理解。从学生每次章节测验的反映来看,学生对进行过自主探讨案例教学章节的内容掌握度明显高于没有进行过的,成绩也高一些。

(2) 该教学方法满足了财经类高校数学类课程学习的特殊需求,提高了学生解决实际问题的能力。以"线性方程组的应用"专题为例,学生自主探讨案例的素材非常广泛,来自经济、金融、交通、运筹、物理、化学、医学、生物等领域。具体有投资组合问题、收支平衡问题、利润最大化问题、房产价格待估问题、总统选举问题、交通网络流问题、调制美酒问题、药方配置问题、农村劳动力问题、热传导问题、行星运行轨迹问题等。其应用的广泛性坚定了学生对课程、对专业的认同。

(3) 提高了学生学习数学类课程的兴趣、积极性。我们通过课后与学生交流,以及期末的无记名问卷调查发现,学生普遍认为,"这种学习方法新颖,学习效率大大提高,对相关知识点有了深入理解","让我感触最深的就是数学真的很有用","以后要认真地学习Matlab,Python数学统计类软件,一定要好好练习,因为有了它的帮助就可以更快地解决问题的计算"。"这次活动给了很多同学上台展现自己的机会,这不仅锻炼了同学的自信心,也调动了大家的积极性,下次我也要上台报告演讲,展示自己。"

四、结论

课程思政不是要把所有的课程改造成思政课,数学类课程思政的推进更是为了回归教育的初心——以学生为中心,以提高学生发现问题、分析问题、解决问题的能力为任务,以促进学生全面发展为根本目标。本文针对大学数学类课程的"抽象性"特点和财经类高校人才培养目标"应用型"的需求,我们设计并实施了自主探讨案例教学,并在教学实践中进行了检验,取得了很好的效果。我们认为:在数学类课程的教学过程中,教师应该改变传统的灌输式教学方式,引导学生投入探索与交流的学习活动中去,通过分组讨论等形式,培育学生初步的团队合作能力和尊重宽容的协作精神;调动学生自主学习的积极性,探索学科前沿应用,根植"解决技术创新的底层是数学"的信念,激励学生学好数学技术,服务社会,科技报国。

为了实现这样的目标,实施自主探讨案例教学是一种有益的尝试。

参考文献

［1］谢美华,张增辉.探究式教学在研究生课程教学中的实践[J].高等教育研究学报,2011(34):61-63.

［2］何晶,吴德伟.自主探究教学法在《导航系统》课程教学中的应用[J].高等教育研究学报,2011(34):80-82.

作者简介

安玉娥　博士,上海立信会计金融学院统计与数学学院副教授;研究方向为计算数学和金融数学。

发挥线上教学优势,推进课程思政建设

王宁馨

摘要 受新冠疫情的影响,线上教学逐渐成为常态,为线上教学课程思政的开展提供了条件,线上教学的社会背景是思政教育的宝贵资料,线上教学有利于促进社会主义核心价值观内化,可以激发学生学习主观能动性的发挥;但是目前线上教学课程思政推进还存在着教师素质、学生自我管理等方面的问题;针对上述问题上海立信会计金融学院保险学院开展了一系列教学改革,在线上线下教学整合互补层面上提高了课程思政教学管理水平。

关键词 线上教学 课程思政 教学管理

2022 年,尤其是 2022 年春季学期,新冠疫情突发,为了保证教学工作的正常运转,线上教学成为各个高校必不可少的教学方式。线上教学最初貌似一种迫不得已的应急方式,到现在已经常态化融入整个教学之中,在大学教育中发挥着重要作用。实际上,线上教学是随着计算机和网络技术的进步而发展起来的,不过去我们称之为"网络课程"等。新冠疫情这一突发事件,将线上教学推到前台,将其教学功能凸显出来,进一步推进了教学方式的现代化。人人皆知线上教学的"授业"或知识传授功能,很少有人考虑到线上教学对于育人或课程思政建设也有它独特的功能,这是线下教学所不能代替的。如何利用线上教学手段、方法和资源更好地推进课程思政建设,是课程思政教学目前需要解决的重要问题之一。为了解决这一问题,保险学院进行教学改革,积累了一些有益经验,同时也提出不少值得进一步思考的问题。

一、线上教学课程思政开展的背景

全国高校思想政治工作会议召开以来,上海各高校深入贯彻落实会议精神,开展形式多样的课程思政教育教学改革,取得了丰硕的成果。保险学院积极投身课程思政建设浪潮,以立德树人为核心,以专业课程为载体,坚持知识传授与价值引领相结合,培养具有优秀专业基础和实践能力,具有正确人生观、世界观、价值观和高尚职业道德的保险人才,在"保险学""风险管理"等一系列课程中培育了优秀课程思政建设成果。

疫情对高校教学是一个巨大的挑战,各地正在逐步推进的教育信息化改革以势不可挡的态势在短时间内形成了大势。但同时,这也是一个契机,压力之下,各高校充分发挥了强大的应急协调能力,教师充分展现了强烈的责任和担当意识,在短时间内适应了线上教学模式,保证了疫情下各项教学进度按计划进行。

科学技术是改变社会生活的革命性因素。近年来信息技术、通信技术的发展,使 5G 通信、互联网 E+ 融入高等教育,从而为立德树人提供了强有力手段。习近平在全国高校思想政治工作会议上强调,要"推动思想政治工作传统优势同信息技术高度融合,增强时代感和吸引力"。为更好地开展课程思政教育教学改革,做好线上课程思政教学,保险学院利用腾讯会议、超星网络教学平台等媒介平台,进一步加强教学管理,完善体制机制,将课前规划研讨、课中听课巡课、课后总结评价相结合,鼓励教师积极探索运用现代科技,增强课程感染力和吸引力,打造优秀线上课程思政。具体的途径一是网络直播,教师们利用腾讯会议等媒介开设直播课堂,使线下教学虚拟化展现出来;二是构建在线课程,利用校园网,将教学大纲、教案、PPT课件、参考案例、相关影视资料等放置在超星网络教学平台,方便学生自学,与直播课堂形成互补;三是将网上巡课巡考巡查与线下梳理总结建规建制结合起来,取得了良好的效果。

二、线上教学模式的课程思政功能

线上教学有不同于线下教学所独有的思想教育功能吗?这是将课程思政延伸到线上教学的认识前提。通过思考、研讨和总结,我们形成了一个共识:线上教学具有自身的独特优势,有些育人功能是线下教学所不能代替的。

首先,线上教学的社会背景是思政教育的宝贵资料。大学讲堂的主阵地无疑是线下教学,否则就没有常设大学的必要了。但是为什么我们三年来这么重视线上教学,有时甚至让其成为教学主渠道?这估计是任何课程都难以回避的问题。著名歌唱家廖昌永曾说,抗疫就是最有说服力的课程思政。中国抗击疫情体现出社会主义优越性,国家强大的动员力,人民的团结,这是美国等西方国家根本不能比拟的。抗疫精神体现了我们的民族精神、红色血脉,这种资源教师不去用,那就根本不懂课程思政。其次,数字技术的发展使线上教学成为可能。信息技术发展引导产业革命,使人类社会呈现新的面貌,能否抓住机遇,也是中华民族在新时代的一个重要命题/考验,所以习近平总书记大力倡导数字经济。培养大学生的数字经济意识,将来成为数字经济弄潮儿,这是课程思政教学的重要切入点。

其次,线上教学有利于促进社会主义核心价值观内化。教育心理学研究表明,人们的思想意识很大程度上是活动的内化。例如,"自由"的观念就不是天生的。线上教学突破了线下教学的时空限制,学生可以在自己方便的时候回放直播课堂、查看在线课程,拥有线下教学所不具有的自由度,这有助于学生理解"自由"理念。又如"平等"观念,在网络空间每个人的地位都是平等的。不仅学生和老师是平等的,而且普通学生和学霸,小学生和学富五车的专家都是平等的,没有教条和"圣人之言",这种网络氛围天生破除等级观念,为有教无类提供了土壤。再如"法制"观念,网络的平等和自由,都以遵纪守法为前提,这是线上教学和思考讨论的必要前提。这种思想的贯彻,有助于学生法制思想的内化,也是思政教育的鲜活材料。当然,网络只是提供了社会主义核心价值观内化的可能性,要把课程思政落到实处,还是要靠老师的引导和启发,否则只是一句空话。

最后,线上教学可以激发学生学习的积极性。是素质教育还是应试教育,是主动学习还是被动学习,不仅关系到学习的效果,而且关系到学生科学精神、创新精神的孕育和培养。线上教学以网络为平台,网络能为学生营造一个宽广的学习世界,这超越了线下的图书馆、资料室。就一门课程来说,在线课程所提供的信息量之丰富完全不是线下教学所能提供的,如果学生真正好好利用,那么他获得的知识将得以倍增。网络空间强大的运算功能启发学生展开想象的翅膀。在现实生活中,一个实验、一个建模或设计需要耗费一定的资材,而网络空间不同,学生可以利用知识和想象力去自由构建和组合,虽然其结果还要在现实中检验和论证,但至少要节省一定的资源,而且又能培养学生大胆尝试、勇于创新的精神。同时,网络空间还有强大的传递功能。在线上教学状态下,社会上的各种思潮、观点更容易影响学生,这不仅孕育着开放的精神,同时也需要学生解析国际国内社会各个领域的热点问题。这样,课程思政不是无米之炊,如果引导得好,学生必然是充满阳光、目光远大、面向未来、勇于探索的新人。

三、线上教学课程思政开展存在的问题

线上教学作为现代化的教育手段,为课程思政教学提供了有利的平台和条件,但是做好课程思政教学工作绝不是一帆风顺的。通过访谈、调研和思考,我们发现线上教学的课程思政开展还存在一些困难和问题。

(一)教师运用现代科技开展课程思政意识和能力的差异性明显

(1)教师运用现代科技开展课程思政的意识存在差异性。部分教师认为,线上课程只是简单地将线下课程搬到网络上,未根据线上教学的特色对课程思政内容进行灵活的设计和构思,造成授课中课程思政元素融入方式老化、僵化,不利于吸引学生的兴趣,难以引起学生的共鸣。也有部分教师从思想上对线上课程仍存在着消极应付或排斥的心理,也对其利用新技术研究课程思政开展方法造成了一定的障碍。

(2)教师运用现代科技开展课程思政的能力存在差异。部分教师疫情之前对线上课程接触比较少,习惯于面对面的线下课堂,对新技术运用缺乏适应能力,对线上教学课堂组织也缺乏掌控力,授课中不知如何利用现代科技对课程思政内容进行展现,难以达到春风化雨的教学效果。

(二)教师课堂设计较为复杂

线上教学给教师课堂设计提出了更高的要求,在网络信息繁杂的情况下,如何能吸引学生专注于课程,需要教师的精心设计。而在线上教学中,如何巧妙融入课程思政,使学生乐于学习、乐于接受,更需要教师对课堂教学内容、需融入的课程思政理念、教学方法、教学形式等进行不断探索,并根据学生的反馈进行调整。教师不但要在线上专业内容教学中寻找课程思政最为合适的切入点,而且要对课程思政在在线教学中的开展形式进行构思,充分运用在线教学带来的科技便利,从传统课堂围绕教师展开授课的形式转变为以学生为中心进行授课,及时了解学生对课程的意见和反馈,提高学生对课程思政内容的认同度。

(三)教师课堂组织难度大

线上开展课程思政使课程思政的课堂组织难度有了进一步的提高。将课程思政放到线上来开展后,一方面,这为教学提供了更广阔的发挥空间,教师可以通过更多样化的教学平台和更灵活教学方法来展示思政内容;另一方面,线上课程思政多元的教学平台和教学方法也提高了对教师组织能力的要求,教师必须能够组织好学生在各教学平台上运用各类工具学习,才能推动课程思政有效开展,潜移默化地培养学生的社会主义核心价值理念,使课程思政真正走进学生心中。

(四)学生科创和社会实践开展不便

(1)课程思政要求加强对学生科创的指导,培养具有创新能力的人才。线上课程思政开展过程中,一方面,部分科创项目和竞赛的开展受到影响,学生无法前往赛场参加比赛,对学生参与课程思政的积极性造成了一些影响;另一方面,教师与学生需要进行远程指导,科创团队的学生之间也无法面对面交流,需要教师重新规划设计,激发学生开展科技创新活动的兴趣,探索线上科创指导的新思路。

(2)课程思政要求在实习实践活动中培养学生的实践能力,使学生将教师传授的课程思政理念运用到工作实际中,达到知行合一的效果,真正将课程思政理念内化于心。受疫情影响,学生往往无法前往实习单位开展各类线下实习和实践活动。探索培养学生实践能力、进一步强化课程思政学习效果的新途径,存在着一定的难度。

（五）对学生自我管理能力要求高

线上开展课程思政要求学生有较强的自觉性，一是疫情期间，学生需要对网络上各种舆论有正确的辨识能力，专心于学业；二是要配合教师教学安排，完成各项教学任务；三是要积极与教师沟通交流，使教师充分了解学生思想动态，便于教师根据学生对课程思政的接受情况，及时调整教学安排和教学方式。

（六）质量监控体系不完善

课程思政注重培养学生良好的道德品质和正确的价值观，教学目标具有较强的主观性，教学效果无法完全用定量的方式来衡量。因此，要对各线上课程思政开展情况进行判断，并以此作为判断教师课程思政教学效果的依据，建设优秀示范课程，鼓励教师积极开展线上课程思政，仍需要多方面的研究，制定科学的评估标准。

四、保险学院线上课程思政教学管理的开展思路

线上教学对于课程思政的实施提供了有利条件，但是目前的线上教学与课程思政的要求和目标还有一定的距离，存在若干困难和问题。针对这一状况，保险学院以完善和新设"混合式教学"（线上线下课程各占一定比例）为抓手，进行了一系列教学改革。

（一）组织教师梳理网络上各类课程思政教学资源

线上课程思政教学为教师整合各个平台优秀资源进行教学和研究提供了有利条件，学院教师根据所在专业，组建课程思政教学研究团队，鼓励团队成员根据专业特色和线上课程思政开展的特点，积极寻找网络上优秀的课程思政案例、视频、文章、社会热点等教学内容，作为日常开展案例式教学、研讨式教学的重要组成部分，以及线下学生拓展性学习的补充资源。教学的资源整合，进一步开阔了学生视野，促进学生了解社会，对课程所承载的思政内容有更加深入的思考。

（二）组织教师更新课程思政教学内容

学院组织教师积极开展教学研讨，探索提高线上课程思政实效的有效途径，交流完善线上课程思政教学内容的方法和思路。一方面，根据社会热点，与时俱进地更新专业教学中的课程思政教学内容。例如，疫情之下，涌现了许多奋战在抗疫一线的英雄，教师可以以此培养学生爱国爱民的情怀。同时，疫情使保险的社会"稳定器"职能得到了更多人的重视，教师应注重培养学生对行业的热爱，以及对国家和社会的责任与担当意识。另一方面，线上教学与线下教学有较大的差异性，教师需结合线上教学的特点，对课程思政的切入点及时进行调整与重构，使思政元素融入更自然、更有效。

（三）组织教师交流在线课程思政教学方法

学院组织教师定期开展教学沙龙，交流线上课程思政教学方法和技巧。首先，交流课程设计经验。汇聚团队教师的智慧和力量，集思广益，对线上课程思政各环节如何开展、采用的具体教学方法进行更深入的挖掘。其次，交流课堂组织经验。第一方面，要培养学生树立规则意识，遵守教学秩序，只有培养好学生的规则意识，才有可能在后续课堂教学中取得更好的育人效果，这也是课程思政的应有之义。第二方面，要确保学生的出勤率和在线率，要增强课程思政教学的吸引力和感染力，采用学生喜闻乐见的教授形式，与学生实时互动，掌握学生对教学的看法与反馈，要安排好考勤确保学生到课并有效开展学习。第三方面是要在授课前对教学活动整体步骤做好部署，对课程思政教学目标、各教学阶段采用的教学形式、应学习的课程思政教学资源、师生互动与反馈平台、教师直播平台等做好规划，提前安排并确保学生知

悉。最后,交流信息化教学工具使用技巧,熟练运用各类线上教学软件,如超星平台、微信或QQ群、腾讯会议等,并根据课堂教学的需要随时切换。

(四)组织教师积极参加在线教学和课程思政教学培训活动

疫情期间,学院各门课程均开展了线上教学,但对于大多数教师而言,线上教学仍是疫情之下不得已的选择,教师的在线课程思政教学能力还有着较大的提升空间。为了帮助教师提高教学能力和教学水平,适应线上课程思政教学"新常态",学院统筹遴选各类适合本院教师的在线教学和课程思政教学培训活动,鼓励各教学团队的教师积极参加,学习先进的教学经验。一方面,学习优秀的在线课程建设经验,可以推动教师对自身所教授的课程进行反思和重构,根据线上教学的特点,对教学目标、教学环节、教学内容等进行再次打磨,打造更适合线上开展的课程思政教学模式,提高教师线上课程思政教学能力和教学水平,建设高水平在线课堂,达到更好的育人效果。另一方面,此类培训活动也能够在学院内部营造良好的线上课程思政开展氛围,鼓励教师积极交流学习心得和感想、积极开展教学研究和改革,并将研究成果运用到课堂教学中,以教学研究来促进在线课程思政课堂教学水平的提高。

(五)总结在线课程思政教学优秀案例

学院组织各教学团队积极总结教学经验,遴选在线课程思政优秀教学案例,编制课程思政教学指南。通过优秀案例和指南,为团队教师开展在线课程思政提供示范和引领,带动团队其他教师积极开展在线课程思政教学研究和改革。对于在线课程思政建设优秀的教师,学院在各类评优、评选、教师综合评价和职称晋升方面给予激励,充分调动教师的积极性,鼓励在团队内部、团队之间形成共同钻研、共同进步的良好局面,实现专业课在线课程思政建设协同发展。

(六)规范在线课程思政监督检查机制

为了保证线上课程思政顺利开展,学院从课前、课中、课后三方面着手,加强课程思政管理。

在课程授课前,学院领导、教学管理人员和专业教师组成检查小组,对各门课程在线教学网站建设情况和在线教学资源准备情况开展监督检查,确保在线课程网站建设完善、教学大纲和教学环节设计科学、教学资源充分、教学内容符合课程思政总体建设要求。

在课程授课中,学院针对在线课程教学开展巡查和听课。一是由学院领导、系主任和教学管理人员组成督导小组,对在线课程思政课堂教学情况进行巡查,实现所有课程巡查全覆盖。一方面,确保每门课程按时开始、教学活动正常进行;另一方面,了解课程思政切入点是否精准、教学环节设置是否合理、学生是否积极参与课堂互动。二是要求学院教师积极开展线上课程听课评教,听课教师充分参与到课堂教学中,学习授课教师的教学方法和教学设计,促进教师之间,尤其是青年教师和老教师之间的交流,鼓励教师互相学习在线课程思政优秀教学经验,总结优秀案例并在教学团队之间进行讨论。

在课程授课后,根据在线教学平台相关统计数据,了解学生对各门课程的反馈和问题,及时与任课教师沟通,以便教师根据学生情况和兴趣点,调整教学方法和内容,进一步提高课堂教学质量。

(七)开展线上导师指导和线上实习

学院教师根据激励计划要求,落实在线指导。教师通过超星平台、微信群、QQ群等方式,了解学生思想动向,根据学生具体情况开展指导,引导学生树立正确的价值理念。鼓励学生积极参与教师课题、积极参加各类科创竞赛项目,培育学生创新意识和创新能力。针对疫情期间学生可能出现的焦虑、迷茫等情绪加以正向引导,帮助学生坚定信念、克服困难、专注学业。

另外,教师积极发掘各类线上实习资源帮助学生开展线上毕业实习和专业实习,并多次摸排学生线上实习开展情况和进度,对于进度落后的学生,指导教师加以督促。通过开展线上实习,可以使学生了解将所学知识运用到实际工作中的方法,提高学生实践能力,培育职业道德修养。

参考文献

[1] 张烁.把思想政治工作贯穿教育教学全过程 开创我国高等教育事业发展新局面[N].人民日报,2016-12-09(001).
[2] 郑宏,谢作栩,王婧.后疫情时代高校教师在线教学态度的调查研究[J].华东师范大学学报(教育科学版),2020,38(07):54-64.

作者简介

王宁馨 硕士,上海立信会计金融学院保险学院助理研究员;研究方向为高等教育研究。

创新创业教育融入思政课途径探析

于 闻

摘要 党的十九大以来,国家一直强调要鼓励大学生自主创业,提升创新型意识,强调科技、创新的重要性。思想政治理论课是落实立德树人根本任务的主阵地,不仅在铸魂育人中发挥关键作用,而且对培养大学生的创新创业能力发挥着重要作用。本文通过对创新创业教育及其与思政课内在联系的研究,针对当前创新创业教育与思政课融合的现状,在此基础上探索创新创业教育融入思政课途径。

关键词 创新创业教育 思政课

在 2019 年 3 月 18 日举办的学校思想政治理论课教师座谈会上,习近平总书记强调,办好思想政治理论课,要扎根中国大地办教育,将教育同生产劳动和社会实践相结合;大众创业、万众创新的时代背景,为创新创业教育融入高校思政课教学提供了契机,将创新创业教育融入思政课,是"双创"背景下时代发展的必然要求,既顺应时代的需求,又满足学生自身全面发展的需要。

首次提出对学生创新能力进行培养的是由哈佛大学通识教育委员会出版的《自由社会的通识教育》(General Education in a Free Society)(1945 年),该书提出,对学生的培养不仅仅局限于知识培养,也在于学生创新能力的培养。"创业教育"一词由柯林·博尔博士在 1989 年提出,他指出,一名合格大学生应具备以下素质:一是创业实践所需的知识,二是创新意识以及创业能力,三是创业所需的抗压能力。1990 年,Plaschka 提出,创业教育可以培育学生的创新精神以及创新能力,因此,提升国家创新力、生产力以及竞争力的关键之一是创业教育。2002 年,Jean Pierre Béchard 提出,创业教育可以通过培训学生的创业技能、磨炼学生意志,从而培养学生的行为模式和思维方式,并贯穿到学生的日常学习生活中。在 21 世纪,众多学者对于创新创业教育内涵不一而论,有学者认为,专业教育是基础,最终服务于创新创业教育,两者并不是相互独立的,在高校各专业教学过程中,应该将创新创业教育融入各专业教育的过程中,将两者有机结合,结合创新创业知识与实践,培养学生的创新创业思想意识以及相关技能,这有利于促进高校教学改革。也有学者指出,创新创业教育是一项可持续发展的教育模式,其重在激发学生的创新思维以及创造力,体现人的全面发展,体现人才在社会经济发展中的重要性。

我认为,创新创业教育包含三层内涵:首先,就创新创业教育本身而言,创新创业教育偏实践,以课堂为载体,最终任务是引导学生学会做什么以及怎么做,而不是去解释是什么以及为什么,因此需要教师重新思考怎么去完成这项教育任务。其次,创新创业教育不同于其他课程,它的特殊性体现为开放性,其教育范围不能仅仅局限于学校,应鼓励教师突破校园,合理利用社会资源要素,实现社会、学校、行业、政府的协同育人,构建创新创业教育体系。最后,创新创业教育是终身教育,一方面,创新创业教育不仅仅培养学生学习创新创业相关理论知识,也鼓励学生积极参与校内各种创新创业比赛,为学生走出校园、融入社会创业做准备;另一方面,创新创业教育对学生创新意识以及创业能力的培养,会使学生受益终身。

一、创新创业教育与思政课的内在联系

创新创业教育与思政课有着一致的教育目标、教育方式与教育对象。首先,在高校教育中,所有教学活动的教育目标都是围绕立德树人而展开的,并以学生发展为价值导向,发挥各专业学科的育人功能。其次,创新创业教育与思政课教育对象也相同,都是在校大学生。最后,创新创业教育与思政课都是以课堂教学为载体,理论与实践相结合。创新创业教育与思政课都承担着育人功能。创新创业教育与思政课都是通过课堂等教育途径,培养大学生的思想品德、创新创业能力,武装大学生思想,培养全面发展的大学生。

学生的创新创业能力与思想道德素养是相辅相成的关系。创新创业教育培养具有创新精神与创业能力的实践型人才,实践需要科学的理论指导,作为大学公共必修课的思政课,其首要任务是帮助学生树立正确世界观、人生观、价值观,引导学生学会思考,培养学生的创新思维与创新意识,有着不可替代的教化引领作用,因此两者互为补充。将创新创业教育融入思政课,不仅能够实现创新创业教育的德育功能,还能够对学生的创业实践进行科学的引导,提高学生的综合素质。教师在培养学生的创新创业意识、提高其创业能力的同时,也应该注重学生思想道德的培养。只有将两者结合起来,学生在创业过程中才能坚持正确的价值引领。学校对学生的思想政治教育,能够使学生获得正确的价值引领。只有将思政课与创新创业教育相结合,才能培养出具有社会责任感、时代使命感的全面发展的创业人才。

二、创新创业教育融入思政课发展现状

目前,创新创业教育融入思政课发展现状如下:

一是对创新创业教育认知水平不够,教学方式单一。一方面,目前高校举办了较多的创新创业大赛以提升学生的创新创业能力,但是往往比赛缺少对大学生的思想品德、社会责任感以及抗压精神等品质的引导。另一方面,创新创业教育偏向于实践教学,而思政课偏向于理论教学,部分仍以灌输式教学为主,缺乏引导引领性。随着逐年增大的就业压力,就业竞争日益加剧,如何培养符合时代发展需求的创新创业型人才,是创新创业教育的一项重要课题,要让大学生思政课与创新创业教育同向同行,让创新精神与创业意识落到实处,实现学生的长远发展。

二是内容滞后,缺乏协同教育的意识。虽然创新创业教育与思政课有着教育对象、教育目标的一致性,通过调研,目前两者的融合程度不尽如人意,呈现各自为营的状态。比如,思政课缺少创新创业的规划与引导,过分注重思政课理论教育,创新创业教育过分注重创业基础理论知识教育,却无法帮助学生解决要不要创业、如何去创业等问题。目前,思政课一般以理论课为主,大多向学生灌输政治观念以及理论知识,因此部分学生认为思政课是较为枯燥的课程,教学质量与效果不尽如人意。究其根本原因,在于思政课缺乏趣味性、主动性、创新性以及时效性,课程体系较为枯燥,严重影响了课堂效果。思政课是围绕思想与政治所展开的教学活动,因此,其教学应当与时俱进,结合时代发展的要求,以课堂教学为载体,帮助学生认识并理解国家以及时代的发展。对于学生而言,刚刚迈入大学生活,部分大学生大一、大二初期自我职业规划不清晰,自我定位不明确,加之较为丰富的校园生活等外在因素的影响,大学生活初期往往缺乏较为明晰的职业规划。随着社会迅速发展,社会分工愈加细化,部分行业的专门门槛逐渐提高,可能会导致学生产生畏惧心理,学生所学知识与工作岗位不完全匹配,在职场中遭受挫败。因此对于思政课教师而言,要协同创新创业教育与思政课教育理念,将两者有机融合,尤其在目前"双创"的时代背景下,思政课学生上课抬头率不高,协同创新创业教育与思政课教育,将两者有机融合起来,不仅顺应了时代发展的需求、学生全面发展的需求,也能够大大增强思政课教育课堂效果,实现两者同向同行。

三、创新创业精神融入思政课的必要性

思政课作为大学生的公共必修课，其教育过程是理论与实践的结合，是从实践到理论，再从理论到实践的过程，将创新创业教育融入思政课，既能够强化创新创业教育的效果，也能够推动高校思政课教学内容的创新，提高学生的上课抬头率。

首先，思政课有助于培养学生正确的创业观以及创新意识，创新创业作为一种实践活动，其必然受学生的创业观、价值观的影响。思政课能够为学生提供充分的理论与方法论的指导，帮助学生梳理正确的价值观、创业观，为学生创新创业实践提供理论指导与精神支撑。其次，思政课有助于培养学生的创新思维，提高学生的创业能力，马克思主义唯物辩证法就是要求用辩证的思维去批判原来的事物，在此基础上可以创造出新思维、新事物。这种辩证思维也是创新创业教育的重要组成部分，教师通过思政课指导学生掌握马克思主义观点及方法，结合创新创业案例及实践活动，不仅能够为学生提供理论支持，还能够培养学生分析问题、解决问题的能力。最后，随着就业压力逐年增加，大力推进创新创业教育，在一定程度上有助于缓解大学生的就业压力，中学阶段学生大多侧重于对书本理论知识的学习，普遍缺少社会实践经验，而大学生活时间较自由，学生具有较多的社会实践安排时间。思政课堂作为向大学生传播国家思想政策的主要途径，将创新创业教育融入思政课中，有利于培养全面发展型人才，同时也能够促进师生之间互动，改善理论课教学方式，促进教学模式的改革。

一方面，创新创业教育最终要落实于实践，目前，较多的高校大学生创新创业意识不强，加上创业需要大量的时间成本以及金钱成本，存在较高风险，需要创业者具有比较高的抗压能力以及坚持不懈、百折不挠的精神，综合多重因素，大部分学生在进行职业规划时会更倾向选择一份稳定的工作。另一方面，创新创业教育应紧跟时代发展的步伐，作为"生成式教育"的创新创业教育，其教育内容以及教育方式并不是一成不变的，创新创业教育最终需要根据社会实践发展的需要而变化，与时俱进，培养顺应时代发展需要的人才。这就要求教育以学生为中心，要求学生主动学习，但目前而言，部分创新创业教育课堂仍以教师灌输式的讲解分析为主，比如专业名词的讲解等，这样难以实现理论与实际相结合，使得创新创业教育与社会经济发展脱节，无法帮助学生做好职业规划与引导。因此，将创新创业教育融入思政课，将两者深度融合，有利于培养学生正确的价值观以及创业精神，在一定程度有利形成较为浓厚的校园创新创业文化氛围，有利于提高学生毕业就业率。

四、创新创业教育融入思政课的途径探析

创新创业教育与思政课在教育对象、目标以及内容上具有高度的契合性，都是通过理论与实践相结合为国家培养全面发展型人才。因此，加强创新创业教育与思政课的融合，可以不断拓宽创新创业教育的培养路径。

（一）始终坚持以学生为中心，发掘学生潜力

当代大学生思维活跃、思想超前，学校要营造良好的校园文化氛围，通过组织创新创业型比赛、竞猜活动等，潜移默化地培养学生创新创业意识，丰富学生的阅历，提高学生的协作能力，发掘学生的潜在能力。与传统的教学模式不同，将创新创业教育融入思政课，需要改善原有教学模式，将理论教育与实践教育有机结合，立足于学生需求，比如通过指导校内的各种创新创业项目，借助相关实践案例，改善课堂教学效果。目前，较多大学生不愿走出舒适圈，缺乏相关实践经验，这就要求思政课教师以学生为中心，关注学生需求，帮助学生克服以自我为中心的观念，关注学生思想动态，将思政理论课教学与创新创业教育充分结合起来，鼓励相关学生在课堂中分享创新创业经验，激发学生的创业意识，鼓励学生自主创业。

(二) 丰富教学内容，将创新创业精神融入教学计划之中

思政课教学内容应以教材基本知识为基础，紧密联系时代发展热点，结合当下国家时事政策，特别是学生进入社会后所面临的问题以及当前的社会热点问题，围绕学生在校园生活、社会生活中的关注点，寻求创新创业教育与思政课的契合点，教师应以教学内容为载体将创新创业教育融入思政课，开展思想政治理论教育，利用思政课知识来帮助学生分析、解决问题，不断丰富教学内容。应结合就业等大学生热点话题，帮助学生理解重大理论、实践问题，更有效地开展思政课教育，让学生拥有好的心态进入社会，开辟思政课实践教学新途径。作为思政课教师，不仅仅要具备扎实的专业基础，也应不断完善创新创业知识储备，增加实践经验，进一步理解创新创业教育内涵，更好地指导学生创新创业，提高教学质量；教学时，坚持以学生为中心，根据学生发展需要，将理论与实践相结合，注重培养学生的实践能力，可以将实践案例融入理论知识的讲解中。

(三) 改进教学方法，改善创新创业精神进课堂的方式

创新思政课教学方式，如情境教学。在思政课教学过程中，教师要将思政课教学内容与创新创业教育内容有效衔接，有效运用情景教学模式，改变教学方法，将思政课理论与创新创业实际相结合，呈现创新创业教育内容。首先，借助思政课堂辩论赛或演讲等方式，融入创新创业教育内容，学生通过参与辩论赛或者演讲，加深自己对创新创业的理解与认识，提高创新创业意识；也可以邀请名家进课堂等，促进大学生在思政课课堂中受到创新创业意识的启发。其次，翻转课堂也是一个很好的辅助教学形式。再次，随着互联网的不断发展，创新创业教育与思政课内容的衔接，可以充分利用互联网的发展以及现代信息技术，将线上教学与线下教学实践相结合，促进思政课理论知识与创新创业实践相融合。比如，思政课教师可以在网络教学平台上传相关课件，学生可以通过自主学习，获得思政课与创新创业相关知识案例；教师在日常教学中可以设计实践教学活动，大学生通过实践进一步加深对相关知识的理解与掌握，如此循环往复，不仅提高了教学质量，同时也培养了大学生的综合能力以及自主学习能力。最后，可以通过搭建相关学习平台，拓宽教学渠道，比如，开设思政课教师微信平台，通过该平台推送发布相关信息，丰富学生的学习内容。借此平台可以在原有教材的基础上实现延伸教学，比如发布相关实践创业教学案例，借此平台增进教师与学生之间的沟通，帮助学生解决问题。

对学生的培养，是传道、授业、解惑，更重要的是让学生学会理论联系实际，适应时代的发展，将知识运用到实践中去。在双创背景下，思政课教学过程更需要注重对学生理论联系实际能力的培养，因此将创新创业教育融入思政课想尤为重要。将创新创业教育融入思政课不能一蹴而就，这是一项长期的任务，应将思政课课堂理论教学与实践教学相结合，增加创新创业教育的联动，改变教学方式，培养学生的创新精神与创业能力。

参考文献

[1] 黄家周,陈林.新时代高校创新创业教育有机融入思政课教学基本策略探析[J].高教论坛,2019(10):105-109.
[2] 黄兆信,王志强.论高校创业教育与专业教育的融合[J].教育研究,2013(12):59-67.
[3] 王炳坤.探究创新创业教育融入高校思政课教学[J].就业与保障,2020(21):59-60.

作者简介

于 闻 上海立信会计金融学院马克思主义学院研究实习员；研究方向为高等教育学。

人才培养模式改革

财经大数据复合型人才培养模式与路径研究

徐 鑫

摘要 全球新一轮科技革命与产业变革迅猛,数字赋能产业的发展成为不可逆转的趋势。传统教育培养的专门型人才难以满足财经行业对财经大数据复合型人才的需求,这迫切要求推动财经大数据复合型人才培养变革。本文基于人才素质的"冰山模型",提出财经大数据复合型人才的三维特征,按照价值引领、学科交叉、产教融合培养思路,提出π型人才培养模式,进而结合本科教育的阶段性特征,提出财经大数据复合型人才培养的夯实基础、专业精进、应用融合、创新实践的四阶段路径。

关键词 财经大数据 冰山模型 复合型人才 培养路径

数字化转型成为不可逆转的趋势,复合型人才是财经产业数字化升级的关键要素。习近平总书记围绕培养什么人、怎样培养人、为谁培养人的根本性问题,多次强调人才培养工作的重要性。2020年,中共中央、国务院印发《关于构建更加完善的要素市场化配置体制机制的意见》,明确了数据核心生产要素的地位,强调要充分发挥数据基础性资源和战略性资源的作用。财经类高校面临大数据时代的深刻变革,基于学校定位、生源结构、区位特征等因素,探索财经大数据复合型人才培养的模式、路径和方法,具有强烈而迫切的现实需求。

一、复合型人才的内涵特征

所谓复合型人才,是相对于专业型人才而言的,传统教育强调术业有专攻,而复合型人才通常具有厚基础、宽口径、高素质、适应性强特点。总体来看,复合型人才具有广泛的知识宽度、较深的专业厚度、较高的综合素质和极强的适应能力。目前学术界和业界广泛提出的"T型人才""十字型人才""π型人才"都是指复合型人才,俗称一专多能的人才。银行、证券、保险等行业需要大量既懂大数据技术方法又理解财经问题的复合型人才。美国心理学家麦克利兰(1973)提出著名的冰山模型(图1),将人才个体的综合素质划分为两个部分:一是"冰山以上部分",是指容易测量的知识、技能和行为,可以通过培训提升;二是"冰山以下部分",是指难以测量的行为和素质,不易受到外界影响。总体来看,"冰山模型"为复合型人才研究奠定了理论基础。

(一)知识复合

知识复合是指将金融学、会计学、经济学等财经知识与机器学习、人工智能等大数据知识交叉复合。对于财经大数据复合型人才来说,财经问题是大数据分析技术的主战场。解决财经问题要求教师既有大数据技术相关知识所形成的扎实功底,也有对财经问题相关知识的深刻理解。知识复合不是简单的课程叠加,而是以"一加一大于二"的复合思维,掌握全新的系统性、跨界性、专业性的财经大数据知识体系。

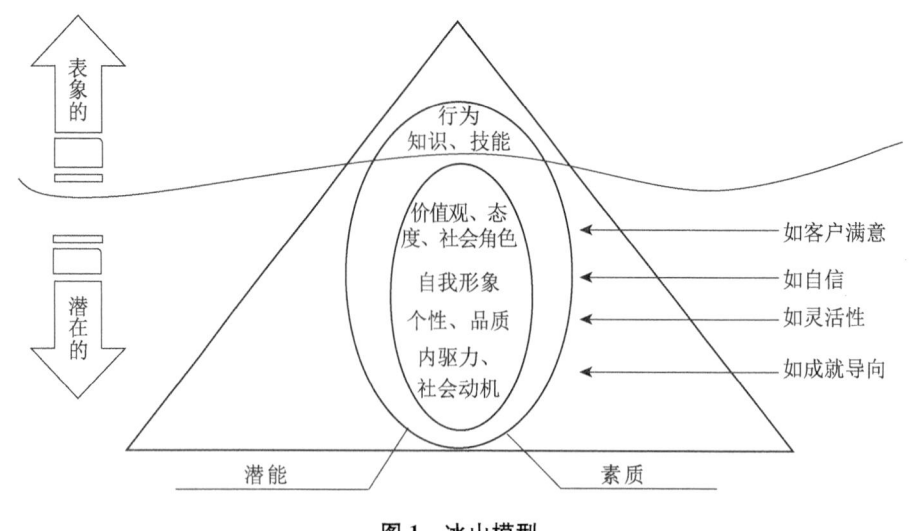

图 1　冰山模型

（二）能力复合

能力复合是指具有知识面宽、适应性强、创新精神、创造能力等综合素质，能够采用大数据技术分析方法解决财经问题的能力。麦肯锡认为与其他行业相比，金融行业更有利于发挥大数据应用价值潜力。根据 IDC 测算，2025 年我国数据规模将位居全球第一，占全球比重为 27.8%。大数据将引领金融行业人才需求变革，大数据技术能力和金融专业能力的融合创新能力，将成为金融行业人才重要的能力需求。

（三）思维复合

思维复合是指财经思维和大数据思维的碰撞融合，形成创新的财经大数据思维模式。美国计算机图灵奖得主 Jim Gray 认为，研究范式包括经验科学、理论科学、计算科学、数据密集等四种类型。财经思维则是对经济、金融、管理等财经领域现象和行为的敏锐洞察和深刻理解，力求把握财经问题的本质。大数据思维是基于数学、统计学、计算机等方法，通过数据采集、加工、建模等环节，挖掘潜在的数据价值。财经思维与大数据思维的融合，可以碰撞出新的思维火花。

二、国际人才培养经验借鉴

斯坦福大学、麻省理工学院、卡内基梅隆大学等国际一流高校，通过定位清晰、学科交叉、产教融合等方式培养复合型人才，对财经大数据复合型人才培养有诸多启示。

（一）定位清晰的人才培养目标

清晰而准确的定位是培养复合型人才的前提，是引领方向、整合资源的重要依据。国际知名高校都能结合自身定位，制定符合自身实际的复合型人才培养模式。一是清晰的人才培养定位。例如，斯坦福大学重点培养推动未来社会变革的领导者，能够在教育、科研、经济和政策等各个领域发挥重要作用。二是顶尖学者是人才培养的引擎。多伦多大学成立向量学院，在深度学习领域的教父级人物 Geoffrey Hinton 教授带领下，主要目标是留住、吸引甚至"抢回"加拿大培养的 AI 领域研究人才，从而将多伦多这座城市打造成为全球人工智能的人才高地。三是企业是人才培养的重要参与者。广泛的企业合作为高校提供充裕的科研资源、教学资源和资金支持。以多伦多大学向量学院为例，在 Google、加拿大航空等大公司超过 1.5 亿美元资金支持下，将人工智能研究和商业场景结合起来实现双赢。

（二）学科交叉的人才培养方案

大数据是计算机和数学领域知识高度交叉融合的新型学科，超越传统信息科学的边界，推动多学科交叉的知识创新。国际一流高校高度重视跨学科的人才培养，从交叉研究、课程体系、师资队伍等角度提出解决方案。一是跨学科的非实体平台。例如，1962年，斯坦福大学成立人工智能实验室（Stanford Artificial Intelligence Laboratory，SAIL），成为全球人工智能教学、研究以及理论和实践的卓越中心。2019年3月，斯坦福大学成立以人为本的人工智能研究院（Stanford Human-Centered AI Institute，HAI），致力于广泛的跨学科研究和伦理研究。设立种子基金，每个项目为75 000美元，鼓励跨行业研究，从而让HAI成为各个行业领域人才探究人工智能潜能的跨学科、全球化枢纽站（The mercury news，2018）。二是复合型的课程体系。设置交叉性、关联性的课程体系，构建复合型、融合型的知识框架，打破专业藩篱和时空界限。卡内基梅隆大学设置人工智能专业培养方案包括计算机科学、数学统计、艺术人文、道德伦理等7大板块，总共有32门课程。三是跨学科的师资力量。卡内基梅隆大学人工智能专业共有215名教师，来自计算机、脑科学、生物、机械、哲学等23个专业。

（三）产教协同的人才培养路径

高校是大数据人才的培养主体，但是愈来愈依赖企业、政府等多元力量参与。世界知名高校普遍注重与世界一流科技企业合作，打造产教协同的人才培养新路径。一是丰富的企业实践机会。例如，麻省理工学院与世界一流创新企业合作协同育人，启动本科生研究机会计划（UROP）和6-A项目，鼓励本科生参与AI研究项目。为本科生提供为期3~6个月的实习机会，配备学校导师和企业导师的"双导师"，提高本科生创新能力和实践能力。二是企业师资进课堂。邀请企业专家进入课堂或者开展专家讲座是企业参与高校人才培养的重要方式。例如，伦敦大学学院邀请Deepmind教授为学生授课。三是校企跨界流动的师资。大数据专业的师资往往具有实践和理论的双重经历，这种现象在国际一流高校十分普遍。例如深度学习的"三驾马车"（Yann LeCun，Geoffery Hinton和Yoshua Bengio），分别加入Facebook、谷歌和微软，并保留教职，提升人才培养效率。

（四）素质教育的人才培养理念

培养宽口径、厚基础的人才是国际主流高校的普遍做法，知识面宽、人文素养高和沟通能力强的人才有利于适应快速变化的环境，未来潜力较高。一是强调通识教育基础。通识教育相关课程是课程体系最为重要的部分，课程数量和学分数都占较大比重，而且数学、计算机相关课程比重也比较大。例如，卡内基梅隆大学开设11门艺术与人文课程、工程与科学课程，占据总课程数量的32.4%，突出通识教育与专业教育的重要性。二是注重综合素质培养。世界一流大学从学生兴趣与发展出发，高度重视培养学生的应变能力、适应能力和沟通能力。例如，麻省理工学院要求学生必须完成21门通识课程，其中包括8门艺术人文课程和6门科学课程。三是注重学生研究能力。例如，斯坦福大学为本科生提供了丰富的学术交流和创新研究的机会，提升本科生的研究素养。

三、财经大数据复合型人才培养模式

由于不存在统一、标准的财经大数据复合型人才培养模式，高校分别采取各具特色、别具一格的人才培养模式。胜任力模型作为人才培养衡量的重要理论，既关注知识、技能，又关注内在潜能。财经类高校要立足财经特色鲜明的特点，坚持立德树人原则，加强课程思政建设，遵循学科协同、产教协同人才培养规律，按照厚基础、宽口径、强能力、重应用的复合型创新人才培养目标，在重基础、重实践、重素质的基础上，建立价值引领、学科交叉、产教融合的"π型"人才培养模式（图2）。

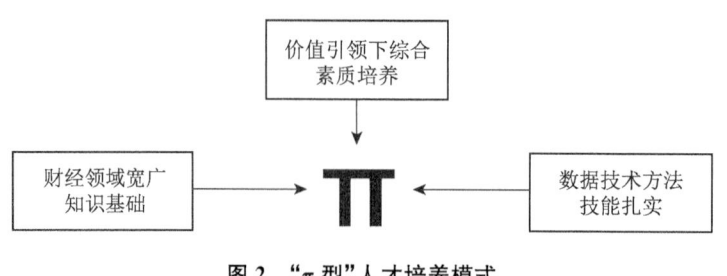

图 2 "π型"人才培养模式

（一）新理念：价值引领

价值引领作为"π型"人才培养的核心，确定财经大数据人才培养方向。以国家新发展格局的战略需求为导向，瞄准全球新一轮科技革命和产业变革趋势，研究数据科学与大数据技术专业高质量课程思政方案。一方面，凝练大数据技术课程思政元素。大数据技术课程涉及编程语言、算法模型等课程，从家国情怀、个人品格、专业伦理、科学精神等方面，凝练数据科学与大数据技术专业课程体系中的课程思政元素，帮助学生树立正确的世界观、人生观、价值观。另一方面，高质量执行课程思政方案。以学生为中心，将思政元素"润物细无声"地融入课程体系，探索案例教学、实践教学等多样化方式，避免思政与课程"两张皮"。

（二）新方法：学科交叉

学科交叉作为"π型"人才培养的方法，是实现知识融合的重要举措。财经大数据作为高度交叉融合的学科，要从课程设计、教学方法、教学资源、创新平台等方面切入，深入开展以学科交叉为核心的教育教学改革。一方面，培育跨学科师资团队。设立跨学科研究机构，围绕财经大数据领域的战略性、原创性、前瞻性问题，发布专项研究课题，凝聚跨学科的科研力量。组织金融、会计、大数据、计算机等跨学科研究团队，构建多样化的交叉学科研究体系，促进财经与大数据的跨学科师资团队融合。另一方面，整合跨学科的教学资源。组织跨学科的财经大数据教学团队，开发融合性的财经大数据专业课程。打破校内人才培养的壁垒，跨越学科边界，共享学科建设资源。

（三）新模式：产教融合

产教融合作为"π型"人才培养的途径，是实现能力提升的重要保障。高校是大数据人才的培养主体，但是愈来愈依赖企业、政府等多元力量参与，产教融合是大数据人才培养的新路径。一方面，引进企业师资进校园。通过校外导师、兼职教师、企业讲座等形式，促进学生了解技术前沿和应用场景，提高动手能力。形成"企业专家讲技术应用、高校教师讲理论原理"的良性互动课程体系。另一方面，搭建学生实习实践平台。充分发挥上海立信会计金融学院毗邻上海金融信息产业园的优势，建设财经大数据的企业实践基地，让学生通过项目实践，将知识、技能等综合素质融入项目全过程，更接地气地激发学生解决问题的潜能。

四、财经大数据复合型人才培养路径

根据财经大数据人才培养模式、教学实践以及人才培养规律，按照本科教育的四年学制，财经大数据复合型人才培养路径可以划分为以下四个阶段（图3）。

第一阶段：夯实基础，学习计算机、数学等基础知识。开设Python程序设计、数据结构、微积分、概率论等通识类课程，为后续深入学习数据科学与大数据技术专业知识奠定坚实的知识基础。

第二阶段：专业精进，学习机器学习等大数据专业知识。开设机器学习、自然语言处理、知识图谱等大数据专业课程，特别是数据科学导论课程，帮助学生逐步建立数据科学与大数据技术的知识框架。

第三阶段：应用融合，实现财经知识与大数据技术融合应用。将财经问题与大数据分析技术相结合，开设财经文本分析、金融数据分析、智能金融原理与应用等课程，从融合性视角提升解决问题能力。

第四阶段，创新实践，解决财经大数据领域的实际问题。以实践教学为主，学生通过项目实践将所学知识融会贯通，着重提升学生实践能力，培育学生创新思维，不断提高学生职业素养，为未来创新创业打下坚实的基础。

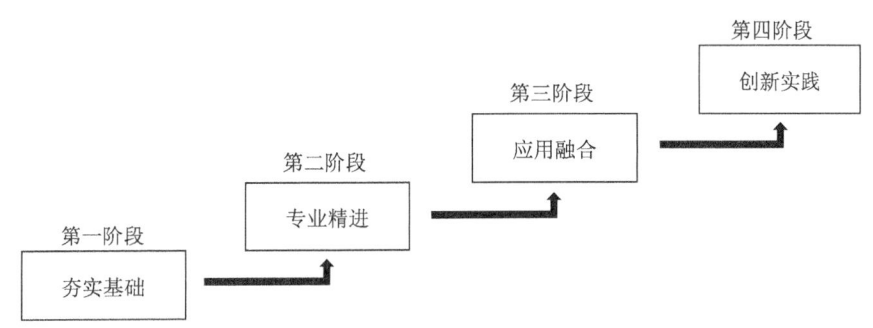

图 3　培养路径

五、总结

本文基于人才素质的"冰山模型"和胜任力模型，提出财经大数据复合型人才具有知识、能力、人格的综合素质，进而提出了"π 型"人才培养模式。结合本科教学的阶段特征，提出财经大数据人才培养的路径，从夯实基础、专业精进、应用融合、创新实践角度明确不同阶段的培养重点和能力需求。大数据时代对财经类高校人才培养提出新挑战，财经大数据复合型人才的培养模式和路径研究，为新时代复合型人才培养形成了新思路。

参考文献

[1] 杨茜茜,顾天翼,钱小龙.美国斯坦福大学人工智能人才培养特征研究[J].开放学习研究,2019(24):40-47.
[2] 孙丽璐,马鑫,董森.创新驱动战略视角下创新型技术人才胜任力模型研究[J].重庆理工大学学报(社会科学版),2021,35(09):89-97.
[3] 倪红卫,张志清,程光文,等.数智时代地方高校复合型人才培养体系构建研究[J].武汉科技大学学报(社会科学版),2021,23(06):645-649.
[4] 孙明,付景川.应用型大学与企业协同育人的理论探索[J].中国高校科技,2019(05):76-78.
[5] 邵云飞,刘玉明.基于协同理论的 EPUI 复合型人才培养模式研究[J].中国高校科技,2021(10):71-75.
[6] Massachusetts Institute of Technology. Explore UROP at MIT[EB/OL].(2018-08-28). http://firstyear.mit.edu/.
[7] 董秀娜,李洪波.高校"三全育人"协同机制构建研究[J].思想教育研究,2020(08):148-152.

作者简介

徐　鑫　博士,上海立信会计金融学院信息管理学院副教授;研究方向为大数据技术及应用。

学业导师制下科教深度融合的人才培养模式探究与实践

彭海艳　王　亭　李　艳　李佳坤　左　川　张笑寒

摘要　深入实施科教融合，以科研育人推动高等教育内涵式发展，注重科学精神、创新意识和创新能力的培养，是全面提高本科人才培养质量的关键所在。然而，高校本科人才的培养，普遍面临教师在教学、科研和思政等方面的教育服务供给彼此分割，学生在课程、科创、考研和毕设等方面的教育服务需求目标相互冲突，以及教师教育供给与学生教育需求缺乏有机融合的窘境，有必要改革新时期高校本科人才的培养模式。本文以导师制下的科教深度融合为切入口，期冀通过实践探索，高校本科人才培养新路径和新机制，并形成可复制、可推广的经验。

关键词　学业导师　科教融合　人才培养模式

2022年，党的二十大报告提出深入实施科教兴国战略、人才强国战略、创新驱动发展战略三大战略。这是党的报告首次将教育、科技、人才三大战略放在一起进行统筹部署。人才强国战略是三大战略中的关键战略，探讨适应新时期发展需求的本科人才培养模式具有强烈的紧迫性和现实意义。本文从高校本科人才培养面临的挑战和压力，以及师生教育服务供求缺乏有机融合的窘境出发，以导师制下的科教深度融合为切入口，探索高校本科人才培养新路径和新机制，以得到若干启示和思考。

一、"实然"之态：高校本科人才培养面临挑战和师生教育服务供求窘境剖析

高校本科人才培养面临着哪些新的挑战和压力？师生教育服务供求的状况如何？是本文首先要厘清的问题。新时期，"双创"理念、"新文科"建设和毕业论文抽检既给高校本科人才培养带来了机遇，也带来了挑战。同时，在高质量本科专业人才培养过程中，高校没有建立起师生教育服务供求的有效协调匹配机制和制度。

（一）高校本科人才培养面临的多维新挑战

一是"双创"理念要求推动人才培养供给侧改革。2014年，时任国务院总理的李克强在夏季达沃斯论坛上首次提出"大众创业、万众创新"（简称"双创"）理念，推动了高等院校积极践行"双创"内涵，探索改革本科人才培养模式。《2019高校创新能力监测报告》数据显示，普通高等学校有53.9%的本科生参与过教师的科研项目，有12.8%的本科生参加过省部级及以上科技学术大赛。

二是"新文科"建设呼唤人才培养模式创新。2018年，我国正式提出了"新文科"概念。2019年，教育部、科技部等13个部门联合启动了"六卓越一拔尖"计划，要求全面推进"新文科"建设。"新文科"具有战略性、创新性、融合性和发展性的特征，这意味着高校对本科人才培养的理念、目标、方法以及教学内容等都要进行相应的调整和改革。

三是本科论文抽检倒逼高校提升人才培养质量。毕业论文是对学生四年学习成果的一个综合性检验。教育部《本科毕业论文(设计)抽检办法(试行)》(教督〔2020〕5号)、《关于做好本科毕业论文(设计)抽检工作的通知》(国教督办函〔2022〕23号)等文件要求,自2022年起,教育部每年将随机抽查上一年的本科生毕业论文,比例原则上不低于2%。对于论文不合格的学生,撤销其学位,注销其学位证书。对于情节严重的,学校对相关部门、学院和老师依据有关规定予以追责。抽检结果也将作为本科教育教学评估、一流本科专业建设、本科专业认证以及专业建设经费投入等教育资源分配的重要参考依据。

(二)高校教师教育供给服务面临多维困境

长期以来,高校教师职业是许多人竞相追逐的工作选项。因为教师职业具有相对稳定性、较低的风险性、较高的社会地位和相对优越的工作环境。但是,不知何时开始,高校教师职业不再是"香饽饽",究其主要原因:

一是高校师生比过低导致指导学生的压力过大。在高等教育扩招的背景下,中国的高等教育迎来了从"精英化"到"大众化"的变革。四年下来,每位导师可能要指导十几个甚至几十个本科生。由于师生比太低,又要求导师给予学生提供全方位的指导,导致教师压力很大。

二是高校教师承载着多重压力。教师的主要职责是教学和科研,"体力透支""亚健康""过劳死"等现象在高校屡见不鲜,但教师的工资水平却不高。此外,教师还面临着家务、子女的教育、老人的照顾等一系列压力和问题。

三是对导师制定位不清晰。虽然学校和学院对导师制大多都有相应的制度安排,但与普通课程的教学并不相同,导师制通常不需要教学指南或教学大纲,大多数学业导师并不清楚应该如何教学生。许多高校只是根据教育主管部门的规定实行本科生导师制,对于本科生导师制的功能定位并没有形成统一规划,导致师生在实际操作过程中往往无所适从。

四是缺乏对导师制的认同。近年来,各大高校都纷纷推行本科生导师制,但实际效果不佳,大多还停留在思辨的层面。由于以上客观原因,许多教师对导师制缺乏普遍的认同,因而导师制的工作在实践中也很难得到有效落实,导师制只能流于形式。

(三)本科生教育需求服务面临多重诉求

一是尽早修完学分的诉求。虽然根据本科专业人才培养方案的要求,本科生在大学四年中修完毕业所要求的所有学分即可。但许多学生会在大学一年级和二年级时,尽量多选择选修课程,达到选修学分的上限。这导致低年级的学生大部分时间都在上课,所学内容无法有效地消化,学习课程上面临更大的压力,也很缺乏与老师交流的时间。

二是兼顾不同学业目标的诉求。在大学四年中,学生们疲于应付课程、科创、考证、考研、毕设等看似不同的目标,常常处于迷茫和焦虑不安之中。事实上,部分学生科创的热情并不高,但由于学校对科创素养学分的要求,迫于参加到项目申请的任务中,但实际可能存在"敷衍了事"或"搭便车"的行为。

三是有自由选择的诉求。无论是专业还是课程,学生都希望有更多的选择自由。但基于种种现实的原因,学生诸多选择受到了一定的限制,这一定程度上导致学生缺乏学习的兴趣和积极性,也不愿意与导师交流沟通。此外,学生对导师制也缺乏认同。一方面,学生对于导师并不了解,很多是被动地成为某位导师的导生。另一方面,有些学生认为与导师的交流浪费时间,并不希望在大学仍受到导师的管束。

二、"应然"之义:学业导师制下科教深度融合的人才培养模式探究

如前所述,由于种种主客观原因,本科生导师制在我国普通高校并没有取得预期的效果。本文认为应明晰学业导师制的内涵与定位,构建适宜的模式和保障机制。

(一) 学业导师的内涵与定位

什么是学业导师制？在古代，苏格拉底的"产婆术"和春秋时期孔子的"因材施教"都强调师生互动的教育理念，蕴含了导师制的雏形。而现代意义上的导师制产生于14世纪的牛津大学。该制度规定每个新生都会被分配到至少一位导师，负责对其进行学业和品行的全面指导。1869年，哈佛大学率先引入本科生导师制，并取得明显效果。1938年，浙江大学竺可桢校长实行了一段时间的本科生导师制。直到2002年，北京大学和浙江大学全面实行本科生导师制，国内其他大学也相继实行。2019年10月，教育部在《关于深化本科教育教学改革 全面提高人才培养质量的意见》中提出要建立健全本科生学业导师制度。

我国高校导师模式主要有教师主导、学生中心和协作互动等三种形式。前两种指导模式中，师生缺乏共有的教育情境。而协作互动模式的关键在于教师可以根据自身的特长和学生的需求设计共同的教育情境。因此，如何将教师的教学、科研和思政等方面，与学生的课程、科创、考研和毕设等目标有机融合起来，建立起师生间的良性沟通机制，是接下来要思考的问题。

(二) 学业导师制下科教深度融合的人才培养模式构建

事实上，随着各行业内人才竞争日趋白热化，师傅带徒弟这种人才培养方式正逐渐弱化直至缺失。这种缺失是教育领域的缺失，也是优良传统的缺失。学生在导师的指导下，在聆听、观察、模仿等潜移默化的影响下，能够有效地提升学业、培养性格和品德。具体来说，学业导师也可分为学术型和实践型两类。前者以指导理论知识学习、科学研究为主，侧重学生的学术水平、创新能力的提升；后者主要侧重于学生实践操作能力的提升。而本文侧重于对前者的探索。通过构建科教融合的培养模式、渐进分层的培养方法以及多维保障的供给机制，实现师生教育服务供求有机融合，达到提高学生综合素质的最终目标。

1. 科教融合的培养模式

如前所述，本科生在大学期间面对着诸如课程学习、科创、考研和毕设等不同目标。而这些看似冲突的目标，可以通过不同程度地融入科研而逐步交融并最终达到统一。在课程学习中，存在部分知识抽象、难懂、不容易理解的现实情况，也有许多课程属于考查范畴，而考查的方式通常是撰写小论文；在科创活动中，学生需要先进行项目的申报，立项后展开研究并撰写结项报告；对于考研，既需要有对专业知识的深刻理解、对热点问题的关注和思考，还可能需要有以论文形式发表的成果；而毕业论文的撰写本身就是科学研究的一种具体表现形式。以上目标无不与一个关键词密切相关：科学研究。以问题为导向的科学研究无疑有利于学生进一步巩固、理解和消化学科知识，通过实证分析，透过现象看到问题的本质，从而能够更好地达到提升本科毕业生创新能力的要求。

2. 渐进分层的培养方法

对本科生来说，大多高校并没有对其有很高的强制性科学研究训练的要求，应对其采用渐进分层的培养方法。对于低年级的学生来说，其主要学习经济学、数学、信息技术等基础课程，可以现实热点问题为导向，通过基础的数据处理、制图、差异性检验和指标测量等方法，完成对热点问题的量化实证分析。对于高年级的学生来说，则可以结合专业知识，运用更为复杂的指标测量和构建计量经济模型等方法进行实证分析。总而言之，以课程论文、科创、毕业论文等为载体，对于低年级到高年级的学生，结合学生掌握的课程知识，进行从易到难的、循序渐进的科研训练。对此，教师也可鼓励创新项目组在组建队伍时，采用高低年级学生组合的方式，形成高低年级学生帮带传统。

3. 多维保障的供给机制

在对学生进行渐进分层科研训练的过程中，需要为学生提供多方面的保障机制。第一，提供丰富的学习资源。学生在科研训练起步时往往有畏难情绪，对于问题无从下手，教师应提供多方面的资源支持，包括数据、资料以及软件(包含技术性的答疑)等方面。第二，制作精简的模板。无论是(小)论文的撰写，还是项目的申报,都有其基本范式和要求,教师可结合课程论文、科创申报和毕业论文等要求制作模板,以及部分指标测量和计量回归方法的基本模板。第三,给予多样化的鼓励机制。耐心指导、鼓励和肯定学生的成绩和进步。通过不断地摸索、积累和学生的需求反馈,建立师生间良性沟通协调机制。

三、"雁过之痕":学业导师制下科教深度融合人才培养的实践探索

基于学术型学业导师的定位,本文对科教深度融合的人才培养模式进行了多年的实践和探索,并通过需求反馈机制,不断修改完善。现从课程教学、科创指导、毕业论文及思政等方面进行具体阐述。

(一)课程教学之实践探索

1. 课程设计与研究成果相融合

专业课程的设计需要与时俱进,需要对课程主题进行拓展性和前瞻性思考。选择本人或其他老师的最新研究成果是很好的科教融合路径。例如,在讲授"财政学"课程时,对于财政职能中的收入分配问题,结合财税再分配的相关系列研究成果讲解;在讲授社会保障支出时,结合已撰写发表的与社会保障相关的系列论文讲述;在讲授个人所得税的子女专项附加扣除时,结合与生育激励相关的税收政策讲解,等等。此外,开设短学段的和长学段的"个人所得税专题"新课程,梳理近20年来的科研成果,提炼主题并形成体系,结合学生的专业,对讲解内容有侧重地进行选择。例如,在"收入分配与个人所得税"专题中,对跨专业同学侧重讲解收入分配均衡问题,而对专业同学则侧重讲解税收再分配理论与实践。即将科教融合由点及面,结合得更加紧密。

本项目对"个人所得税专题"课程展开了问卷调查,共设置了16道题目,涉及教学态度、教学内容、教学方法和教学效果等四个方面,主要是针对"收入分配与个人所得税"主题教学情况的调查。从调查结果反馈来看,本项目实施的效果较好,但也存在课程内容设计较难、教学方法需要进一步改进的问题,这为后期简化教学内容,运用更灵活的方法和手段提供了较好的改革依据。

2. 为学生提供课程论文的相关指导

课程论文通常是选修课的考查方式,从第2学期开始,同学们就开始选择各门选修课,这是锻炼学生科研能力的重要元素。因此,教师可以从学生提供的课程表中,了解并咨询考查课情况,并根据任课老师对课程论文的基本要求,提供有针对性的指导,包括资料的查找,可能的方法选择以及课程论文的规范撰写,培养学生论文撰写的基本规范,思考和解决问题的基本逻辑。

(二)科创指导之实践探索

1. 新生研讨和经典"悦"读

通过新生研讨的方式让学生更好更快地了解:如何进行大学生涯的规划、如何有效阅读、如何发现生活中的经济学现象、如何观察生活中的财政学现象,等等。此外,让新生汇报他们的兴趣、爱好、特长、英语水平、计算机能力、规划、所思所想等基本信息,有助于教师对学生的了解,从而提供有针对性的指导。同时,也介绍了导师的授课情况和科研领域情况,增强师生的相互了解。我们还选择了《生活中的经济学》这本书作为每届导生的经典"悦"读选书。该书是1992年诺贝尔经济学奖得主、20世纪最杰出的经济学家和社会学家贝克尔教授撰写的。在学生提交的针对本书的读后感中,老师也时常惊叹于学生独到的见解和写作能力,相关文章也被学校作为优秀作品供大家赏析。

同时,将"个人所得税专题"课程中的部分科研训练内容提炼出来,作为新生课的训练项目。例如,均衡的测度及分解,是适合所有领域分析均等性问题的重要方法。以收入分配(和贫困)为例,为学生学习制作模板:数据样本、收入分配差距测量的理论及指标,stata编写的程序(主要涉及数据处理、描述性分析、绘图和指标计算结果)。在这个基础上进行修改完善,则可达到完成1篇专业课程小论文的目标。指

标类测量不仅类别多,而且应用广泛,同学们还可以选择不同的视角进行整体、结构或要素分解分析(地区结构、城乡结构、行业结构、人口特征结构,等等)。总之,通过以上这些方式,引导新生热爱生活、善于思考问题,播下科创的种子。

2. 指导学生参加各类科创项目

指导学生参加各类科创项目,通常有两种方式:老师推荐主题和学生自选主题。在发现学生对某类问题已有初步了解,并且感兴趣、有热情的情况下,导师进一步凝练竞争方向可以帮助学生在竞赛中走得更远。例如,在第六届中国"互联网+"大学生创新创业校级大赛中,"易户联——基于改良ELES模型的相对贫困精准识别嵌入式家户系统"项目引入"三位一体"以民为本的核心价值体系,教师结合专业知识指导学生引入"负所得税抵免"制度设计积分制度;确定《长三角地区城镇相对贫困的多维指标体系构建及测算》的选题,并全程指导论文撰写。从报告的初稿到定稿,从演讲的拍摄到展板的设计,从校赛到市赛,历时半年,这个过程是对学生思考能力、阅读能力、检索能力、整理分析能力等综合素质的锤炼。

相对贫困问题是一个永恒的主题和重要的研究领域,在制作贫困测量及分解的相关指标的基础上,师生设计了进一步拓展和应用的思路:一是选择不同的研究方法和研究对象,进行各类科创项目的申请;二是作为毕业论文的选题方向。

(三) 毕业论文之实践探索

教育部对本科毕业生论文的抽检重点为选题意义、写作安排、逻辑构建、专业能力以及学术规范等。在课程论文与科创项目的指导过程中,我们也特别加强了这些方面的指导。因此,毕业论文撰写的顺利进行,也部分源于前期导师制工作的开展。在指导学生毕业论文写作的过程中,影响毕业论文质量的关键因素有:题目的选择、方法的掌握和学生的态度。以2022年为例,11位学生中有6位同学选择了老师推荐的题目,形成与专题相关的系列论文。为了保障论文的质量,学生使用了中国家庭追踪调查(CFPS)微观数据,涉及的难点主要在于:微观数据的清洗、理论以及实证分析程序。对此,教师运用stata软件编写全部程序(主要涉及数据处理、描述性分析、绘图和指标计算),然后通过腾讯会议对学生进行讲解,最后将程序以录播视频的形式辅助学生消化吸取,以保障高质量地完成毕业论文的撰写。同时,教师运用stata编程对学生就多元线性回归、双向固定效应模型、DID回归分析等进行辅导。总之,教师在论文选题、资料查找、数据采集、逻辑结构、程序编写、撰写技巧等方面全程密切指导学生。

(四) 思政及其他之实践探索

本项目对本科生培养的基本思路是:培养学生具有严谨负责的态度,激发学生兴趣和强烈的好奇心,锻炼学生清晰的逻辑思维,接受科研训练后具有擅长模仿、勇于创新的能力,成为适应新时代发展的综合素质人才。通过这些年对学生的指导及所取得的相关反馈信息,发现负责或(实际)参与各类项目的学生,其毕业论文的逻辑更清楚,撰写规范也更合理,学业导师制下科教深度融合的效果也有所突显。师生在这种紧密的学习交流中,教师自然能够及时掌握学生的学习动态、学习心态和学习状态。持续激发学生"学习内驱力",形成一个有效、科学、共赢和人文情感关怀的教学活动,实现课程改革的预期目标,促进人才的培养。此外,鼓励在选择成员时考虑成员学科交叉和年级交叉的背景,避免思维定式,提高项目组的创新性。

四、启示及反思

一路走来,对导师制下科教深度融合的人才培养模式的探究与实践,既有成功的经验,也有失败的教训,得到了以下几点启示和思考。

1. 共同情境设计为可行性奠定基础

1995年,美国学业指导协会在《重申教师在学业指导中的作用》一书中强调,教师不仅是学业指导过程的组成元素,还是开展相关活动的重要资源载体。因此,导师制下科教如何深度融合,需要有共同情境设计,建立师生互动才具有可行性。无论是课程、新生研讨、科创抑或是毕业论文,都是科教融合的有效载体或桥梁。只有将其与学生的需求密切契合起来,才能产生有效的结果。而课程的设计和考评、新生研讨的设计和考评、科创制度的设计与要求、毕业论文的要求是影响最终效果的基本要素,这需要教师在指导过程中不断积累、思考和完善。

此外,对于普适性的问题,学校学院应制定普适的制度和规划。事实上,学校对课程论文并无严格的要求,学生完成课程论文后,老师对查重及论文撰写的真实性把握不准,在量分时也常处于纠结不安的状况。对课程论文没有规范的撰写要求和查重要求,学生的理论认识也较难得到升华和扩展,学生是否认真也无法判断,也许可以从毕业论文撰写要求中提炼出一个简单的模板供老师们参考。同时,学校通常在第3~4学期的短学段才开设"专业文献检索与论文写作"课程,学生缺乏练习,也很难在短时间内有效地提升论文写作技巧,也许可以适当地将之提前开设。

2. 整体式案例设计有利于激发学生兴趣

采用整体式案例设计有利于激发学生的学习兴趣,主要包括:问题的产生、资料数据的查找、理论方法的掌握、实证分析、主要结论及政策建议。这种整体案例设计以问题为导向,学生通过解决问题获得成就感,有利于激发学习的兴趣和内驱力。当然,完成完整的案例设计需要时间,可在新生研讨中完成部分工作,例如,数据资料的查找、理论方法讲解。此外,教师的精力较为有限,很难做到细致入微地指导,而且学生的需求也并不一样。因此,可将部分内容制作为小视频,引导学生一步一步完成整体项目,这也有利于培养学生独立自主的学习习惯,与本科教育固本强基的科学思想同向而行。

当然,也要切忌出现拔苗助长的情况。记得有次一名大二本科生找了一篇双重固定效应实证分析的论文,希望老师指导进行类似主题的项目申报。老师进行了以下指导工作:录小视频指导资料和数据的查找下载,用stata编程序进行数据清理和实证分析,并通过腾讯会议讲解,但学生最后还是因无法掌握而放弃了。所以,根据学生的需求及能力,选择适宜的研究方法指导更重要。此外,在对"个人所得税专题"课程开展的问卷调查中,对于指标测算的内容,学生普遍反映指标测算的相关内容存在一定难度。

3. 导师制下的科教融合更具有可持续性

当前,老师采用的科教融合方式,主要是将科学研究成果转化为课堂教学内容。事实上,这常常受限于课堂时间而无法展开讨论,也较难形成科教融合的可持续性影响。而在导师指导学生的四年中,分层指导、逐步推进,师生互动的积极性都能得到加强,将课堂教学理论知识在课外教学进一步延伸、消化和理解,科教融合更具有可持续性。在选修课程上,目前我们的目标似乎不太明确,没有充分发挥学生运用专业知识解决问题的潜能。可根据不同年级、不同专业的学生需求,为学有余力的同学开设高层次的课程,以专题或者多个专题融合的形式设计选修课,为今后的研究生阶段的深造奠定一定的基础。

对于教师来说,教师也在积累、挣家当的过程中不断提升自己,期冀经过几年的积累,形成一套适合自己和学生的科教融合的指导模式,教师和学生的协同机制才能建立起来,师生之间的教育供求矛盾才能得到有效的化解。通过录制小视频开展指导,教师也能从对指导学生的常态性基本工作中逐渐解放出来,从而有更多时间进行个性化的指导。

4. 鼓励奖励措施是重要的保障机制

对于学生来说,这是一个逐梦的过程,路上荆棘丛生,要赞扬式地培养学生,提高他们的科研热情,为他们不断树立自信心。同时,教师可通过发小红包给予奖励、报销部分社会调查费用等方式,助力学生逐梦。不论学生毕业之后是否从事本专业领域的工作,具备解决问题的能力是关键所在。积极主动学习、严谨细致的态度更是人生的宝贵财富。

除了完善现有的考核机制,相关的激励制度也必须得到加强,以提高学业导师的积极性。美国在对于如何提高本科生教育质量的调查报告中指出：要改革教师奖励机制，加强科研与教学的结合以及增加教师数量，等等。从事教学的均是话语权较少的弱势群体，因此，需要教育主管部门的密切关注。需要特别指出的是，对于本科生导师制的定位不宜太高，否则不仅会给老师带来很大的压力，也可能会打破现有的正常教学和管理秩序。

科研创新、教书育人是教师的本职工作。尽管本项目已进行了一些教学改革和创新，有了一些感悟和收获，但仍秉持学生为中心的教学理念，坚信教学改革永远在路上。导师制下的点点滴滴，并没有什么惊天动地的成果，有的也许只是学生从"伤心"表情包转变到"开心"表情包以及作为教师心中的那份满足之感。不积跬步无以至千里，不积小流无以成江海。不成熟的想法仅供参考，不当之处，敬请谅解。

参考文献

[1] 魏志荣.本科生导师制：历史、现状与未来[J].山东高等教育,2015,3(10):62-67.
[2] 茹丽先.基于学生视角的本科生导师制培养路径实证研究[J].高教学刊,2022,8(12):66-69.
[3] 蔡翻飞,余秀兰.高校学业指导之审思：理论意蕴、现实困境及突破路径[J].黑龙江高教研究,2022,40(01):31-37.
[4] 高雅萍.学业导师制背景下的测绘创新人才培养[J].科教导刊,2022,500(32):37-40.
[5] 杨则金.浅谈本科生学业导师在创新型人才培养中的作用和效果[J].科技视界,2021,338(08):1-4.

作者简介

彭海艳 博士，上海立信会计金融学院财税与公共管理学院教授；研究方向为税收理论与政策。
王　亭 硕士，上海立信会计金融学院财税与公共管理学院副教授；研究方向为思想政治教育。
李　艳 博士，上海立信会计金融学院财税与公共管理学院副教授；研究方向为税收理论与政策。
李佳坤 博士，上海立信会计金融学院财税与公共管理学院讲师；研究方向为税收理论与政策。
左　川 博士，上海立信会计金融学院财税与公共管理学院讲师；研究方向为公共理论与政策。
张笑寒 硕士，上海立信会计金融学院财税与公共管理学院研究实习员；研究方向为高等教育和公共管理。

复合型商科人才培养创新与实践

——以罗切斯特大学西蒙商学院为例

汪利锬

摘要 本文研究美国罗切斯特大学西蒙商学院培养本科学生创新能力的成功经验,并借鉴这些成功的经验,如建立企业家中心[该中心主要承担五项功能:学生孵化器(student incubator)、暑期加速器(summer accelerator)、风险投资(vjf accelerator)、企业初创(startup trek)和商业模式竞赛]。在此基础上,本文以上海立信会计金融学院本科生为研究对象,试图构建提升立信本科生创新能力的人才培养模式。

关键词 一流本科 创新能力 罗切斯特大学 企业家中心

一、问题的提出

《上海立信会计金融学院高水平地方应用型高校一流本科建设实施方案》强调了"强化学生实践能力和创新能力培养",该方案明确要求,"构建具有财经特色的多层次、立体化创新创业教育体系,将实践能力和创新能力培养贯穿人才培养全过程"。这意味着上海立信会计金融学院需要把本科学生创新能力的培养贯穿人才培养的全过程。那么如何培养立信本科生创新能力成为学校需要面对和回答的问题。在分析罗切斯特大学西蒙商学院培养学生创新能力成功经验的基础上,本文提出构建立信培养本科生创新能力人才培养模式的政策建议。

二、罗切斯特大学简介

罗切斯特大学(University of Rochester,U of R)是一所美国著名的私立研究型大学,北美大学协会(AAU)成员、世界大学联盟成员。该校的7位学者是美国国家科学院院士,18位学者是美国文理研究院院士;在教师和校友中,该校有8名教授是诺贝尔奖(Nobel Prize)获得者,12名学者获普利策文学奖(Pulitzer Prize)。2017年USNews美国大学排名,罗切斯特大学排31名,与威廉玛丽学院并列。罗切斯特大学有6个学院,共开设超过175门学位课程(含学士、硕士和博士3种学位),其中英语、音乐、金融、量子物理、心理学、数学、计算机、生物医学工程和光学等专业素享盛誉。其中伊斯曼音乐学院(Eastman School of Music)2014年世界排名第一,2015年金融时报(Financial Times)报道该校金融专业全球排名5,华尔街日报将该校西蒙商学院(Simon Business School)列为全美第6佳商学院。

三、罗切斯特大学本科生创新能力培养模式

（一）Ain 企业家中心

1. Ain 企业家中心简介

罗切斯特大学成立了一个专门的企业家中心，该中心全称为"Ain Center of Entrepreneurship"。该中心是由尤因·马里昂·考夫曼基金会（Ewing Marion Kauffman Foundation）于 2003 年授予剑桥大学助学金而启动建设的。2015 年改名为 Ain'67S 创业中心，以表彰 Mark S. Ain' 67S (MBA) 和他的妻子 Carolyn Ain 对全校创业学生的富于远见卓识的领导和支持。该中心将创业创新精神从广义上定义为将创意转化为能够创造价值的企业——这种价值可以是经济性的，也可以是社会性的。创业精神是美国文化的核心价值，它独特地结合了远见和务实，它既需要个人的主动性和知识储备，也需要通过对市场的了解，注意到他人的需求。企业家精神不仅仅是一套独立的商业技能或实践，它也是一种可以在许多经验和成就领域追求的使命；企业家精神是一种思维方式，一种解决问题的方法，一种思维属性，甚至是一种性格特征；它是一门科学，也是一门艺术；企业家精神是自由社会发展和改善其经济、文化和社会生活的一个主要途径，是可以传授和培养的。

2. 中心宗旨与任务

该中心是一个跨学科中心。该中心致力于与学生、校友、当地企业和非营利组织建立新的伙伴关系；协调和宣传本校经验；告知教师奖学金和过渡性奖学金的机会；鼓励罗切斯特大学与从事创业教育学校之间的合作。

3. 愿景

该中心利用其作为著名研究机构的声誉，为罗切斯特大学的学生、教师、工作人员和校友保持和扩大创业机会和教育；通过与整个大学的合作以及加强与罗切斯特社区和其他地方的关系来加强创业生态系统；为有兴趣创业的创新者提供结构和资源，教给他们成功的技能。

（二）五个项目

该中心有针对学生开放的项目，它们分别如下。

1. 学生孵化器

学生经营的企业可以申请这个免费项目，并获得指导教师（创业教授和专业教授，下同）和当地企业家的帮助。罗切斯特大学学生孵化器（student incubator）推动学生经营的企业的发展，强调对创业的广泛定义。无论是科技型、非营利性、产品型、服务型，均欢迎各类企业申请。学生孵化器提供了一个免费与指导教师和当地企业家进行互动的、协作的、跨学科的环境。如果被录取，学生经营的企业不需要支付任何费用，也不需要放弃任何股权。

（1）资格（eligibility）。学生孵化器适用于对创办公司有兴趣的学生。所有感兴趣的学生企业均需在网上先提出申请，才能被考虑加入孵化器项目。申请以滚动方式接受。齐备且完整的申请书由孵化器遴选委员会审查，录取决定通常在 10 到 15 个工作日内做出。每个公司的管理团队必须至少由 50% 的在校学生（本科或研究生）组成，才有资格获得初始入住权利。学生运营的公司必须完成由罗切斯特大学的教育发展联合会中心设立的 NSF I-Corps 基地项目（NSF I-Corps Site Program）、节点短期课程和国民项目或培训补助金计划（Node Short Course and National Program or Training and Grant Program），才有资格进入。

（2）好处（benefits）。孵化器以学生为中心，旨在帮助大学生创始人获得创业成功。学生孵化器内提供免费空间。孵化器会为每个学生企业指派一名指导教师，以便帮助帮助他们的团队运营目标。在孵

化器中的学生企业还能访问和利用所有孵化器内的设施——这些设施包括无线网络、共享会议室、多媒体中心、共享的复印机和打印机等。除了利用各种设施,学生企业还可以接受孵化器常驻企业家(Next Corps Entrepreneurs-in-Residence)所提供的额外指导。学生企业在进入孵化器后会收到一份名叫 Sibley 广场(Sibley Square)的孵化器手册。该手册详细解释了常驻企业应享受的服务和福利。

(3) 重要的信息(important information)。学生企业在进入孵化器之前承诺该创业公司按照申请书中所述的进行运营。被接受的学生企业需向他们的指导教师提供季度运营进展报告,其中包括商定的重要决策事件进展和财务报告,以帮助企业建立一个定期的运营报告计划。如果入驻的企业在 6 个月或更长的时间内未能在其商定的重要决策事件上取得进展,该企业可能会被要求退出孵化器。此外,一旦所有原公司团队成员毕业,他们将不再有资格获得免费空间,并将开始启动搬离学生孵化器的过渡程序(过渡期不超过 1 年)。在过渡期间,学生企业会按折扣价向孵化器支付租金(每位团队成员每月 100 美元,每家公司每月最多不超过 200 美元),从最后一名团队成员毕业后的每月第一天起算。处于过渡期的企业将被要求在进入过渡期之前签署并遵守空间许可协议的条款。与此同时,该项目鼓励学生企业的"毕业生"留下来,成为孵化器内的客户公司,继续接受辅导、指导和孵化服务。在这种情况下,该客户公司将与孵化器项目委员会另行达成协议。

2. 暑期加速器

这个全日制暑期项目(summer accelerator)旨在帮助已经有商业计划的学生建立他们的商业概念,使他们准备好开始寻求天使投资。Ain 中心与西蒙创新和创业中心合作。西蒙创新和创业中心是由罗切斯特大学与其比邻的罗切斯特理工学院(RIT)共同创办的一家旨在为罗切斯特大学和罗切斯特理工学院的学生创业团队提供名为"桑德斯学生加速器"项目的单位。这个项目由西蒙创新和创业中心运行,旨在帮助创业者和创新者发展他们的商业概念,协助他们寻求天使投资。该项目提供一系列与创业相关的课程,包括:经营理念、客户发现、业务实体的形成、知识产权和追求投资资本。为了符合资格,学生创业团队必须完全由学生组成,所有成员在完成加速器项目时仍然必须是学生,团队必须有至少两个学生,但不超过四个学生。

3. 风险投资

与 Venture Jobs Foundation(VJF)合作,历时九个星期的风险投资(vjf accelerator)课程旨在帮助学生建立他们的商业概念,磨练他们的商业战略,并建立一个具有可操作步骤的商业计划。为期 9 周的培训将帮助拟创业公司的学生将想法转变为一个社会企业。被录取的罗切斯特大学学生将每周花一个晚上与罗切斯特社区的企业家一起上一堂涵盖客户发现、商业结构、会计和增长计划等主题的课程。该项目的毕业生还将有资格获得最高 2 000 美元的创业资金。

4. 企业初创

该孵化中心还会安排学生与规模较大的初创公司会面,从而使得学生了解初创企业在不同环境下是如何运作的。继去年的纽约之旅之后,Ain 创业中心与波士顿市的非营利机构格温·m. 格林职业教育与联系中心合作,为每年秋天前往马萨诸塞州波士顿的创业之旅提供便利。此次创业之旅项目仅对有兴趣创业的大三、大四学生和团队开放。这些学生参观小型企业和初创公司等公司的同时,还与校友见面并建立联系。

5. Mark Ain 商业模式竞赛

Mark Ain 商业模式竞赛成立于 2007 年,为罗切斯特大学有抱负的学生企业家们提供了一个展示他们的商业想法(在任何行业),并角逐 13 500 美元现金奖励的机会。在竞赛开始之前,该竞赛将会安排一系列的研讨会,其中主题包括:概念的阐述、市场动态的评估、商业和运营模式的发展,以及初创公司的实施问题。该竞赛面向罗切斯特大学任何在校学习的学生,并得到 Kronos Incorporated 的创始人,西蒙商学院校友和企业家,位于马萨诸塞州切姆斯福德的劳动力管理行业市场领导者 Mark S. Ain' 67S (MBA)的支持。

(1) 参赛资格。申请书必须在网上提交。所有参赛者必须是罗切斯特大学的注册学生。只有成绩良好的、活跃的罗切斯特大学学生才有资格在半决赛和决赛中展示该商业模式并获得奖金。然而,学生创业公司也可能会将非罗切斯特大学学生纳入其高管团队,作为创业公司的多样性指标。该竞赛尤其鼓励本科生和研究生参加。

(2) 参赛规则。每队最多可由5人组成,每队至少有2名成员。每个学年均有截止日期:第一个截止日期:初稿评审;第二个截止日期:10名进入半决赛的选手必须在网上提交完整的商业计划书;第三个截止日期:10名半决赛选手必须在线提交他们的演示文稿(幻灯片);商业模式必须处于构思、开发或启动阶段。已获得收入的企业将不被考虑。曾经在Ain中心竞赛中获奖的团队不得再次参加相同的竞赛。

(3) 奖励。由于西蒙商学院校友Mark S. Ain' 67S (MBA)的慷慨捐赠,现金奖励已经成为可能。第一名奖励为10 000美元;第二名奖励为2 500美元;第三名奖励为1 000美元。只有在"参赛申请表"之"团队成员"部分列出的学生才有资格获得奖金。奖金将平均分配给在申请表中列出的所有团队成员。此外,如果任何学生提出付出了工作但不参与竞争,那么他们必须向中心提供书面申请,并在得到中心同意情况下,他们方可提出放弃他们的工作或放弃任何奖金的声明。

(三) 罗切斯特大学本科生创新能力培养模式实践

罗切斯特大学基于其创新创业人才培养模式特点,组建一个企业家中心。从这个中心的五项功能我们可知,该中心把学生、教授和企业家紧密联系在一起,学生们可以根据自身兴趣,自主参加。

这个旨在帮助学生探索创业的平台,基于学生发起项目的想法,支持学生在以团队为基础的环境下运作。与此同时,该平台还将学生与校园和大罗切斯特社区的相关资源联系起来。因此,这个平台不仅促进了学生个人发展,使他们在毕业时拥有自信、商业头脑、交际能力,持续追求自己创业的热情,而且还整合了整个罗切斯特大学的社区资源。

该中心学生企业还为罗切斯特商业社区提供公益性咨询服务。例如:商业计划开发、广告、市场研究、数字媒体整合和提供服务,持续的通信服务。学生企业由对商业挑战感兴趣并帮助罗切斯特社区整合资源的本科生组成。学生利用学术界、校友专业人员、西蒙商学院研究生和当地指导教师完成基于项目的工作。与此同时,学生企业还提供其他服务,包括:市场分析和研究、促销/营销材料开发、广告活动开发、网页设计和商业计划模型的写作。

四、立信一流本科生创新能力培养模式构建

(一) 罗切斯特大学西蒙商学院创业中心建设的经验与借鉴

《国家级大学生创新创业训练计划管理办法》(以下简称《办法》)要求各地各高校秉承"兴趣驱动、自主实践、重在过程"的原则,深化高校创新创业教育教学改革,加强大学生创新创业能力培养,全面提高人才培养质量。但该《办法》未提出具体的实践安排细节。然而罗切斯特大学西蒙商学院创业中心为我们提供了一个良好的学习范例。该范例的特征主要表现为把教授、学生、企业家紧密联系起来,实现创新人才的培养目标。为此,在受罗切斯特大学西蒙商学院创业中心启发下,本文提出具有立信风格的一流本科生创新能力培养模式。

(二) 一流本科生创新能力培养模式构建的设想

鉴于立信现有的资源和实际情况,本模式可以考虑从两个层次构建一流本科生创新能力模式。首先,立信应该培养学生的科学创新素养。培养学生的科学创新素养方式之一可以考虑利用学校现有的资

源,如教师的科学研究工作。科学研究活动涉及发现问题、分析问题和解决问题等环节。这些环节正好可以被用来培养学生科学创新能力。

与现有高校培养学生科学创新能力体系相比,本文提出的"学生参与科学研究"至少有两点不同:一是架构不同。现有"学生参与科学研究"至少包括三方主体:职能部门(如学生处等部门)、学院和本科生,本文"学生参与科学研究"主要是指以教授或研究员为核心,以课题项目为兴趣点,引导学生参与教授或研究人员的项目,并且在教授或研究人员"学徒式"培养及耳濡目染的环境中提升学生的科学创新能力和市场竞争力。二是"研"的形式与本质不同。"学生参与科学研究"主要依托"创新创业"等比赛作为载体来实现。所以,以上的不同决定了本文的设计思想也将与现有高校"学生参与科学研究"有所不同。本文设计思想体现在包含教授或研究人员和本科生的科学创新"自我增强"机制。立信学生参与科学研究的落实机制如图1所示。

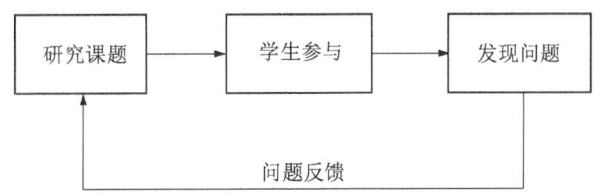

图1 "学生参与科学研究"的科学创新"自我增强"机制图

在现有"学生参与科学研究"培养体系中,学校职能部门(如学生处等)、学院和本科生三者之间处于相对松散状态,造成了各方在对接的时候花费较多的时间和财力成本。即使对接成功,在合作的过程中,也会由于缺乏长效机制而影响合作效果。更为关键的是,教授或研究人员在这个育人体系中的作用未得到充分发挥。在我们的"学生参与科学研究"的体系中,教授或研究人员和学生是仅有的两个参与主体,教授或研究人员可以采用"学徒式"实施科学创新人才培养。在此过程中,学生参与教授或研究人员的研究课题。教授或研究人员可以"手把手"引导学生在科学研究中提升发现问题能力、分析问题能力和解决问题能力。借此过程,学生可以充分了解和体会到严谨治学所带来的由内而外、自然而然散发出的科学创新素养。

同时,在借鉴罗切斯特大学西蒙商学院成功经验的基础上,随着学生科学创新素养的提升,立信可以考虑将校内外科研团队与广泛社会力量联合进行研发创新,构建一个立信学院自己独有的、成熟的人才培养模式,如图2所示。

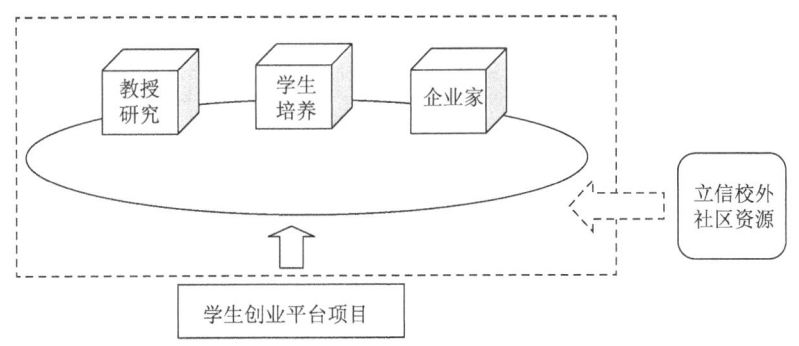

图2 立信学生创业平台运行机制图

由图2可知,为解决目前立信创新商科人才培养模式中存在的问题,可以考虑从提高高校研究实力、修订科学创新培养计划和建立促进学生参与科学研究的制度着手,逐步提高"教授或研究人员"在培养立信创新商科人才过程中带头作用;同时相应引入校外企业家,以建立"解决问题"为导向的"正反馈"机制。

五、结论与改进措施

1. 结论

本文详细分析了美国罗切斯特大学培养学生创新能力的成功经验,发现该校在校内建立了企业家中心(Center of Entrepreneurship)。该中心把学生、教师和企业家紧紧联系在一起,并颁布了完备的创新创业细则,针对学生开放的项目包括学生孵化器(student incubator)、暑期加速器(summer accelerator)、风险投资(vjf accelerator)、企业初创(startup trek)和商业模式竞赛等成功经验。

2. 改进措施

根据罗切斯特大学的成功经验,大学可以根据专业特色建立企业家中心,该中心要紧紧联系学生、教师和企业家。这里的企业家既可能来自社会上,也可能来自本校校友等。

参考文献

[1] 卢东祥,曹莹莹,于建江.应用型本科院校大学生创新创业能力培养的路径探索[J].江苏高教,2021,4(07):85-88.
[2] 邓志敏.数字经济下的金融科技创新发展之路[J].行政事业资产与财务,2021,4(11):111-113.
[3] 曹明星.OECD数字税改方案述评:理论阐释、权益衡平与规则建构[J].税务研究,2021,4(6):77-84.
[4] 李珂,袁浩然.本科人才创新能力培养路径优化研究:基于湖南工商大学财政税收专业的调查[J].现代交际,2021,4(9):4-6.
[5] 蔡琦.数字经济背景下中国-东盟金融科技合作机遇、挑战及对策[J].市场论坛,2021,4(5):53-59.
[6] 王颖.应用型创新人才培养问题及对策研究[J].教育理论与实践,2016,36(36):12-14.
[7] 孙益,张婷姝.美国公立研究型大学的科研经费管理:以加州大学洛杉矶分校(UCLA)为例[J].高教探索,2017(09):67-71.
[8] 汪利锬.地方财经院校培养国际化应用人才的战略选择与实现路径[J].继续教育研究,2014(06):112-115.

作者简介

汪利锬 博士,上海立信会计金融学院财税与公共管理学院副教授;研究方向为财税政策、高等教育。

新文科背景下本科生翻译人才培养创新路径

范 敏

摘要 在新文科背景下,为了培养知识更复合、学科更融合、实践能力更强的复合型、应用型、创新型人才,我们应立足新时代,在教育中引领人文社会科学新发展。本文主要从培养体系、教学方法与翻译教学案例分析三个层面探讨了新文科背景下本科生翻译人才培养创新路径。

关键词 新文科 本科生 翻译 人才 培养

在当前新时代,新科技革命催生了对复合型、专业型、信息型等高素质人才的需求。2017年美国希拉姆学院指出,新文科的教育理念主要涉及专业重组,进行综合性的跨学科学习。同时,我国把学习中华优秀传统文化提到了很高的高度,并纳入高等学校的人文教育中。因此,我们在教学过程中要实现全员育人、全程育人、全方位育人,拓宽学生的国际视野,提升学生的责任担当、人文素养、专业素养与信息素养等。

一、培养体系

高校要构建以成效为导向的人才培养方案,关注人才培养成效,坚持以学生发展为中心,并以培养目标为出发点,将思政育人贯穿人才培养始终。教师应通过合理设计培养理念与课程规划,优化管理模式与教学模式,全面提升人才培养质量,培养担当民族复兴大任的新时代人才。

(一)培养理念

基于新文科背景,根据澳大利亚教育心理学家约翰·比格斯与凯瑟琳·唐(2011)提出的一致性建构教育理论,在高校教学中实施该理念则强调深层次的、高质量的学习应该以能力导向(Outcome Based Education, OBE)为培养目标,充分发挥学生主体性。教师需要注意教学与评价的每个方面都要与课程的主要目标相匹配,以此共同促进学生的深度学习和高质量学习。一致性建构教育理论强调教学和评价任务与预期学习成效对接。预期学习成效指明了学生为达到成效而需参与的活动,教师的任务就是营造一个鼓励学生开展学习的环境,帮助学生参与到达成这些成效的学习活动中来,然后根据预期学习成效评价学生表现。

(二)课程规划

课程规划需根据学校人才培养特点与教学目标,并依据教育心理学来设计。教师可根据社会需求,借助智慧教育技术,认真分析教学情境,包括课程体系、课程性质、学生特点以及人才培养要求,遵循多元化、专业化、系统化原则,不断调整专业内涵与文化内涵,推动思政教育进教材、进课堂、进头脑,全面提高学生人文素养、专业素养与信息素养,通过创新"内涵＋专业＋能力＋创新＋国际"的培养模式,发挥文科教育知识性与价值性相统一的特点,使学生适应"面向现代化、面向全球化、面向未来"要求,成为担当民族复兴大任的新时代复合型、应用型与创新型人才。

(三) 管理模式

教务管理应根据学校与国家人才培养方案制定教学计划。此外,政府、高校与企业可以合作共赢共同建立可持续发展的人才培养机制。一般由高校作为主体,政府作为支持,企业积极参与。在政府文化战略政策支持下,充分利用学校的教学资源和企业的实践环境,以互利互惠为最终目的,通过政府、高校与企业三位一体深度融合协同育人路径,培养适应市场需要的优秀国际化复合型、应用型与创新型人才。

(四) 教学模式

教师在设计与实施教学时,应创新课堂教学模式,推进现代信息技术在课程教学中的应用,激发学生学习兴趣,引导学生深入思考。教师应采用多种行之有效的教学方法和现代教学技术手段,充分利用教育技术,开发建设课程网上资源,注重网络课程建设与教学活动多模态,采用探究式、项目式、任务式教学,让学生通过学习教学模式中所蕴含的教育资源,掌握事物规律,丰富学识,增长见识,塑造品格,培养具有创新能力与国际竞争力的复合型英语人才。

二、教学方法

教学方法要结合一致性建构教学理论,在教学实践中通过创新教学手段,实施人文素质教育和实用技能教育,在教学过程中把学习活动和考核评价与教学目标、学习预期成效统一起来,并强调把新技术融入哲学、文学、语言等诸如此类的课程中,面向学生开展综合性跨学科学习,并通过课程建设、课堂教学与政校企协同育人等多维度培养实用型、创新型、复合型、高素质、适应社会竞争国际化英语人才。

(一) 学习活动

(1) 基于案例的学习。

梅塞思博士指出,基于案例的学习是指在理论和实践之间、陈述性知识和功能性知识之间架起桥梁,因此适用于大多数专业教育(Biggs 和 Tang,2011)。

案例一般具有相关性、现实性与挑战性特点,能够通过适当的教学活动解决预期学习目标,帮助学生深入思考案例的作用。教师在设计教学翻译活动时,应确保其与学生的预期学习成果相一致。

基于案例的学习方法一般大量使用小组工作法。大多数以功能知识为主的教学活动都会利用学生与学生之间的互动。无论是角色扮演还是各种类型的小组活动,都要求学生运用他们的知识,在一般的学习中解决功能知识的问题。这些任务的主要目的是让学生在实践中学习。

(2) 小组工作。

小组工作,在大多数情况下是指学生与学生之间的互动,其形式是角色扮演或各种类型的小组活动。在某些情况下,许多种类的小组的发起、协调和管理需要由教师来完成。

在所有的小组工作中,学生必须做出贡献,要么是阅读了足够的资料来进行讨论,要么是话题直接与个人经验有关。最重要的是,小组长需要能够创造正确的氛围,使学生能够无拘无束地讨论(Biggs 和 Tang,2011)。

小组工作可以通过翻译学习的社会互动和同伴间的协商来促进和支持他们的大部分情感因素:减少焦虑,增加动力,促进对翻译学习的积极态度的发展,促进自尊,并支持不同的学习风格,鼓励在遇到困难和混乱时坚持下去。但是,在小组工作中应注意以下两点:①每组成员要经常交流;②不要让学习速度最慢的学生与最快的学生分在一组。

(3) 工作场所学习。

工作场所学习,根据学科不同被称为"安置、实习、临床或实习,是专业教育的一个组成部分,甚至是专业教育的顶点"(Biggs 和 Tang,2011)。

工作场所学习是一种主动的学习体验,重点是学生置身实际工作环境中(Billet,2004)。它提供了一种教/学情境,学生通过积极参与(通常是在监督下为实现预期的学习成果而进行的教/学活动),在现实生活中的专业实践的各个方面进行学习(Biggs 和 Tang,2011)。

工作场所学习通常涉及制作真实的翻译,由外部代理或客户评估并接受可发表的翻译。这一过程也可以通过学生和教师之间的角色扮演来模拟。因此,学生可以感受到教师的支持,同时也可以体验到与真实或模拟的客户进行决策和论证的风险(González-Davies,2017)。

例如,翻译专业的学生可以去翻译公司学习,这将积累工作场所的经验,一般可以取得积极的学习成果和更高的起薪。在大多数工作场所的学习中,学生可以取得以下成果:①采访客户以收集相关的翻译数据;②分析翻译数据以确定情景问题;③通过将理论应用于手头的问题或情景,制定解决翻译问题的方案;④实施行动以落实解决方案;⑤评估干预或项目的有效性;⑥根据评估结果执行高质量的翻译任务;⑦与其他团队成员进行学科内或学科间的合作;⑧反思在大学学到的知识与在翻译公司开展工作之间的建设性联系。

(4) 基于问题的学习。

基于问题的学习反映了人们在现实生活中的学习方式;他们用手头的任何资源来解决生活中的问题(Biggs 和 Tang,2011)。

基于问题的学习是主动教学方法的一个例子,因为它要求学生质疑、推测、产生解决方案。这是因为教学环境要求学生经历与预期结果一致的学习活动。例如,可以要求小组学生(3~4 人/组)根据他们的研究兴趣,按照预期的学习结果完成基于问题的学习。

基于问题的学习的目标如下:①将知识结构化,以便在工作环境中使用;②发展有效的推理过程;这种过程是指专业领域所需的认知活动;③发展自我导向的学习技能;④增加学习动机;⑤发展与同事合作的团体技能。然而,目的不仅仅是解决这些特定的问题,而且在此过程中,学习者会获得知识、与内容相关的技能、自我管理技能、态度、诀窍等专业智慧。

(二) 考核评价

教师在教学活动中评价学生时可以参考表 1 的各个维度进行。

表 1 教学评估维度

维度	主要内容	关键词
核心知识	理解并记住关键概念、术语、关系、事实等 ——描述学生如何学习这些知识内容	选择、定义、描述等
为实践而学习	运用所学的知识 ——描述学生如何运用知识来处理实际问题	分析、批评、管理等
通过类比理解	确定"A"和"B"之间的关系 ——描述学生如何运用知识来整合和联系事物	联系、比较、整合等
人性	认识自己 ——描述学生如何通过学习提高对自己的认识; 理解他人 ——描述学生如何通过学习更好地了解他人并与之互动	互动、讨论、说服、辩论、分享等

(续表)

维度	主要内容	关键词
抱负和兴趣	关注与所学知识相关的现象和问题 ——描述学生如何通过学习影响和改变自己和他人在现实生活中的态度、行为和价值观	欣赏、表达、参与等
学会学习	培养有效的学习能力 ——描述学生如何在课程和现实生活中更有效地学习	创造、形成、决定等

表1显示，教师可以根据翻译课程的维度对学生进行评估，以了解学生是否掌握了课程的要点。一般来说，学生在基于问题的学习中会积极参与问题深层次的处理。应该尊重学生作为独立思考者的身份，在翻译课程的不同维度上精通特定的心理过程，如分析、推理、决定、参与、综合、评价、创造等。

在所有的小组工作中，学生必须有足够的背景知识来做出贡献，无论是阅读量足以进行知情讨论，还是话题与他们的个人经历直接相关。最重要的是，小组长需要创造合适的学习氛围，让学生自由交谈。一些教师发现很难不纠正学生，如果学生只是坐等别人来告诉他们结果。他们也就错过了进行建设性翻译对话的机会，而这种对话对学习是至关重要的。

三、翻译教学法的案例分析

以基于案例的学习与小组工作方法为例，教学活动主题将集中在"道"字在英语和汉语语境中的理解和翻译上。例如，教师要求小组学生讨论"道"字在《论语》中的翻译。所选的安乐哲和罗思文译本与森舸澜译本都是经典译本。请看下面《论语》中的翻译例子。

原文为，子曰："君子易事而难说也。说之不以道，不说也；及其使人也，器之。小人难事而易说也。说之虽不以道，说也；及其使人也，求备焉。"（《论语》）

安乐哲和罗思文：The Master said, "Exemplary persons (junzi 君子) are easy to serve but difficult to please. If one tries to please them with conduct that is not consistent with the way (dao 道), they will not be pleased. In employing others, they use them according to their abilities. Petty persons are difficult to serve but easy to please. If one tries to please them with conduct that is not consistent with the way, they will be pleased anyway. But in employing others, they expect them to be good at everything."

森舸澜：The Master said, "The gentleman is easy to serve, but hard to please. If you attempt to please him in a manner not in accordance with the Way, he will not be pleased, but when he employs others, he does so in consideration of their particular capacities. The petty person is hard to serve, but easy to please. If you attempt to please him, he will be pleased, even if it is in a manner not in accordance with the Way, but when it comes to his employment of others, he demands everything from them."

Here we have the contrast between the gentleman and petty person as managers of others. The gentleman is only pleased by rightness and proper behavior, but is fair in his use of others—as Kong Anguo explains, "He assigns people to offices only after having gauged their abilities"—and is thus ultimately easy to work under. The petty person, on the contrary, is easily and temporarily swayed by flattery or bribes, but has as his ultimate aim squeezing his subordinates dry in order to serve his own purposes— often very much to the detriment of those he is using. As Brooks and Brooks put it, "the right kind of officer uses people appropriately, whereas the little man is indiscriminate in his use of men, and, so to speak, uses the screwdriver to open the paint can, thus spoiling it as a screwdriver" (1998: 104). The translation reads the character 说 in the sense of "pleased" or "happy" (pronounced yue in modern Mandarin, and sometimes distinguished graphically by the use of the heart rather than the speech radical, 悦). Some early commentators read it as "speak, persuade" (pronounced shuo in modern Mandarin), but the sense is more or less the same. For instance, a passage in the *Record of Ritual* reads, "Do not speak inappropriately to others," 19 and Zheng Xuan's commentary quotes 13.25, playing upon both senses of 说：" [Speaking inap-propriately] is close to glibness or flattery, and 'if the gentleman is spoken to (shuo 说) in a manner not in accordance with the Way, he will not be pleased (yue 说).'"

首先，教师帮助学生决定预期的学习成果：不同的文化差异如何影响对中国经典中"道"字的理解和翻译。然后，要求学生们分成几个小组。接下来，教师在每组选出一名代表进行发言，或者让学生在学习通发布讨论，教师可以进行点评，也可以让学生进行互评。

在讨论中，教师引导学生注意以下几点：①社会文化因素影响，即指出"道"字在原文中的所指意义和联想意义，并讨论是否有不同译文；②翻译策略选择，即不能仅仅指出哪个译文更好，还要指出翻译策略和译文差异的原因；③注意发挥信息技术的辅助作用。

(1) 社会文化因素影响。

翻译是一种社会行为。译者总是置身于社会环境中，社会、文化和政治因素自觉或不自觉地影响他们的做法和态度。一旦翻译完成，它就会被传播给受众，而这个受众是通过社会纽带和市场纽带构建的(Harding 和 Cortés，2018)。

因此，为了避免西方读者的误解和冲突，需要采用不同的补偿翻译方法，以便实现成功的跨文化翻译传播。例如，根据安乐哲和罗思文的观点，实现"道"就是体验、解释和影响世界，以加强和扩展从一个人的文化前辈那里继承的生活方式；这种生活方式可为自己的文化继承者提供路线图和方向，对孔子来说，"道"主要是"人道"，即"成为完美的、有权威的人"(Ames 和 Rosemont，1998)。而森舸斓则试图通过这个译本给英语读者一个暗示，让他们了解这个背景的丰富性(Slingerland，2003)。因此，关于"道"的翻译，安乐哲和罗思文将该词译为 the way (dao 道)，森舸斓将该词译为 the Way，并增加了大量文化知识背景解释。

(2) 翻译策略选择。

翻译策略通常被认为是译者在知情的情况下决定使用特定翻译方案来解决翻译问题。对翻译策略的讨论可以提高学生对翻译批评方法的认识。

由于译者的翻译目的与翻译意图不同，第一个译文采用了创造性翻译策略，它准确传达了原文的语言和文化含义。从第二个译文中，我们可以发现，译者采用了注释策略。注释作为补偿性策略，可以保留原文的异国情调和文化背景，丰富世界的语言和文化。这样一来，译者使目标语更具有可读性，从而使读者更容易理解原文。

由此可见，学生在讨论翻译策略选择过程时，必须记住，"我们在这里处理的不仅仅是一个特定的单一过程，而是一系列复杂的解决和决策操作"(House，2013)。

(3) 信息技术辅助。

信息技术的辅助也可为学习者提供一个了解自己的机会。由于数字技术在学生的日常生活中占主导地位，可以用来加强师生对话，因此常常作为让学生学习翻译的新方法。例如，教师可以要求学生在 E-learning 平台的公告板上发布他们的译本或评论，老师可以通过该平台向全班同学展示点评。这些信息技术辅助学习活动可以为教师和学生本身提供丰富的反馈。

当学生完成一项任务时，会有一个外部动机，要么是对成功的积极奖励，如物质奖励，要么是对失败或不参与的消极惩罚，如惩罚。外部动机通常归因于教师在学习环境中激励学生的能力(例如，通过提供参与的激励和/或对良好行为的奖励)。因此,激励的关键是要确保学术活动是有意义和有价值的。这样一来,学习者就会被鼓励对学习经验拥有自主权,并做出能带来更大成就的决定。

因此,学生通过成功参与有意义的内容的学习可以为深度学习建立必要的知识基础。从激励的角度来看,也可以发展出给予未来成功信心的期望。这些期望会产生心理学家所说的"自我效能感",这使学生意识到学习的乐趣。重要的是,教师要相信学生和他们的学习能力,而且教师要充分了解学生,以确保他们参与的材料具有挑战性和趣味性。

四、结语

新时代本科生翻译人才培养应强调人文素养培养,注重专业知识、信息技术与跨学科知识培养,鼓励学生勇于表现自己,积极参与教学活动、社会实践与社会互动。教师应该为学生提供有利的环境,鼓励他们与他人合作,提高他们一专多能的社会职业能力,以达到预期的学习效果。教师可以建立一个教学活动框架,让学生在由同伴、教师和客户组成的实践社区的支持下,提高他们的专业技能和专业知识,促进学生的全面发展,培养现代社会所需的复合型、应用型与创新型人才。

参考文献

[1] AMES R, ROSEMONT H, 1998. *The Analects of Confucius:A philosophical Translation*[M]. New York:Ballantine.
[2] BIGGS J, TANG C, 2011. *Teaching for Quality Learning at University*(4th edition)[M]. Berkshire:Open University Press.
[3] COLINA S, VENUTI L, 2017. In *Teaching Translation:Programs,Courses,Pedagogies*[C]. London, New York:Routledge.
[4] HARDING S, 2018. *The Routledge Handbook of Translation and Culture*[M]. London, New York:Routledge.
[5] HOUSE J, 2013. *Translation*[M]. Oxford, New York:Oxford University Press.
[6] JOHNSON K, JOHNSON H, 1998. *Encyclopedic Dictionary of Applied linguistics:A Handbook for Language Teaching*[M]. Oxford:Blackwell Publishing.
[7] SLINGERLAND E, 2003. *Confucius:Analects,with Selections from Traditional Commentaries*[M]. Indianapolis:Hackett.
[8] VENUTI L, 2007. *Teaching Translation:Programs,Courses,Pedagogies*[M]. London, New York:Routledge.
[9] WHITEHEAD A N, 2017. *The Aims of Education*[M]. Beijing:China Light Industry Press.

作者简介

范　敏　博士,上海立信会计金融学院外国语学院教授;研究方向为语言学与翻译、文化与翻译、翻译教学等。

数据科学融入财税学科的典型案例分析

——以学科布局优化的西南财经大学为样板

范 琦

摘要 数据科学有效嵌入融合财税学科建设,对培养大数据时代的卓越性财经人才有重要意义。通过对开设有数据科学类专业的高校进行网络调研与大数据分析,厘清其专业设置及课程体系安排,研究分析数据科学嵌入融合财税学科的三种主要实施路径:构建跨部门交叉性学科和专业、数据科学作为工具手段支撑财税研究教学、构建接入型数据科学与财税学科的跨界沟通渠道。研究指出,结合多数财经类高校新文科建设中的实际情况,第二种路径的适用性可能更高,并提出数据科学作为工具手段支撑财税研究教学的八项要素,其中重点要关注"数据科学+"下财税专业人才培养方案制定以及课程体系的合理布局,真正实现财税学科的数据科学工具的深度覆盖,助力财经类高校双一流学科建设中教学研究水平的整体提升。

关键词 数据科学 财税学科 交叉学科 工具手段 实践场景

一、案例主题

财税学科与数据科学嵌入融合存在多条路径,也有不同的实施方案,可以依据高校在专业设置、师资队伍、数据资源、培训基地上的特长与特色进行合理有效规划。

本研究分析了财税学科与数据科学嵌入融合的三种实施路径:构建跨部门交叉性学科和专业、数据科学作为工具手段支撑财税研究教学、构建接入型数据科学与财税学科的跨界沟通渠道。

这三种方案在西南财经大学的学科布局上均有体现。

二、案例描述

(一)路径一:西南财经大学统计学院数据科学与大数据技术专业

1. 培养目标
(1) 使学生系统掌握数据科学与大数据技术专业的基本理论、基本知识和基本技能。
(2) 使学生具备在国内外继续深造的坚实的数据科学基础。
(3) 使学生具备运用数据科学方法、统计学方法、机器学习方法解决理论与实际问题的能力。
(4) 使学生具备发现问题、分析问题、解决问题的基本能力,有较强的自学能力、适应能力和创新能力。
(5) 使学生能够在需要数据分析、数据驱动、数据运营、数据决策的政府、企业、高校等机构从事信息采集、数据管理、统计分析、数据建模、决策支撑等工作。

2. 培养要求

（1）系统掌握并能清晰表达数据科学的核心概念、主要理论与分析方法。

（2）能够合理运用数据科学原理、统计学原理、机器学习原理等进行相关理论问题论证和分析。

（3）掌握数据采集方法，并能熟练运用现代统计分析软件、计算机编程语言、大数据系统和平台从事数据分析与运营等相关工作。

（4）培养良好的大数据分析应用能力，具备参与相关理论研究、应用研究、公开竞赛等活动的能力。

（5）具有较强的英语应用能力，可以熟练阅读、理解、总结、翻译英文专业文献。

（6）熟练掌握以下技能：口头与书面沟通能力，撰写研究报告的能力，满足应用与学术研究所需的计算机技能，文献与信息检索能力，应用统计分析软件的能力，应用数据科学常用计算机编程语言的能力，管理和应用大数据系统与平台的能力，团队精神与合作意识。

3. 专业特色

数据科学与大数据技术专业是2018年新设专业，以解决实际数据分析、数据驱动、数据运营、数据决策问题为切入点，进行数据科学、统计学、计算机科学、机器学习等复合方法论学习，理论方法研究和实际应用相结合是其鲜明特色。学院拥有完整的数据科学与大数据技术专业本科、硕士、博士人才培养体系，下属具备Hadoop/Spark/GPU软硬件环境的大数据实验室，与学校经、管、法、文、工各学科相互提供理论和应用支撑，注重数据科学与经济学、金融学等优势专业的有机结合，并同多家知名企业密切合作，持续培养适应前沿技术发展趋势的复合交叉型人才。

4. 其他

核心课程：数学分析（理）、高等代数（理）、实变函数、复变函数、概率论（理）、数理统计（理）、随机过程、时间序列分析、多元统计分析、回归分析、机器学习、计算统计、R编程、Python编程、C++编程、数据库管理、大数据平台与系统等。

修业年限：四年。

授予学位：理学学士。

毕业生去向：学生毕业后可在国内外高校继续深造；在需要数据驱动、数据运营、数据决策的模型、算法、市场、商业智能等部门工作，包括但不限于金融科技企业、传统金融机构、互联网企业、智能制造企业、政府和事业单位等。

(二) 路径二：西南财经大学财税学院数字财税光华实验班

1. 培养目标

实验班旨在培养具有扎实财税理论和知识，熟练运用现代信息技术，掌握大数据科学、计算机科学、人工智能、区块链的基础理论知识，具备公共意识、创新思维和沟通交流能力的复合型卓越人才。

2. 专业特色

新技术与专业课程交叉融合、线上线下融通，以"金课"为抓手的一流课程体系。加强数学、统计和计算机教学的力度，打造高质量、有特色的新财税课程体系，开创新技术与专业融合的新交叉课程。创新财税课程组织形式和教学方式，注重以自主学习、合作学习、探究学习、发现学习、小组式学习、交往式学习和科研兴趣小组等方式提升学生思辨和创新能力。

3. 核心课程

数学分析Ⅰ（理科）、数学分析Ⅱ（理科）、概率论（理科）、财政学、大数据与财政管理、大数据与税收管理、计算机与大数据基础、人工智能导论、计量经济学、区块链原理及应用、中级宏观经济学、中级公共经济学、国家税收、公共财政管理、政府预算、中国财税史、政府会计实务、大数据与财政绩效评价、Python编程与财税、公共经济政策分析、财税政策分析方法与应用、税法、税收筹划、国际税收、区块链编程与税收等。

4. 毕业去向

在国家政府机关、财税部门、会计师事务所、证券公司、基金公司、商业银行、上市公司等企事业单位工作。具备从事财税专业领域研究和继续深造的潜力。

2020年4月20日,财税学院教师会议以"破解学生就业难题、聚焦数字财税建设"为主题,结合政治理论学习和学院重点工作建设顺利召开。各位教师深入剖析了当前学生择业就业过程中存在的各种问题,提出了应对政策和支持举措,如:加强对学生的沟通、引导,制定合理的择业标准,理性选择"二战";发动全院教师力量,增加就业机会、拓宽就业渠道等。同时结合学院当前另一项重点工作"建设数字财税项目",全体教师围绕"数字财税项目建设的方向和定位""数字财税项目的合作模式""数字财税课程建设思路"等进行了热烈的讨论,各位教师纷纷建言献策,使数字财税建设的蓝图更加清晰,对学院创新性涉税财经人才的培养和一流学科的建设意义重大。

为了适应数字经济发展需要,促进学院一流专业和一流学科建设,2021年4月24日,财政税务学院数字财税教学与研究中心成立并举行第一次咨询委员会会议。来自国家税务总局、四川省税务局、四川省财政厅、腾讯集团、汉康集团、不问科技等单位的专家以及财税学院相关领导和教师参加会议。在咨询委员会议上,刘蓉院长介绍了数字财税教学与研究中心建设背景:一是2020年11月教育部新文科建设工作组发布《新文科建设宣言》,提出新文科建设要坚持分类推进,经管法助力治国理政。财政学类专业需要瞄准服务治国理政目标,围绕"培养什么人、怎样培养人、为谁培养人"的育人育才根本性问题,研究探索新文科建设改革与发展思路,提出财政学科建设的人才培养目标、知识能力素质要求及实现路径,探索财政学跨专业、跨学科门类交叉的融合发展路径。二是新经济、新模式、新技术和新业态要求学科建设适应国家治理现代化、财政税收数字化转型的新要求。一定程度上为专业建设提供了创新发展机会。互联网、大数据、人工智能和实体经济的深度融合构筑成了新财经特色,学院以数字财税实验班招收为抓手可以大力提升财政与税收专业的数字化转型,更好适应国家和行业需要,助力学科新跃升。汤火箭教授介绍了我校培养混合型人才的办法,还介绍了新财经改革的三个要点:基础做实、横向拓宽与纵向加深;基本方向是改造传统专业、增设新专业与新设实验班,并提出数字财税实验班应该大胆改革,小心求证,突破传统的教学模式约束,探索创新财税人才培养之路。与会专家和财税科技企业界人士认为,一是当前"财税＋科技"的复合型人才十分欠缺,"文工交叉、文理交融"适应了新时代的需要;二是数字财税专业人才培养将迎来技术性变革,数据集成、信息集成将推动业务变革和组织变革;三是人才培养方需要加强大数据智能平台、数据应用开发、机器学习学习算法、大数据文本抓取等课程建设,构建标准化课程体系;四是教研中心应与时俱进,与行业、部门专家共同商讨,培养德智体美劳全面发展的创新型财税人才。

2021年4月24日,四川省税务局大数据与风险管理局局长、西财数字财税建设专家委员会专家晏燕为师生做了"生逢盛世,肩负重任:努力建设数字财税"的专题讲座,重点介绍了税务部门在数字财税领域的实践,指出新时代下数字财税的发展对财税人才培养提出了更高的要求。税务系统的数字化转型包括了技术变革、业务变革,最终走向组织变革。技术变革主要通过互联网＋、数字化升级、智能化改造实现信息按需归集和智能交互,解决税收管理服务中的信息不对称问题。业务变革主要通过发票电子化、申报要素化、财税一体化等,帮助纳税人更好地履行纳税义务,同时维护税法公平。组织变革是建设透明、灵活、可视化的组织,以达到税务系统的精确执法、精细服务、精准监管、精诚共治。新时代下数字财税建设对税务人才培养提出了更高的要求:首先,要培养税收法律法规与涉税数据的连接思维,获得政策与数据相互透视的能力;其次,要掌握最新的大数据BI工具、人工智能技术及机器学习算法等在经济与财税活动中的应用场景,获得数据洞察能力;再次,要了解税务行业各方的协作机制,熟悉税收实现的全过程;最后,要有扎实的理论基础,掌握数字经济、数字财税的基本原理。数字财税人才的培养需要全面梳理相关跨界知识点,形成多学科交叉融合的知识体系,通过场景式教育讲授相关知识,实现知识的融会贯通。此次讲座为财政税务学院的数字财税专业建设提供了来自实践前沿的专家意见,有助于学院财政与税收专业的数字化转型。学院将邀请更多来自财政部门、税务部门和企业界的数字财税专家来开展讲座,为数字财税专业建设提供智力支持。

2022年4月18日,财税学院税务系与四川省税务局、不问科技公司就数字财税课程体系建设问题采用线上会议形式展开了讨论。四川省税务局以资源税为例,阐述了税法知识图谱和税收征管课程的教材编撰与教学模式,初步确定了以案例为基础、以场景式教学贯穿教学课程的数字化教学的新的表达方式。与会领导、教师们纷纷就场景式教学、学生参与式教学的要素进行了深入交流与探讨。具体内容包括:定义场景、进行场景分类、操作场景、以场景式案例总括教学内容、场景设计与角色参与模式等,并最终提出了具有针对性的、能够实现项目式学习的场景化教学方案。

(三)路径三:西南财经大学特拉华数据科学学院

1. 专业简介

1)信息管理与信息系统(信息系统与数据管理方向)

(1)培养目标。

本专业旨在培养既具有现代管理学理论素养,又掌握信息科学理论与技术的复合型人才。学生熟练掌握最新信息技术,基于这些技术收集、处理、分析组织或企业大数据以促进管理信息化,对海量的经济金融数据进行处理与分析,能够将信息技术工具创新运用到商业战略与决策中。

(2)专业特色。

本专业不仅关注信息系统的分析、设计和实施,更强调数据驱动型的管理应用。本专业通过以"数据科学"为引领的院内专业协同发展,侧重技术实现与应用的能力塑造,构建"数据科学+特色方向"的新模式,培养学生"信息系统与数据管理方向"的复合能力。

(3)核心课程。

数据科学课程模块、面向对象程序设计、商务应用程序编程、数据分析(Python)、商务电信网络、管理信息系统项目管理、商务应用程序开发、系统分析与实现、计算机网络、数学分析、高等代数、数理统计、概率论、商务分析基础(R语言)等。

2)金融数学(金融服务与量化分析方向)

(1)培养目标。

金融数学是新兴交叉学科,受到国际金融界和应用数学界的高度重视。本专业旨在对金融活动进行定量分析和科学预测,培养学生系统掌握数学、金融学的专业知识与定量分析方法,具有运用数理方法解决实际金融问题的能力,在设计量化投资策略、分析期权期货定价、控制金融风险等方面做出科学决策。

(2)专业特色。

本专业采用数学与金融学紧密结合、相互渗透的教学模式进行培养,学生将受到严格的数学基础、经济管理理论、数据科学方法及计算机技能训练。本专业通过以"数据科学"为引领的院内专业协同发展,侧重理论研究和量化分析的能力塑造,构建"数据科学+特色方向"的新模式,培养学生"金融服务与量化分析方向"的复合能力。

(3)核心课程。

数据科学课程模块、金融随机分析、衍生证券及风险管理、资本市场与金融机构、金融模型与评估、中级财务管理、公司金融、数学分析、高等代数、数理统计、概率论、数值分析、常微分方程、随机过程、商务分析基础等。

3)物流管理(运营管理与商务分析方向)

(1)培养目标。

本专业旨在培养既具备现代物流与供应链领域所需的综合素质和运营管理理论素养,又掌握商务分析技术与工具的复合型人才。重点培养学生的实践分析技能,学习如何利用量化模型进行数据驱动的分析,从而解决管理问题并优化商业决策。

(2) 专业特色。

本专业旨在满足现代商业企业向供应链和数字化转型的人才需求,打造具有"新财经"背景和数据科学特色的一流本科专业。本专业通过以"数据科学"为引领的院内专业协同发展,侧重建模与决策的能力塑造,构建"数据科学+特色方向"的新模式,培养学生"运营管理与商务分析方向"的复合能力。

(3) 核心课程。

数据科学课程模块、服务与运营管理、运营与供应链、数据分析和质量控制、商业流程分析、项目管理咨询、商务分析基础、商法和社会问题、数学分析、高等代数、数理统计、现代物流学、战略管理等。

2. 课程特色

(1) 数据科学特色鲜明。

学院倾力打造以数据科学为特色的本科专业,人才培养过程注重"数据、量化、决策"的内在协同,强调以数据为基础、以量化为手段,进行科学分析决策。三个专业均开设必修的数据科学课程模块,包括机器学习、数据结构、数据库设计与实现、优化理论与应用、决策分析与可视、商务分析顶石等六门课程。

(2) 专业协同创新。

三个专业深度融合,金融数学专业培养方向侧重理论研究和量化分析,着力构建数据科学的理论支撑基础;物流管理专业培养方向侧重数据模型构建与算法优化,提升数据驱动决策的可靠性和高效性;信息管理与信息系统专业培养方向侧重数据的交互和实现,探寻实现数据驱动的应用与解决方案。

3. 办学模式

(1) 本土国际。

学生在西南财经大学和特拉华大学双注册,四年全程在西南财经大学学习(4+0),学生不需出国即可获得双方学位,学院不以学生赴美学习作为颁发学位证书必要条件。

(2) 联合项目主任。

每个专业均由西南财经大学和特拉华大学分别任命一位项目主任,中美双方联合负责相关专业的管理和教学。

(3) 全程特聘导师。

一年级学生入校后,学院即选聘优秀专业教师担任学生的特聘导师,导师与学生定期或不定期沟通交流,旨在为学生学业、论文、科研、实践等提供专业指导。

(4) 学业助进专项计划。

为让学生获得最佳的专业学习和国际体验,学院免费为学生开设数学分析强化学习班、托福雅思语言培训等,帮助学生强化数学基础和英语能力。

(5) 暑期线上课。

为让大一新生能更好学习数学类课程,尽快顺利适应全英文教学,学院在新生入校前的暑期开设"高等数学基础课"和"英语口语"线上课程,课程教学成效显著,受到新生及家长普遍好评。

(6) 全球胜任力系列讲座。

为拓展学生全球视野,学院开设"全球胜任力系列讲座(Global Competency Lecture Series)",邀请来自剑桥大学、芝加哥大学、普林斯顿大学、埃默里大学、印第安纳大学等世界知名大学的专家学者以线上直播形式就学科发展前沿和全球性议题开展讲座,学生线上积极提问、互动热烈、反响良好。

三大专业都是把数据科学嵌入经济管理的实际操作运用中,契合于社会实际问题,培养专门人才。学生在未来毕业后可以快速进入市场紧缺的行业领域中,实现高校与市场的无缝对接。西南财经大学特拉华数据科学学院交叉学科专业设置具体如图1所示。

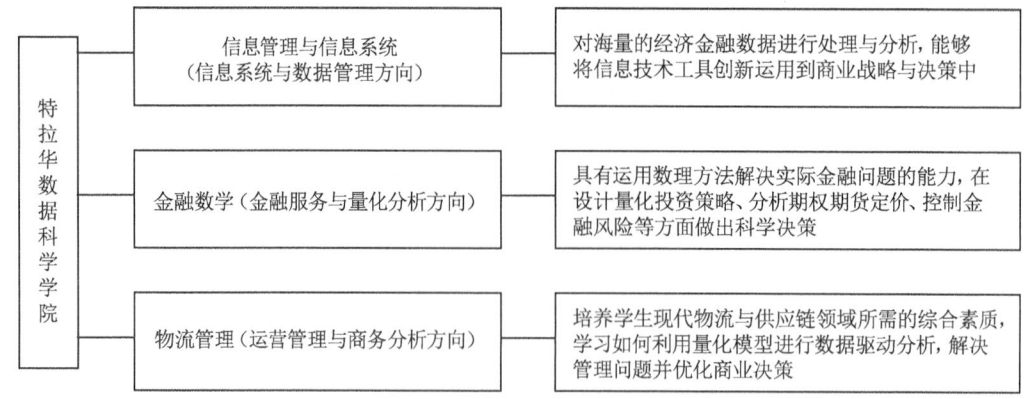

图1 西南财经大学特拉华数据科学学院交叉学科专业设置

三、案例诠释

(一) 路径一：构建跨部门交叉性学科和专业解析

数据科学本身其理论基础就是多个学科的交叉和融合,包括数学(统计)、计算机科学(人工智能、机器学习)、信息论、控制论、系统论、社会科学(管理学)等。数据是多维度的,大数据下的文本、声音、图像、符号也是作为重要的数据要素而存在。数据分析也是作单方面的呈现而非全貌,正如"横看成岭侧成峰",技术手段的加工处理也需要综合多学科的背景来全方位揭示,这一点在嵌入其他学科时尤为需要重视。

作为交叉型学科新的生成物——"大数据管理与应用"专业,授予的学位是管理学,而非理学或工学,更易得到财经类高校的青睐,但对高校原有的多个基础学科有较强的实力要求,如果条件成熟,设立财税学科与数据科学的新的交叉学科是个绝佳的选择,可以实现资源整合,强强联合。跨部门交叉型学科构建如图2所示。

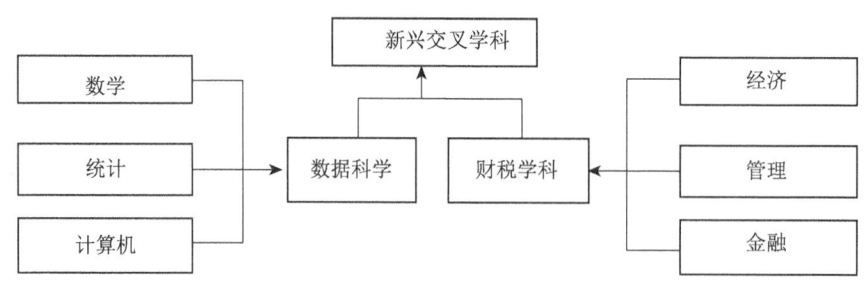

图2 跨部门交叉型学科构建

(二) 路径二：数据科学作为工具手段支撑财税研究教学解析

还有一种途径是财税学科搭建在数据科学之上,构成类似TCP/IP协议最上层——应用层。虽然是数据驱动型应用,但落脚点在财税应用研究上。搭乘数据东风,切实提高财税应用研究中对数据科学的利用水平：一是要重点关注数据科学与财税学科的关联场景,使其有效表达；二是要使数据咨询和数据分析功能真正嵌入融合财税研究,这样才能提供更深层次的科研服务；三是做到数据的全周期管理,数据科学在财税研究的每次历程其实都是一场机器学习的训练,找出一般性规律可以使后续的数据服务流程更加便利快捷。

数据科学作为工具手段支撑财税研究,其运维体系涵盖理论基础、技术支撑、应用范畴、数智研究四个层面,从理论到实践,从基础层到应用层,稳扎稳打,步步为营。数据科学在财税研究学科化服务中的理论与实践研究框架结构如图3所示。

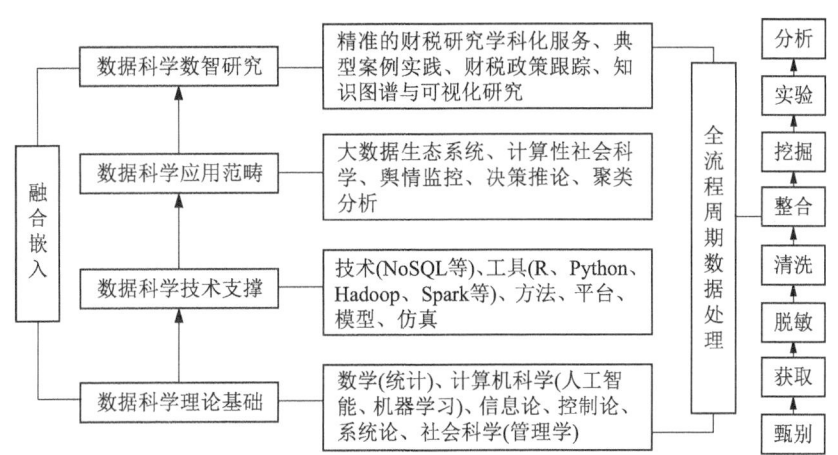

图3 数据科学在财税研究学科化服务中的理论与实践研究框架结构

研究的目标是采用专业化的数据科学手段,提供支持高校相关财政税收领域科学研究及决策咨询。围绕财税改革研究中重大政策动向及舆情热点,嵌入院系所承接的科研项目,开展学科布局、学科发展前沿、学科评价、科研竞争情报等研究,服务专业提升与人才培养,开展财政税收体制改革、政策变迁、税收负担、优惠补贴扶持、税制结构、央地关系、供给侧结构性改革等大数据研究分析,支撑学校重点领域的研究突破,最终形成影响学校发展的战略学科情报产品。在具体内容上有以下措施:

一是数据科学嵌入财税科研:根据院系科研课题需要,面向财税科研活动全过程,提供便捷的、个性化的数据层面的特别帮助,包括数据调研、数据分析、数据跟踪等;

二是数据科学嵌入财税教学:推动在应用层面的专业课教师合作,在专业课程中嵌入文献研究与数据分析方法讲座,为学生提供数据科学技术指导与软件应用辅助,并渗透入具体应用场景;

三是信息推送与定制:为财税学科用户提供专题学科热点与研究前沿等信息的推送服务,或针对用户委托的特定主题进行跟踪性数据服务,形成专题报告;

四是情报分析与决策支持工作:利用已有的学科分析评估工具如ESI、InCites、EI、SCI等,开展相关的学科分析和评估工作,旨在支持领导决策,把握财税学科动向,为用户科研提供参考。或者通过财税学科态势跟踪分析、科研绩效评估,助力学校双一流学科建设。更广泛一点,还可提供产业化的财税数据情报咨询分析。

(三)路径三:构建接入型数据科学与财税学科的跨界沟通渠道解析

在产学研融合中,还存在一种方式,就是设立以数据科学为主导的财税实验基地或实验项目,来解决某项特定的议题。这种方案指向性明确、专业化程度高、紧密联系社会需求,当然特殊性也更高。鉴于素材的稀缺性和有限性,我们通过网络爬虫搜寻到一些典型案例,通过近三年主要典型案例可以很好地洞察实践基地在现实财税问题的数据科学解决上的优势,当然也只有在现实环境中,数据科学与财税问题的深度联合才能得到更深刻全面的阐释和揭示。

2020年7月,西安财经大学教学实践基地与木牛盒子的签约仪式在长安双创中心成功举行,基于大数据分析的木牛盒子的做账操作在国内首屈一指,此次签约全面推进校企产、学、研深度融合,深化专业人才培养模式,为社会提供更多富有创新意识和实践能力的高级应用型优秀人才。

2021年4月,广西工商职业技术学院,其财税大数据应用专业是由税务专业更名而来,学院作为自治区高等职业教育特色专业及示范性实训基地,建成"企业认知和会计文化展厅"多功能特色实训室、政务综合仿真实训大厅等校内实践教学场所,这也使得该学院在国内声誉鹊起。

2021年12月,西南财经大学与国家税务总局四川省税务局在成都举行西财税收实践教育基地合作共建协议签署仪式,共同探索校局合作、精诚共治的新模式,实际上两者在共建实训基地、共办税法知识竞赛、共同开展培训、科研和决策咨询等方面已存在有丰富的探索实践经验。

2022年4月,四川财经职业学院与四方伟业软件股份有限公司共建"四川财经财税大数据双师型教师实践基地暨企业实践流动工作站",实现了财税数据人才在校企之间的互联互通。

整体而言,这些基地对教师科学研究和学生实践学习还是发挥了重要功能,契合时代发展需求,在未来的合作上,财税专业应加大与数据科学实务部门的沟通联系,让财税治理最终以数据说话,以理服人。

除了高校与政府或企业合作建立财税大数据实践基地,还可以通过举办高级论坛、精英进课堂、案例大赛等"短平快"的方式促进数据科学在财税专业领域的应用,使本科生的专业知识获取与校外实操紧密结合起来,构筑学院与业界之间的通道,实现专业人才的"旋转门"。近三年主要案例如下:

2020年6月,浙江财经大学举办的"基地精英进课堂"——税务稽查在现行税收管理中的定位及案例分享专题讲座,由杭州市税务局领导将日常稽查、专项稽查和专案协查中的税务稽查案例分享带入浙江财经大学"纳税检查"课堂,这样的生动实践为同学们打开了别样视野。

2021年10月,第二届"新技术、大数据与现代财税金融高峰论坛(2021)"在中南财经政法大学成功举办,汇聚国内顶级财税学者的专业视角,构筑未来数据科学与财税研究的桥梁。

2022年4月,第四届全国本科院校纳税风险管控案例大赛总决赛顺利进行,全国本科院校纳税风险管控案例大赛自2018年启动以来受到了广泛关注,是目前参与人数最多、范围最广、规模最大、规格最高的全国本科院校税务赛事,旨在培养学生财税知识大数据下的应用能力,树立依法纳税、控制财税风险观念。接入型数据科学与财税学科的跨界沟通渠道如图4所示。

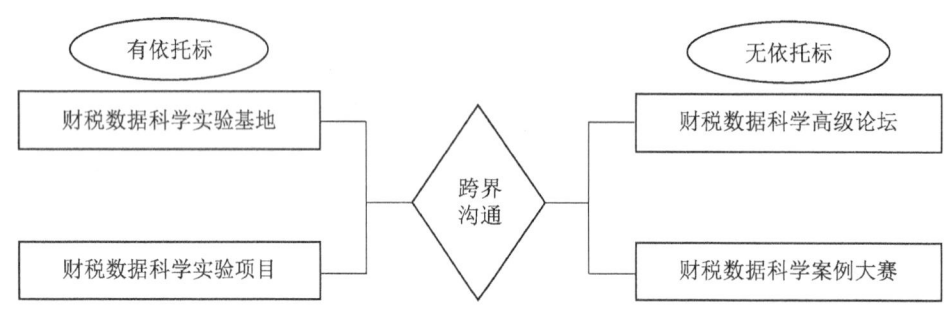

图4 接入型数据科学与财税学科的跨界沟通渠道

设立以数据科学为主导的财税实验基地或实验项目,或举办财税数据科学高级论坛或案例大赛,都是孤立的个案,并不足以形成数据科学在财税学科嵌入融合的普遍性指导,但可以由此打开一扇跨界沟通的窗户,形成一个契机或者一个突破口,促进现实财税框架中数据科学的有效融入。

四、案例扩展

进一步的研究发现,除上述数据科学融入财税专业之外,西南财经大学还存在着很多与数据科学相关联的专业,这与学校契合时代发展要求而制定的数据科学战略规划与顶层设计有关。从西南财经大学2021年普通本科招生专业(类)表(表1)可以筛选得到很多专业,都是以数据科学应用扩展和深化经管类学科专业,从而增强相关学科的应用属性和实践深度。

表1　西南财经大学2021年普通本科招生专业(类)表中有关数据科学及应用的专业

学院	招生专业(类)(方向)	包含专业
金融学院	金融科技	
	金融学(双语实验班)	
	金融学(智能金融与区块链金融)	
经济学院	经济学(国家经济学基础人才培养基地班)	
	数字经济	
工商管理学院	工商管理类	工商管理(数字化管理)、市场营销(大数据营销)、旅游管理(数字文旅)、供应链管理(供应链金融与智慧商务)
统计学院	统计学类	统计学、数据科学与大数据技术、经济统计学
	管理科学与工程类	管理科学、大数据管理与应用
经济信息工程学院	计算机类	人工智能、计算机科学与技术
	管理科学与工程类(信息学院)	信息管理与信息系统、电子商务
经济数学学院	数学与应用数学(经济数学方向)	
	金融数学	
	计算金融	
特拉华数据科学学院	信息管理与信息系统(中外合作办学)(信息系统与数据管理方向)	
	金融数学(中外合作办学)(金融服务与量化分析方向)	
	物流管理(中外合作办学)(运营管理与商务分析方向)	
经济与管理研究院	金融学(经管国际化创新实验班)	
	经济学(经管国际化创新实验班)	

结合多数财经类高校新文科建设中的实际情况,其中第二种路径的适用性可能更高,那么在这种情况下如何实施数据科学作为工具手段支撑财税研究教学,需要相应的策略手段。

(一) 数据科学支撑财税研究教学的八项要素

数据科学嵌入融入财税学科是一项全方位的工作,涉及多个方面。在第二种实施路径下,依据网络调研所获取的信息,实施条件可归总为八项要素:专业师资队伍培育、人才培养方案制定、课程体系建设设计、专业教材开发引入、数据实验室的运维、业界专家聘进课堂、实训基地加盟合作、数据科学活动参与(图5)。

结合于各高校财税二级学院研究教学的实际情况,大部分高校现有财税师资在授课内容上或多或少已经在穿插一些数据分析、数据挖掘的内容,专业教材可以借鉴教育部"大数据管理与应用专业"的设置而快速引入,数据实验室(如税务模拟实验室和案例教学实验室)及试验软件、业界专家进课堂、实训基地合作(对接财政局、税务局、中国注册税务师协会、税务师事务所)等方面相对比较容易,数据活动可以鼓励学生参加税收筹划案例大赛、挑战杯、税法知识竞赛等方式进行,依据木桶理论注重短板建设,那么人才培养方案制定及课程体系建设设计将成为数据科学真正融入财税学科的重中之重,配套考虑财税数据科学在学科专业、师资队伍、招生宣传、通识通修、校际合作、科研实践、学术和业界讲座、个性化发展等多方面建设内容。

图5　数据科学融入财税研究教学的八项要素

（二）"数据科学＋"下财税专业人才培养方案制定

在学科实践中，传统学科其实与信息技术、数据手段的发展并不同步。用数据科学为财税学科发展插上腾飞翅膀，可以使"数据科学＋"得到充分应用，使实证研究得以充分展开，使财税服务效能得以充分提升，同时兼顾社会经济发展中的财税人才需求，培养契合大数据时代的更多的卓越性财经人才。这是财税学科人才培养的目标，也是创新理念上的迭代升级。

未来的财税专业培养的人才定位，必定是掌握综合技能的复合型人才，既具备财税的专业知识，又能够运用数据科学的手段解决本领域的现实问题，成为兼具创新精神和实践能力的数据驱动型专业人士。事实上，基于人才市场的调研发现，掌握数据技能的财税毕业生在腾讯、阿里、亚马逊、百度云等金融科技企业具有相当的竞争力。那么现代财税课程育人的目标应当是培养具备专业的大数据处理能力和先进的大数据分析技术以及丰富的财经领域专业知识，能够从大数据的角度出发创造性地解决经济、金融、管理等广义财税领域的数据科学问题的专业人才。只是在实际操作中，应注重以应用驱动为导向，以场景中的数据分析技能增强为导向，以学生的有效就业为导向，制定好短暂四年本科生涯中财税专业人才培养细则，配置以数据科学的融会贯通，才能真正使学生在课程体系安排中学有所值。

（三）"数据科学＋"下财税专业课程体系的合理布局

课程体系建设设计是数据科学、数据分析、数据应用的重要切入点。依据数据有序化组织路径及技术特征，将专业问题映射到数据科学空间来设计财税数据素养的课程体系（表2）。

就财税学科本科生四年学习期的整体规划而言，前期基础课阶段（包括软件应用）是铺垫数据科学的基础，如数学（Matlab）、统计（Stata、SAS、R、Citespace、VOSviewer）、计算机课程（Python、C＋＋、Java）等，后期专业课阶段则是引入高级数据科学课程的有效时机，从而让财经大数据与数据分析紧密结合起来。可以从以下几方面展开行动，梯次深入：首先是融入信息科学领域的一些传统特色内容，如网页遍历、信息检索、信息可视化、经济政策、信息治理与伦理等。其次是以 Python 程序设计—数据处理与可视化—Python 大数据分析与挖掘等作为数据能力主题内容融入财税领域研究的高级课程体系中，适当增加应用机器学习、R 语言可视化等选修部分。再次是构建涉及财税的数据系统、算法基础、数据分析、大数据基础设施等内容，全面涵盖高级数据库概念、算法设计与分析、应用算法、统计学基础、机器学习、数据挖掘、工程云计算、分布式系统、高级算法分析、机器学习的符号处理、数据语义、大数据应用和分析、贝叶斯数据分析、探索性数据分析等。最后通过培育数据驱动、知识共享、学科交叉的财税教学研究团队，构建基于真实问题的情境化、社区化和服务性校园文化，最终打造教学体系、科研团队、实践平台、社会服务多位一体的财税数据科学教育服务共同体。

表2 财税课程体系中的附增数据科学内容配套设计

课程结构	财政学	财政学（绩效评价方向）	税收学（含税务师）	税收学（国际税收方向）	财税数据科学课程
专业必修课	税收学、公共经济学、中国税制、政府预算、政府采购、公共部门绩效管理	税收学、公共经济学、政府预算、政府采购、公共部门绩效评价、财政绩效评价实务	税收学、中国税制、税法、财务与会计、国际税收、税务管理、社会调查方法	财务会计、中国税制、国际税收基础、国际税收协定、国际税收筹划、社会调查方法	财税大数据分析方法及系统、人工智能大数据在财税领域的应用、统计咨询与大数据分析研究、企业大数据应用、数据财政、财税数据仓库结构
专业选修课	公共管理学、政府会计、国有资产管理学、资产评估、财政绩效评价实务、公债理论与实务、税收筹划、公共部门项目管理与评估、社会保障政策与实务、国际税收基础、财政支出案例、财税理论精讲、公共项目成本收益分析、资产评估实务、税务综合案例分析	公共管理学、国有资产管理学、中国税制、资产评估、社会保障政策与实务、公债理论与实务、国际税收基础、税收筹划、财政支出案例、财税理论精讲、公共项目成本收益分析、资产评估实务、税务综合案例分析、绩效评价政策解读	涉税服务相关法律、财务管理、税收筹划、纳税审查、涉税服务实务、税务综合案例分析、财产行为税制、税务欺诈与法务调查、税收实务专题、财税理论精讲、财税前沿问题研究、企业涉税风险分析、财政支出案例、财税会计专题	西方财税理论与实践、国际商务、外国税制、税务管理、比较税制、税法与会计准则差异分析、国际税收案例、纳税审查、WTO规则与税收案例、转让定价理论与实务、税务欺诈与法务调查、国际税收实务专题、税收与公司治理、财税前沿问题研究、企业涉税风险分析	"金三"下的税务风险预警与税务体系建设、智能管税、模式模板模型、中国财税网络舆情年度报告、大数据时代的税务稽查应对实务、基于财税大数据的税务信息化教学、大数据人工智能与财税服务创新、大数据背景下的企业财税管理、财政数字化转型、数据结构与算法基础、神经网络及其在数据科学中的应用、金融与数据科学、Python机器学习教程：财政学理论政策与实践、大数据时代财政数据挖掘之门、财政大数据下的审计全覆盖组织与实施问题研究

在传统财税专业四个方向的专业必修课与专业选修课中，可根据实际情况适当引入财税数据科学课程。财税大数据分析方法及系统、人工智能大数据在财税领域的应用、统计咨询与大数据分析研究、企业大数据应用、数据财政、财税数据仓库结构，这几门课程实现了财税专业课程与数据科学的有效结合，是大数据时代财税专业学生需要掌握的必备技能，可放到专业必修课模块，作为二级学院在课程统筹规划上的重点布局对象。另外以一些跨学科跨专业的财税数据科学课程作为专业选修课模块，形成辅助支撑，有助于学生在专业课学习阶段能够运用数据科学思维和数据分析手段来处理财税领域的现实问题，并与业界接轨，实现学生毕业实习和就业需求，全面提升学生在数字经济时代的人力资本优势。

此外，财经数据获取技能与已有资源的效率使用已经成为财税学科大数据应用的先决条件。如借助BI分析工具和大数据分析，可以提供税收实时监控、税收预测、纳税人画像、政策模拟测算（消费税税率调整、资源税政策调整、减免税优惠政策等）。通过Python网络遍历下的一些重要财政税收大数据平台及数据库汇总（表3），在有条件下亦可纳入财经类高校数据库采购的目录范围之内，以使师生对数据科学工具的认识和财税数据资源的掌握能够得到极大提升。

表3 Python网络遍历下的重要财政税收大数据平台及数据库汇总

财政税收大数据平台	
财税大数据平台项目——全国公共资源交易平台	税务大数据平台——四方伟业
企业信息联网核查系统——金税四期	税收大数据、企业财税服务平台——旭丰
专业企业数据大数据平台——百度智能云	财税大数据分析平台、国有资产动态管理平台——云儒信息技术

(续表)

财政税收大数据平台	
税务云平台——中科曙光	综合治税信息共享平台、土地增值税清算软件系统平台——先讯科技
	税收大数据分析应用平台、企业税务信息管理系统、智慧决策辅助系统——ESENSOFT
财政税收领域主要数据库	
Ebsco EconLit 经济学全文期刊库	IBFD 荷兰国际财政文献局在线数据库
中国社科院皮书数据库	国务院发展研究中心信息网
中经网产业数据库 中经网统计数据库	EPS 全球统计数据/分析平台
The World Bank—Global Economic Monitor	中国经济信息网
IMF eLibrary	中国知网中国经济社会发展统计数据库
OECD iLibrary	CEIC 中国经济数据库
	税签网
数值型数据库(Statistics/ DataSets 统计数据)	
BankFocus·全球银行与金融机构分析库	Ratings Xpress·标准普尔评级数据(via：WRDS)
Bloomberg Terminal 彭博终端	RESSET 锐思数据库
Capital IQ	RESSET 中国企业大数据平台
CEIC·中国经济数据库	THE World Bank·Global Economic Monitor (GEM) | DataBank
CNKI 中国知网—中国年鉴网络出版总库	THE World Bank·International Debt Statistics (IDS, former：GDF) | DataBank
CNKI 中国知网—中国经济社会大数据平台	THE World Bank·World Development Indicators (WDI) | DataBank
Compustat (via：WRDS)	Wind 终端、聚源终端
CRSP (via：WRDS)	WRDS
CSMAR·国泰安数据服务中心	Zephyr·全球并购交易分析库
EBSCO BSI for Business Source Complete	中国乡村研究数据库
EMIS 全球新兴市场商业资讯数据库	中指数据库应用系统
EPS 全球统计数据/分析平台	中经网产业数据库
IMF eLibrary	中经网统计数据库
National Data·国家数据	全球绿色金融大数据平台
OECD iLibrary	国务院发展研究中心信息网(国研网)
OECD.Stat	巨灵财经资讯系统
ORBIS ASIA PACIFIC·亚太企业分析库	方正中华数字书苑—外经贸库
ProQuest Business Market Research Collection	经济学教研资源系统

在数据要素崛起的新时代背景下,将数据科学有效嵌入融合进财税学科建设中来,对促进多学科创新性合作,建构一体化财税数据科学教育生态系统具有重要意义,有助于实现财税学科人才培育的重要目标,培养契合大数据时代的更多的卓越性财经人才。

数据科学作为激活现代大学教育潜能的关键支撑,形成财税学科向上跃升的跳板,对加快财经教育质量变革、效率提升起到重要的作用。在大数据时代,一切以数据说话,数据思维方式的转变,对于应用社会科学或应用导向研究来讲,在研究设计、数据收集以及数据分析方面具有无可比拟的影响。通过寻找有效的切入点和突破口,在财税学科引入适当的数据科学教育,使学生能够充分运用数据科学思维和数据分析手段来处理财税领域的现实问题,并与业界接轨,联合培养既懂财税专业、又懂数据应用的跨界复合型、实用性和创新型人才,实现学生毕业实习和就业需求,全面提升学生在数字经济时代的人力资本优势。嵌入融合下财税学科的数据科学工具理性,将有力推动着新文科建设中财税学科的教学研究水平整体提升,助力财经类高校的双一流学科建设水平再上台阶。

作者简介

范 琦 博士研究生,上海立信会计金融学院财税与公共管理学院副教授;研究方向为宏观财政政策和养老保险。

教学方法改革

基于"两性一度"的案例教学课堂改革与探索
——以"战略成本管理"课程为例

林振兴

摘要 结合市级重点课程课堂教学,基于"以学生为中心"的视角,从课程内容、课堂教学、课程评价等方面定义课程"高阶性、创新性、挑战度"。"以学生为中心"的教学改革和探索表明:"两性一度"的核心在于"激活"课堂,教学目标和教学设计体现"高阶性",教学内容和教学组织体现"创新性",学习方式和学习评价体现"挑战度"。本研究对于"两性一度"评价框架进行刻画,并在实际教学中具体展现,对于推进一流本科建设具有重要的启示和借鉴意义。

关键词 课堂改革 两性一度 案例教学 学习共同体

一、"两性一度"的核心在于"激活"课堂

(一) 塑造基于学习共同体的课堂育人文化

大学课堂是教学的载体,更是育人的载体,教学的目的在于育人。课堂中的价值引领不能靠单向传递,而是要通过创设场景和情境悟到、得到。教学内容是载体,学习过程是情境,学习评价是激励。而基于学习共同体的相互协作、彼此激发是价值传递的关键。

学习共同体就是指一个由学习者及其助学者(包括同伴、教师等)共同构成的团体,他们彼此之间经常在学习过程中进行沟通、交流,分享各种学习资源,共同完成一定的学习任务,因而在成员之间形成了相互影响、相互促进的人际联系。简单地说,学习共同体就是一群人聚在一起,交流、合作、学习某个知识,完成某个学习任务。

大学课堂的学习共同体既是生生之间、同伴之间的学习共同体,也是师生之间的学习共同体。课堂的育人作用不仅体现于学生,也体现于教师本身。教师自身也是一个需要不断成长和发展的学习共同体成员。教师在与学生互动的过程中也在被学生触动着而发生知识和思维等深层次的升华,这些升华会反哺学生,形成一系列的、螺旋循环的学与教的过程,而这也方显学习共同体的本义。

学习共同体的特征是相互协作、彼此激发,且充满活力。

(二) "激活"课堂是育人的关键

"两性一度"是指课程的"高阶性、创新性、挑战度"。按照"两性一度"的标准打造"金课"已是共识,然而这并非易事。直面大学的课堂,缺乏活力已成"痛点","低头族多、抬头率低"已成痼疾。一个死气沉沉的课堂,"两性一度"无从谈起。

激活课堂的关键在于激活学生。学习是学生学会的,而不是老师教会的。不激活学生,老师做再多也是无用。激活学生的关键在于把课堂从以教师为中心真正转向以学生为中心。

"以学生为中心",即以学生的学习和发展为中心,最根本的是要实现从以"教"为中心向以"学"为中心转变,即从"教师将知识传授给学生"向"让学生自己去发现和创造知识"转变,从"传授模式"向"学习模式"转变。

我们在近年的教学改革中,对于"以学生为中心"的学习模式进行了充分的探索,取得了较好的成效。课堂充满活力,课堂的学习成效显著。并在学习内容、学习方法和学习激励层面,形成可拓展的教学流程。

二、教学目标和教学设计体现"高阶性"

1. 教学目标体现人才培养目标的高阶性

以市级重点课程"战略成本管理"为例,战略成本管理是战略管理与管理会计的交叉学科,是现代管理会计的新领域、新发展。教学目标在于从战略的视角分析企业运营中的管理问题,重点在于运用成本管理和管理会计的核心方法和分析框架,开展前沿商业案例分析,培养学生的逻辑分析能力、批判性思维以及创新性商业决策思维。

"战略成本管理"的教学目标包括:①对于专业能力的培养,掌握从战略的视角分析企业运营绩效,运用管理会计的核心分析框架;②对于逻辑思维的培养,培养逻辑分析能力、批判性思维以及创新性商业决策思维;③对于团队协作的培养,培养和强化团队合作和沟通表达能力;④对于品质操守的培养,培养诚信品质和勤勉忠实的职业操守。

2. 教学设计体现人才培养方式的高阶性

在教学设计上,应用了线上线下混合式教学等方法,提出慕课与项目之间、老师与学生之间、团队与学生之间通力合作,通过"线上教学、线下教学"两种方式,依托慕课教学平台,采取课堂教学形式,线上线下共同建设金课,培育一流经济管理人才。

在教学全过程,贯彻以学生为中心的教学理念,即以学生的学习和发展为中心,实现从以"教"为中心向以"学"为中心转变,即从"教师将知识传授给学生"向"让学生自己去发现和创造知识"转变,从"传授模式"向"学习模式"转变。聚焦于课堂教学的主阵地,围绕教学内容、教学方法和学习成效评价,围绕三个问题重构教学:①如何以学生用户角度重构教学内容和教学资源?②如何重新设计和组织课堂,最优化学习体验?③如何以学习成效为核心,创新课程评价体系?并在最后形成对于国内大学教学模式改革的启示。

三、教学内容和教学组织体现"创新性"

(一) 基于学生用户角度的教学案例

1. 开发具有话题性和挑战性的商业案例

案例教学必须生动且符合学生的需求,才能引起学生强烈的学习兴趣,取得最好的教学效果。在案例教学前,必须考虑清楚几个问题:想要通过案例教导学生何种理论或概念?学生对于案例会有何反应?该案例是否具有挑战性?故事情节是否具有张力,足以引起学生的热烈讨论?

商业案例的构建一定要紧密围绕现实世界的商业实践,最好是课堂学生所熟悉的、正在发生的、具有一定话题性和影响力的案例。

一个成功的教学案例质量的重点,不在于格式与文字,而在于教学案例的内容能否引起学生发散不同的思考方向,进而提出各种可能的推理,经反复的研读或讨论后,可以在案例中发现更多的数据与线索。案例呈现的方式可以是文字,也可以是视频,还可以是实际的调研和体验。更多情形下是多种形式的混合呈现。

2. 基于"UGC"理念的行业前沿案例

UGC(User-Generated Content)是用户生成或创建内容,在案例教学内容构建中,开发具有开放性、可讨论性、故事情节和张力的典型教学案例,并在此基础上探索案例的动态性、体验性和参与性。

以"战略成本管理"的一个典型课堂为例,本课堂围绕"互联网企业商业模式分析"的主题展开,所讨论案例为"美团:大数据驱动下的管理困境",课堂的核心问题是:"美团究竟困在哪里?是算法之困还是商业模式之困?"

围绕这个核心问题,学生课前准备的资料有四个方面:①对于热搜话题"外卖骑手困在系统里"的讨论和分析;②观看"专家采访:企业的社会责任"短片,并做评价;③对于美团招股说明书和相关研报的阅读和讨论;④作为用户体验美团和饿了么的服务,分析其核心竞争力。在此基础上围绕案例核心问题,展开讨论。

与传统的案例不同,这样基于动态的实际商业模式的协同案例具有极强的参与性、互动性和开放性。教师围绕教学主题构建一个开放的可扩充的剧本,课堂学生从不同的角度丰富剧本的情节和细节,并形成冲突的讨论场景。

(二) 互动多样的创新课堂

1. 高效互动的课堂

课堂上教师的角色是引导者而非主导者。通过引导讨论,转换讨论场景,问题导引,节奏控制,使学生获得最佳的学习体验。案例讨论中的交往是一种合作式交往,教师的角色是案例讨论的组织者、启发者、推动者。

教师通过综合应用多种教学方法,有效推进教学。这些方法包括讨论场景切换、点名、投票、问卷、角色扮演、分组讨论、案例展示等。通过多种教学方法的运用,使学生始终保持积极主动参与的状态。为了便于案例讨论的深入,板书依然是案例教学最重要的媒介,学生不同主题、不同观点的发言由教师用精练的语言记录在不同的黑板上。板书的大量采用,使得案例讨论课的组织更有条理,同时,被摘录观点的学生也将产生更大的成就感,以"上榜"为荣。

课堂教学的三个要件是:提问、倾听和反馈。教师的角色不在于提供正确的答案,而在于问正确的问题。通过不断提出问题,引导讨论向纵深发展;确定发言学生,控制讨论进度;通过反复诱导,启发深度思考。倾听不仅是关注学生之言,而且还要把握言中之言和言外之意。而反馈则是对学生的观点和判断给予建设性的反应。所谓"建设性"不仅针对发表意见的个人,而且针对全体学生以及讨论的问题。在讨论过程中,面对多样性和创造性,教师和学生应该学会包容与欣赏,包括不同的观点、不同的价值判断以及不同的理解水平。

有效地推进教学要求教师能够阅读课堂,识别学生的情绪、状态、理解水平,并具备有效的倾听技巧,掌握提问的时机,并提出恰到好处的问题,给予学生正面的反馈。牢记以学生为中心的原则,增强学生的信心和学习体验。

2. 丰富多样的呈现

课堂保持新鲜感是课堂活力的重要来源。在课堂中,除了案例学习本身的前沿性和话题性,案例课堂的呈现方式也非常重要。

在课堂中,我们进行了很多的探索,力争做到"一课一品",在案例课堂中做到丰富多样。比如"公司战略与风险管理"课堂,在讨论"公司治理"主题时,我们开发了"国美电器"的案例,在课堂上,各小组以情景剧的方式展开案例讨论;又如"财务报表分析"课堂,在讨论"运营模式对于财务报表影响分析"主题时,我们开发了"绝味鸭脖与周黑鸭"的案例,在课堂上,同学们一边品尝鸭脖,一边分析报表;再如"战略成本管理"课堂,在讨论"国际化战略与成本管理"主题时,我们开发了"美国工厂"的案例,同学们在上课前观看"美国工厂"纪录片,并在课堂上以观影评价展开分析讨论。

这样丰富多样的课堂呈现方式,使课堂保有很强的新鲜感,充分激发了课堂的活力。

四、学习方式和学习评价体现"挑战度"

(一)"活力、协作、激发"的学习共同体

从学生学习的角度看,一堂课的参与过程分为三个阶段。分别是个人个体思考阶段、集体凝聚阶段和群体交锋阶段,这三个阶段是一个自主协作的学习过程,也是学生探究思辨、相互激发的过程。

在个体思考阶段,学生作为个体对案例进行学习,针对案例主题问题开展思考,并在线发表主题讨论。以"公司战略与风险管理"课程为例,该课程共有 7 342 人次的课堂主题讨论,平均每位学生参与超过 30 次的在线发言。学生个体不仅在线发言,在主题讨论中学生也进行相互评论、点赞鼓励。

在集体凝聚阶段,学生小组围绕案例在课前展开讨论,针对案例核心问题,充分讨论,汇集观点,形成小组意见。在这个阶段体现更多的是协作精神,并相互激发。

在群体交锋阶段,重点是课堂的思辨和小组之间的论辩竞答。通过案例场景的展开,教师的引导提问,小组之间观点的碰撞和激发,课堂展现出思想和学习的活力。

(二)促进相互成长的学习考评反馈

促进相互成长的学习考评反馈是基于团队的参与过程考评。课堂的参与度是学生成绩的最重要组成部分,因此对学生平时参与课堂情况的记录和合理评价就非常重要。我们对课程参与过程的考核进行了反复的探索和实践,最后形成了 TAPE and SPACE[①] 的课程考核体系。实践证明,该体系对于学生的评价考核非常有效,极大促进了团队的协作和团队成员的相互成长。

TAPE 是 Team Advocated Participation Evaluation 的缩写,即鼓励团队的参与过程考核。在课堂讨论中,鼓励每个小组成员发言讨论,而对课堂参与的考核是基于小组所有成员发言的汇总。每位小组成员会有"为组争光"的荣誉感,因而积极准备,踊跃发言。也鼓励了小组对于案例的充分讨论和观点分享。

小组课堂讨论参与在课程考核中占了很大的权重,教师在每学期中定期对于参与讨论排名前列的小组给予鼓励和奖励,进一步增强了 TAPE 的有效性。表 1 是一门典型专业课程的考核评价构成。本课程为本科生课程"战略成本管理",课时 11 周,每周 3 课时。

表 1 课程考核项目构成

序号	项目	分值(分)	说明
1	在线学习和讨论	30	在线主题讨论(个人)
2	课堂参与	30	课堂回答数量和质量(小组)
3	期中案例分析	20	期中案例分析展示(小组)
4	期末案例报告	20	学期案例分析报告(小组)

---

① TAPE and SPACE 的考核体系和提法是我们教学团队首创的。

占总成绩70%的TAPE考核分为两部分：第一部分是小组参与考核，依据小组在课堂参与回答和讨论的次数和质量；第二部分是期中案例分析和期末案例报告。

案例分析评价完全基于"以学生为中心"，每位学生都根据案例分析的维度，根据评价量表进行独立打分。小组案例分析的成绩为所有学生评分的均值。

TAPE系统的有效性要有两个基本的保障：一是要有助教进行课堂参与的统计；二是要将小组成员安排在相邻的区域，以鼓励课堂的讨论和分享。

(三) 自评互评结合的正向反馈

从TAPE评价体系可见，学生70%的分数基于小组的过程参与考核。这样会带来两个典型的问题：第一是小组成员的搭便车行为，第二是小组内部成员的冲突问题。

为了解决这两个问题，并且公允地给出学生小组每位成员的成绩。我们设计了自评与互评的互补评价(self and peer assessment complementary Evaluation, SPACE)系统。

SPACE系统有三个目的：①可以将小组的得分公允地转换成小组个人的得分；②可以让小组成员互相给予正向的反馈，使团队学习更有成效；③可以发现存在严重问题的小组，及时进行干预。

SPACE系要求小组每位成员对于自己小组的贡献进行自我评价和相互评价，通过伙伴匿名互评，区别团队贡献。

SPACE体系有两个评价因子。第一个评价因子为一位小组成员获得其余小组成员的均值，称为相对表现因子(relative performance factor, RPF)，如公式1所示，RPF决定小组成员中每位成员具体的分数。

$$RPF = \frac{个人获得他评分总和}{小组其他成员他评总分的均值} \quad 公式1$$

举例而言，若小组案例分析成绩为75分(满分100分)，小组中其中三位成员的RPF分别为0.80，0.93，1.06，那么他们在本次小组案例中的得分分别为：$75 \times 0.80 = 60, 75 \times 0.93 = 70, 75 \times 1.06 = 80$。

第二个评价因子称为高估表现因子(over rating factor, ORF)，如公式2所示。通过自评和他评比较，识别团队冲突。

$$ORF = \frac{个人自评分}{个人所获他评分的均值} \quad 公式2$$

若ORF大于1，则表明该小组成员高估了自己的表现；若小于1，则表明该小组成员低估了自己对于小组的贡献。若某个小组中有较多成员ORF大于1.3以上，则表明小组中存在合作上的冲突问题，应了解情况，进行适当干预。

更为重要的是，SPACE体系还要求小组成员对于其他小组成员给予正面的反馈。在评价体系中，有"小伙伴说"的项目，要求对"小伙伴"的贡献进行描述性评价，并给予正面建议。而后教师会将小组成员的建议反馈给每位学生，以增强其个人绩效和小组绩效。

五、小结和启示

本研究结合上海市级重点课程课堂教学，基于"以学生为中心"的视角，从课程内容、课堂教学、课程评价等方面定义课程"高阶性、创新性、挑战度"。"以学生为中心"的教学改革和探索表明："两性一度"的核心在于"激活"课堂，教学目标和教学设计体现"高阶性"，教学内容和教学组织体现"创新性"，学习方式和学习评价体现"挑战度"。本研究对于"两性一度"评价框架进行刻画，在实际教学中的具体展现，以及推进一流本科建设具有很好的启示和借鉴意义。

学院通过建设和完善多个认同和践行"以学生为中心的两性一度课堂"的,有方法、有实践、有成效的教学团队,以点带面,持续开展教学模式改革,遵循成果导向教育,已形成一批示范课堂。学院通过改变课程教学模式,实现人才培养目标,包括创新能力、应用能力、沟通表达、团队合作和学习发展能力等能力素质的全面发展,进而培养创新型、应用型的财经人才。

参考文献

[1] 李智,赵豫西,魏玲丽."两性一度"思维下的应用型本科精品在线开放课程建设[J].应用型高等教育研究,2020,5(04):75-80.
[2] 宋专茂,江波.课程教学"两性一度"评价的指标建构与实施方法探索[J].上海教育评估研究,2021,10(02):62-67.
[3] 宋专茂,刘荣华.课程教学"两性一度"的操作性分析[J].教育理论与实践,2021,41(12):48-51.
[4] 刘晋.基于"两性一度"的"金课"建设[J].山东教育(高教),2019(05):24-25.
[5] 周鑫燚,唐瓷,冯鸿.金课"两性一度"特征的学理分析与实现策略[J].成都师范学院学报,2020,36(06):13-20.

作者简介

林振兴 博士,上海立信会计金融学院会计学院副教授;研究方向为公司财务与公司治理。

应用型本科会计学专业财务会计类课程教学改革研究

杨鲁

摘要 本文针对应用型本科会计学专业教学中存在的问题展开研究,结合当前的经济技术发展和人才需要状况,揭示了会计人才培养过程中财务会计类课程的改革的必要性和紧迫性。本文认为财务会计的教学改革应该在明确人才培养定位的基础上,从课程设置、教学方法和教材开发等多个角度全面推进。

关键词 会计学专业　教学改革　人才培养

随着经济技术的发展和人才培养类型的转变,财务会计教学越来越难以适应新形势、新技术的发展,亟待进行全面的变革。另外,传统的财务会计教学也存在着诸多的问题,使财务会计类课程的教学效果不尽如人意,急需调整和改变。总之,面对内外部环境的压力,只有改革现有的财务会计类课程的教学,才能顺应时代的要求,培养出符合社会需要的高水平应用型人才。

一、财务会计类课程教学改革的必要性和紧迫性

1. 经营管理逐步走向"业财融合"的趋势需要财务会计类课程教学进行改革

互联网的发展,使企业复杂的核算可以集中于一地进行,从而形成财务共享;ERP软件的广泛使用,使企业更多的业务人员可以参与到会计核算工作中,从而对基础核算型会计的需求逐步减少;RPA(财务机器人)的广泛使用,使低端重复性业务处理可以自动进行,并且工作效率成倍提高,进一步减少了核算型会计的需求。面对这一系列的变化,作为为企业提供信息的会计系统的职能正在发生转变,从此前注重核算的财务会计转向为企业内部经营管理提供信息的管理会计,该转变也对我们会计人才的培养提出更高的要求,从而需要我们调整原来以财务会计为核心的课程体系,使其逐步转向为企业的经营管理决策提供服务的以管理会计为核心的全新的培养体系。

2. 会计核算的复杂化需要财务会计类课程的教学进行改革

随着经济的发展,新经济形态不断出现,使得会计核算也变得越来越复杂,从会计准则的变化中就能感受到这种趋势。面对这种趋势,使我们陷入了矛盾之中:一方面,核算的重要性在降低,要求我们减少核算类课程在人才培养方案中的比重;另一方面,核算的难度在加大,需要更多的学时学分帮助学生理解会计准则和核算方法。前几年,我们尝试着做了一些调整,削减了财务会计类课程的学分和学时,但在教学实践中,教师们都感觉调整后的学时和学分有点捉襟见肘,教学效果似有下滑。在总学分不变的情况下,如果进一步压缩财务会计的学分和学时,又担心无法完成教学目标和保证培养质量。

3. 高校人才培养目标的多元化需要财务会计类课程教学进行改革

目前高校人才培养的目标是复合型人才,要求人才一专多能,这就需要我们在培养学生专业能力的

基础上拿出部分学分来培养学生的"多能",并且"多能"要围绕着"一专",从而全面提高学生的专业能力。这对我们来说,实际上培养要求更高了。特别是在总学分一定的情况下,要培养"多能"的学生,我们的培养思路、课程设置和学时学分分配都需要有重大的调整。

以上环境的变化,使得财务会计类课程的教学变革显得越来越迫切,只有改革现有的教学内容和方法,才能提高教学的效率,才能挤出更多的时间用于学生信息应用能力的培养,用于"多能"的培养。

二、应用型本科财务会计类课程教学中存在的问题

近年来,我们的财务会计类课程的教学效果一直都不十分理想。虽然一直在调整,有了一些改善,但总体上仍不令人满意。通过对整个财务会计教学过程的反思,可能存在的问题有如下几点。

1. 人才培养目标定位不明确

近年来,学校将各专业的人才培养目标定位于应用型人才的培养。表面上,人才培养目标是十分明确的,但仔细推敲下来,仍有一系列问题没有解决。我们培养应用型人才,高职也培养应用型人才,我们培养的应用型人才与高职培养的应用型人才有何区别?会计本身就是一个应用型学科,研究型大学培养的大部分会计人才也是到企业就业,我们培养的应用型人才和研究型大学培养的研究型人才都到企业就业,两者之间有何区别?无论是高职的学生、研究型大学的学生,还是我们的学生都要去实务界工作,面对同样的会计准则,如果人才培养目标不进一步明确,那么我们财务会计类课程需要讲什么内容,要求学生掌握到什么程度,就很难去把握,对学生的考核和教学质量的评估也就没有一个明确的标准。夹在高职和研究型本科之间,我们培养的学生在市场竞争中的位置就比较尴尬。

2. 课程之间内容的划分有待商榷

会计学原理、中级财务会计和高级财务会计等三门课构成了财务会计的理论体系,先后具有承接的关系。现有的三门课内容划分延续此前的标准,会计学原理讲授记账原理和资产负债表、利润表的编制,内容按业务循环组织;中级财务会计按会计要素组织,讲授一般制造业企业要素的确认、计量和列报问题;高级财务会计主要的内容是合并财务报表等特殊业务的处理。在实际授课过程中,会计学原理与中级财务会计和成本会计有部分内容是重合的,从而导致教学效率比较低;而在中级财务会计阶段,缺少扎实"理论基础"的学生面对大量的会计核算,无法理解只能死记硬背。随着经济的发展,新经济形态不断出现,会计处理日趋复杂,这其中变化最大的、新增内容最多的都是特殊业务,属于高级财务会计讲授的内容,但高级财务会计现只有3个学分,无法完全涵盖这部分特殊业务,所以有部分内容被挤压到中级财务会计,而中级财务会计是近年来学分缩减最严重的一门课程,学时的大幅削减,内容的不断膨胀,致使中级财务会计难以承受这么多的内容,教学效果始终比较差,其外在表现是课时比较紧,教完即考,学生缺少复习消化的时间,对所学知识的理解缺乏深度,考试成绩不高,通过率比较低。目前,如何在总课时量不变的情况下,合理分配教学内容,使各阶段目标的实现度更高,达到更好的教学效果,是我们亟待探讨的一个问题。

3. 理论教学与实践教学的衔接有问题

以前,为了巩固学习的效果,加深对实务的理解,每门会计专业课程都带有实验教学。但近年来,随着总学时的压缩,一部分实验被压缩到课内,挤占了理论课时;另一部分实验被取消,通过综合实验来弥补课程实验留下来的空白,而综合实验的安排受制于理论课程的安排(比如:综合实验涉及的内容较多,不仅仅包括财务会计的内容,还涉及税法、成本会计等内容,必须等到这些课程都学过后才能进行实验)和实验室的数量,所以综合实验往往无法做到及时巩固理论教学,不利于学生对实务的理解。

4. 所用教材有待于进一步完善

多年来,由本院教师编写的"立信会计系列精品教材",获得了一系列奖项,一直走在全国前列。然而,这一套教材与目前国内大多数教材编写体例大致相似,与研究型大学所用教材并无实质性区别。中

级财务会计和高级财务会计的内容均按企业会计准则、会计准则应用指南和会计准则讲解编写,内容晦涩难懂,学生读起来很吃力,不利于学生自学。目前,我们亟须一套与应用型人才培养相配合、通俗易懂、利于学生阅读的培养应用型人才的专用教材。

5. 学生的学习自主性有待提高

近年来,我们发现,学生校内学习的热情越来越低。学生对任课教师往往也有着诸多的不满,学生更愿意花时间花金钱去校外报各种培训班,而不愿把精力放在校内学习上。出现这种状况,原因可能是多方面的。从教师的角度看,可能是教师对学生的预期过高,而学生实际上达不到这种较高的预期;社会环境的改变,使学生的学习方式也在发生变化,传统的教学方式可能已经不能适应如今的学生;教师所能提供知识的内容和形式与学生的需求之间存在矛盾。从学生的角度看,日益增多的外部诱惑,使学生无法将精力集中在学习上;进入大学前高压的学习环境下成长的学生,面对大学宽松的学习氛围无所适从;就业压力的逐渐增大,使得学生十分焦虑,想提高就业竞争力,却不知从何处下手,从而盲目地选择考证;浮躁的心态加上缺乏自律性,致使学生更愿意选择速成的"捷径",而不愿沉下心来脚踏实地地学习;对于专业和职业的无知,使学生不了解专业培养方案与未来职业的关系,错误地认为校内所学知识无用,盲目地迷信校外培训。鉴于以上原因,目前教师急需了解学生的需求,运用自己的专业知识引导学生,并修改教学内容和教学方法去适应学生的需求,只有这样才能提高教学的质量和效果。

三、对现有问题的解决方案

针对财务会计类课程教学中存在的问题,近年来我们一直在探索解决的办法。通过教师之间的研讨、与学生座谈、查阅教学文献、思考会计职业的发展方向,逐步形成了以下可供教学改革参考的观点和方案。

(一) 明确符合应用型人才培养目标的内容范围

我们的人才培养方案定位与研究型大学所培养的应用型人才的人才定位在会计核算方面不应有区别,而其差别应该是研究型大学对学生在研究方面的要求比我们略高,我们的学生比研究型大学的学生在环境适应性方面更强。虽然都是培养应用型人才,我们培养的应用型人才与高职所培养的应用型人才相比,在专业素质方面应该更强。基于这种认识,我们在财务会计教学中,要求学生掌握的内容应该与研究型大学相同,同时通过安排更多的实践使我们的学生比研究型大学的学生更多地了解实务环境,从而增强学生对环境的适应性和对基础会计工作的熟练度。所以,我们在培养的过程中,应该更加注重会计核算,更加强调对岗位的适应性,更加注重会计专业能力的培养,从而使我们的学生在与培养高端管理人才的研究型大学和培养低端会计从业人员的高职院校的毕业生的竞争中形成比较优势。

(二) 按照各门课程的培养目标划分各门课程的内容范围

明确了财务会计教学总的内容后,我们还要按各个阶段的培养目标把总的内容划分进各门具体的课程。我们认为,应该在明确各阶段的培养目标的基础上来划分教学内容。作为财务会计的入门课程,会计学原理应该让学生理解和掌握"什么是会计""会计是如何工作的""会计核算的一般原理和规则",从提供信息的角度认识会计和财务报表,并学会信息加工的最基础的手段——记账,能够从事简单的会计核算工作,对确认、计量和列报等会计程序有较为深刻的理解,为进一步学习中级财务会计打下良好的基础。中级财务会计阶段,学会较为复杂业务的会计核算,能够胜任一般制造业企业基本的会计处理工作,能够编制财务报表并深刻理解财务报表。高级财务会计阶段,学生应该学会常见特殊业务的处理,并能够理解和编制合并财务报表。

(三) 理论教学与实践教学更紧密地结合从而提升学习效果

我们现有的财务会计类实验课程包括：会计基础实验、财务软件应用、企业会计综合实验、集团会计综合实验和企业合并报表实验。会计学原理、企业会计综合实验和企业合并报表实验分别对应着会计学原理、中级财务会计和高级财务会计三门理论课程。实验课的变革要与理论课的变革相适应，应该与理论课的目标相一致。现有的四门课程可以进一步合并成两门会计基础实验——会计基础实验和集团会计综合实验。会计基础实验包括财务软件应用的内容，要求学生既要通过做手工账，掌握会计工作的流程并学会会计档案的整理，又要学会财务软件的应用，能够在当前环境下从事简单的会计工作。一套会计资料，实现手工账和电子账双重训练，提高实验的教学效率。原有的企业会计综合实验升级为集团会计综合实验，将合并财务报表纳入综合实验。另外，建议增设"财务会计案例分析"课程，通过对相关财务会计案例进行分析，培养学生灵活运用会计准则进行实务分析以及报告撰写的能力，为将来的毕业论文环节打下基础。

(四) 重新规划应用型本科所使用的教材

目前，市场上尚未发现针对应用型本科的财务会计教材，虽然前文也说过我们所培养的应用型人才在会计核算方面与研究型大学并无实际差异，但并不意味着我们可以直接使用研究型大学的教材，我们要考虑我们的学生与研究型大学学生的差异。学生无论是在预习还是复习阶段，都需要有一本通俗易懂的教材，而目前国内教材的编写体例大致相同，都是对准则的解释，对于一个初学者而言，阅读起来很费劲，这也直接影响到学生学习的效率和学习的兴趣，我们缺少一套由任教教师消化吸收再重新表述、易于理解、便于阅读的适用于应用型本科教学的会计教材。目前，国内引进的国外同级别的国际经典教材，内容编排与国内大致相同，只是其中的语言表述加入了作者自己的理解和归纳总结，使用的案例多为生活中的例子，通俗易懂，利于学生自学和对问题的理解。但是由于国内的会计准则与国外的会计准则有些差别，所使用的会计科目和报表项目不同，这些国外经典教材难以直接应用于我们的教学，但我们可以结合国内的准则，参照国外教材的编写逻辑和风格，出版一套自己的教材。

(五) 采用各种手段调动学生的学习积极性

分析现在所掌握的情况，我们可以从以下几个方面来提高学生的学习积极性。

1. 加强"专业教育"和"职业教育"

使学生在入学之初尽可能多地了解本专业和职业。我们可以结合专业引导，加强"专业教育"和"职业教育"，使学生了解会计专业和会计职业，明了自己今后会学习哪些课程，会计这个职业需要哪些能力，从而知道自己应该如何提升自己的能力，避免盲目学习和不知所措。我们可以指导学生去阅读一些介绍会计职业的书籍，可以聘请毕业的校友来介绍经验，甚至可以请高年级有过实习经验的品学兼优的学生来介绍他们对会计的认识，学生自己查到的资料和这些校友的经验介绍可能比教师的说教更具有说服力，通过专业引导，可以使学生在未来的学习中更加具有目的性，思想上认识提高了，学习的积极性也自然就产生了。

2. 将课内的专业学习和考取职业资格有机联系起来

读大学最终的目的不是考证。但由于学生对未来的迷茫可能导致其盲目地参加培训，并且把收获更多的证书作为自己读大学的目的，从而忽视了课内的学习。其根本原因在于学生不了解培养方案中所设置课程对于职业能力培养的作用，在大学期间时间有限的情况下，把课内教学和课外培训对立起来。我们现在以应用型人才为培养目标的培养方案，强调双证融通，把大学教育与职业资格的培养紧密联系在一起，我们的专业课程就是为了提高专业能力而设置，专业课程的学习可以为未来考取职业资格打下坚实的基础。我们需要劝诫学生不要急功近利，职业资格的取得需要一个较长的过程，要有耐心和长远眼光,脚踏实地地提升自己的能力。同时,我们也应该适当地引导学生,使其明了专业课程教学目标与职业资格证书之间的对应关系,在完成专业课程教学目标的同时,使他们接近或取得相应的资格证书,从而避免盲目地参加培训,校内校外重复地学习相同的知识,既影响了学习成绩,又降低了学习的效率。

  3. 寻求教学方法的改变以提高学生的学习积极性

  环境的改变也使学生的学习方式发生了很大的变化。传统的教学方法很难再吸引如今的学生。网络资源的日益丰富,使课堂不再是学生的获取知识的唯一来源,这既与课堂教学形成了竞争关系,同时也为广大教师进行线上教学提供了素材。近年来,线上线下混合式教学和翻转课堂等新的教学形式不断地被采用,在线下教学中使用线上资源已经成为一种趋势,教学中要顺应这种趋势,利用多媒体手段,将知识以更为丰富多彩、喜闻乐见的形式呈现给学生,吸引学生参与到课程教学中来。例如:我们可以将MOOC等网络教学资源用于我们的课堂教学,可以从新闻媒体中截取部分视频资源用于我们的线下教学,可以使用"云平台"开展实验教学,可以使用线上题库进行学习效果的检验,可以组织学生进行线上的讨论,充分利用互联网进行"教"和"学",以提高教学的灵活性,这也是学生比较容易接受的方式。

参考文献

[1] 杨靓雯.信息化时代高校财务会计教学改革探讨[J].财会学习,2021(23):177-179.
[2] 王红丽.互联网时代高校财务会计教学的改革与思考[J].财会学习,2021(09):174-176.
[3] 杨瑞平,吴秋生,王晓亮.通识教育下的《中级财务会计》教学改革研究[J].财会月刊,2019(02):72-77.
[4] 尹丽娟.高职财务会计教学模式创新与实施[J].财会学习,2017(03):221.
[5] 李宗彦,蔡海静.基于概念框架的财务会计教学范式改革与实践[J].财务与会计,2016(09):58-60.
[6] 郭桂花,王薇,林丽.高校财务会计教学问题浅探[J].财会通讯,2013(34):117.
[7] 朱峰.建立"批判性思维+实践导向"的高级财务会计教学模式[J].财会月刊,2010(21):109-110.

作者简介

杨鲁 博士,上海立信会计金融学院会计学院讲师;研究方向为财务会计。

基于 PBL 混合教学模式的"中外内审实务"课程教学改革研究

李文颖

摘要 2018 年中央审计委员会成立,标志着中国审计的发展进入一个崭新时代,中国内部审计和政府审计迎来了史无前例的发展机遇。内部审计学科步入快速发展阶段,但当前内部审计教学研究整体滞后于外部审计的教学研究,且存在重理论轻实践现象。本研究尝试引入 PBL 混合教学法,探讨"中外内审实务"课程教学模式创新,并开发中外内审案例库,通过问题导向、翻转课堂、课堂案例与基于教学产出的教学形式,让学生掌握国内外内审实务,培养具备国际视野的应用型内部审计人才。

关键词 PBL 教学　内部审计　实务元素　教学改革

根据审计对象和目标,审计可分为三大类——外部的事务所 CPA 审计、政府审计以及内部审计。其中,内部审计是指企业内部的监督活动,内部审计对公司的各类生产经营业务活动、内部控制、风险管理、公司治理等方面给出评估、评价和完善建议,目的是提高公司经营效益、增加公司价值。

1987 年 4 月,中国内部审计学会成立,标志着中国内部审计行业的产生。在此之前,审计只是财务部的一个会计检查职能,并未脱离财务部门。内部审计行业经历 30 余年的快速发展,直到 2018 年中央审计委员会成立,标志着中国审计的发展进入一个崭新时代,中国内部审计和政府审计迎来了史无前例的发展机遇。中央审计委员会作为国家最高监督机构,其国家治理机制尤其是监督机制的建设力度是空前的,也对内部审计业提出了新要求——审计全覆盖,"应审尽审、凡审必严、严肃问责"是全体审计人对新时代的庄严承诺和历史担当,内审的功能愈显重要。

一、内部审计教学研究概述

(一) 研究现状与意义

当前审计教学研究以 CPA 审计教学研究居多,内部审计教学研究较少。审计教学研究探讨了访谈式案例教学、审计能力培养、成果导向型教学方法等领域,内部审计教学研究则偏向国内案例教学。当前内部审计教学研究滞后于外部审计的教学研究,且存在重理论轻实践、缺少国际实务教学现象。本研究旨在弥补内审教学中的以下不足,具有教学实践借鉴意义。

(1) 内审教学改革相关研究缺乏,侧重外部 CPA 审计的教学改革研究。当前内部审计教学模式,还不能满足"审计全覆盖"背景下,新时代内审人才具备国际视野、知识和实践能力要求。

(2) 内部审计教学缺少国际视野,不能满足"拓展学生专业知识、开拓学生国际视野、提高学生综合素质"人才培养要求,国内外内部审计实务对比的英文课程建设还有待完善。

国际内部审计师协会的内审准则框架较我国内审准则更具体系化和领先性,如率先发布全球第一项人工智能内审准则框架,有更系统的信息技术治理实务指南等,对完善我国内审准则和实务指南具有丰富的借鉴意义。同时,我国内审准则修订正处于快速发展阶段,如近期对信息系统审计准则、经济责任审计准则和应用指南进行了大幅度改进,然而,当前我国内审实务指南还较少,需要借鉴国际实务经验进一步完善。此外,我国还有很多中国特色的内审准则,如绩效审计、经济责任审计准则等。由此,学生亟须了解当前国内外内审实务现状及差异,方能满足我校人才培养要求,中外内审相关制度规范对比示意如表1所示。

(3)传统的内部审计课程教学方法重理论讲授轻实践指导,不利于应用型人才的培养。

当前内部审计学专业课程仍缺少中外内审实务案例库的建设,学生参与度不高。由此,我们需要大力建设中外内审案例库,升级教学理念,通过案例讨论的形式,让学生深刻掌握国内外内审现状及差异。中外内审相关制度规范对比如表1所示。

表1 中外内审相关制度规范对比

章节	国际制度规范	我国制度规范	差异
公司治理	OECD公司治理原则; 英国治理准则 The UK Corporate Governance Code(2010); 美国SOX法案	《我国上市公司治理准则》(2018)	《我国上市公司治理准则》既参考了OECD公司治理原则,又吸收了德日模式的监事会制度,吸收了英美模式的董事会和专业委员会制度
风险管理	COSO ERM全面风险管理框架,2017; 风险管理新三线模型,2020	深圳证券交易所上市公司风险分类管理办法(2020); 《中央企业全面风险管理指引》(国资发改革〔2006〕108号)	我国风险管理意识仍较弱,没有系统化、规范化的实务框架指引
内部控制	COSO内部控制整合框架,2013	《企业内部控制基本规范》(财会〔2008〕7号); 《企业内部控制应用指引》(2010)	我国内控规范形式上参考了COSO内部控制框架(1994),但内容上却充分借鉴了COSO ERM 2004版本的框架。而COSO内部控制整合框架2013版本更为完善,如明确了五要素的支持原则、目标设定的作用、关注科技、考虑反舞弊预期、注重非财务目标等
内部审计准则	IIA国际内审师专业实务框架(IPPF)(2017)	内部审计基本准则; 内部审计具体准则	IIA发布的IPPF是当前内部审计领域最全面、最系统的实务框架,更为具体、细致,而我国的内部审计准则为原则导向
内部审计前沿	IIA人工智能审计框架	无	IIA发布的人工智能审计框架走在时代的前列,我国仍缺少相应制度规范
内部审计发展阶段	审计业务多元化,风险管理审计、合规与道德审计蓬勃发展	财务审计、内控审计为主	国际大型企业多建立了风险管理部门、合规与道德部门,日常实施风险管理审计、合规与道德审计;而我国大多数上市公司的审计部门停留在财务审计、内部控制审计阶段

(二)研究特色

(1)探索内审教学模式创新,升级内部审计课程的教学理念。本研究尝试在PBL实践先导、启发式教学理念下,将符合中国国情的内审教学研究、内审实务经验总结研究写在中国大地上,以培养国家及上海市经济建设与社会发展需要的、具备"国际视野、实践能力、创新意识、诚信品质"的高端内部审计人才。

（2）开发中外内审实务案例，在讲授内部审计作业类专题时，突出中外内部审计的实务对比，培养既具备国际视野又深刻理解并灵活嵌入中国国情的内审实务接班人。同时，本研究将从国内外内审实务差异或某些现实差距中，激励同学们锐意进取，为我国内部审计行业规范化发展贡献力量。

二、"中外内审实务"课程教学方法

采用问题导向教学法（problem-based learning，PBL）＋翻转课堂教学法＋课堂案例教学法＋基于学习产出的教学法（outcome-based education，OBE）相结合的教学方法。

课程教学以学生自主性学习为中心，教师起引导和启发作用，课前设计相应引导性问题和案例情境，引导学生自主学习并进行小组讨论，成果在翻转课堂过程中展示、讨论和总结，课后设计作业和期末考试主观题，进一步巩固课程成果。

（1）OBE：基于学习产出的教学法。以学生为中心，以教育最终产出为导向，持续改进教学。OBE课程教学理念下，本研究回答"中外内审实务"课程的OBE五问：

① 为什么开设这门课程（WHY）？
② 课程期望学生取得的学习成果是什么（WHAT）？
③ 如何有效地帮助学生取得这些学习成果（HOW）？
④ 如何知道学生已经取得了这些学习成果（HOW）？
⑤ 如何促进学生学习成果持续改进（HOW）？

（2）PBL：问题导向教学法。以问题为导向（problem-based）；以学生为中心（student-centered）；以小组为单位（small group）；以培养自主学习能力为目标（self-directed）。PBL教学一般流程如图1所示，以学习小组为单位，首先开展自主学习，并实施多轮次的讨论、交流分享，在此基础上进一步归纳总结，最后是反馈和评估。

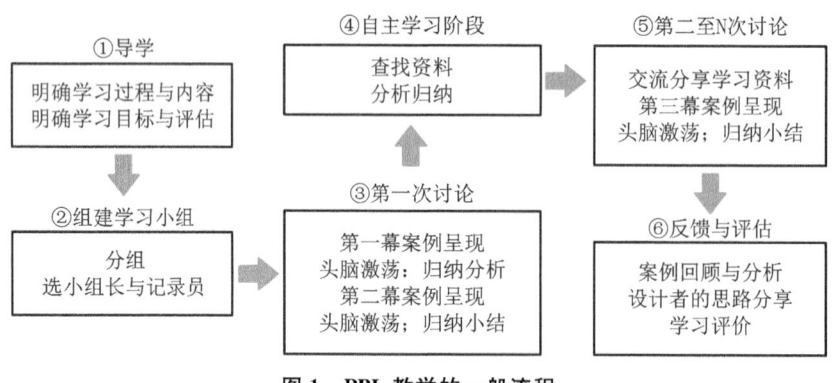

图1　PBL教学的一般流程

（3）翻转课堂教学法＋教学案例教学法综合。以学生为中心，教师引导。此教学理念旨在培养学生积极性，通过分组和讨论的方式激发学生的知识兴趣、互享互助，打造学生高阶思维能力。教师在教学过程中适时地奖赏并鼓励学生给予同伴关爱和激励，教师不会过多评价结果的"对"与"错"，更多的是积极回应学生考虑和展示的知识点，同时，教师在评价机制上也会加强对学生学习过程的效果评价。

"课前测试＋课时互动翻转讨论＋课后延伸讨论"流程为，以小组为最小学习单元，小组成员线下搜集整理、分析案例资料，形成案例报告，并在课堂进行展示，教师则负责案例分析前的基本知识点导入、案例情境概述、小组汇报指导和小组汇报点评。以此打造强交互型课堂，培养学生知识迁移的能力、主动创造的能力，并营造出热爱互动和分享的良好学习氛围。PBL教学方法的注意事项如下：

① 课前测验内容三成设置为有难度、七成设置为比较简单；同时，课前测验最好不要纳入总成绩，学生只要参与就有分数，以主观题为主，用来了解哪些是学生自己能消化的，哪些是课程必须要重点讲的知识点。

② 分组原则：4~6人为一组为宜，遵循组间同质、组内异质原则。若为4人一组，分工如下：1人组织讨论、1人提出观点、1人反驳原观点、1人总结整理。若为6人一组，4人分工与上述一致，另外2人将分别帮助持2种不同观点的组员。教师在翻转讨论时，可随机点名展示汇报的同学。同时，组员前期固定，后期可流动，如进行分工转换，或适当重新分组变换，以使课程教学交互性增强。

③ 翻转教学中，培养学生的成就感、自豪感很重要。首先，让学生扩散思维，找到所有相关的问题点；其次，让他们比较研究，以使案例中的点、线、面知识点都能兼顾到。最后，教学过程中注重对学生权力的让渡、个体的尊重、情感的发展，激发他们自主学习，对组员负责任地学习、享受学习。

三、"中外内审实务"课程教学方案

PBL理念下"中外内审实务"课程教学流程为：知识点教学＋实践元素穿插引入教学→翻转教学第一步：自己小组先讨论案例，写作小组讨论报告并制作PPT→翻转教学小组课程汇报→教师点评、小组再次总结。期末考试主观题加入内审实践场景，形成实务元素考核闭环。

首先，调整授课模式。采用"课前阅读背景资料、课时讨论＋辩论"方式，增加趣味性和争辩性，注重学生在教学部分实现自我认知—激发—共鸣—认同过程。新模式的内容支持有：①内审最新经典案例如华为、万达、阿里、大疆、中石油等；②中国和国际内审师协会等网络资源；③中国内部审计协会委员、上市公司内审师分享业内经验。

其次，注重阶段性。遵从学习曲线原理和从具体到抽象、从简单到复杂的辩证法，分阶段设计实务内容和讲授时长，由浅入深、打造科学完整的实务风格教学体系。

最后，打造实务的教学全流程融入。根据PBL教学理念，将内审实务知识点贯穿全阶段"课前预习背景资料—课堂讲授—课后作业和期末试题"，利于学生从认识、理解知识点的阶段，深化到掌握及运用知识点阶段，形成实务元素融入课程教学的全流程。

四、"中外内审实务"课程教学评价与反思

（一）课程形成性教学评价结果

评价是教学的关键环节，通过评价才能形成教学反馈机制，完成教学的全流程闭环管理。依据科学的教学过程评价结果，能帮助教师进行深入教学反思，不断改善教学方法和手段。本研究使用形成性教学评价方法，评价"中外内审实务"课程的教学成果。形成性教学评价又称过程性教学评价，可以对教学即时、动态、多次地实施评价，注重即时反馈，以强化和改进教学。相较于结果性教学评价，形成性教学评价方法的优点是反馈更及时、评价主体更多元、评价角度具有多重性。

（1）"中外内审实务"课程评测目标为：由倾听过课程的多方实施教学评价，然后汇总整理评价结果，以寻找课程教学的薄弱点和不足，并探讨多方评价结果的差异性根源，帮助改善"中外内审实务"课程教学，形成课程教学的闭环管理，持续优化课程教学。

（2）"中外内审实务"课程评价过程和方法：采用课堂教学评测、自主与同伴互评等方法。课堂教学评测要求学生对教师匿名反馈，同伴互评是指教授同门课程的教师以及教学督导给出评价意见和建议。通过将学生、同事和督导等多方的课程评语汇总起来，评价结果的差距并探讨产生差异的原因，PBL教学理念下本课程教学评价结果如表2所示。

表2 "中外内审实务"课程形成性教学评价结果

评测方法	评价结果
课堂教学评测	课程结束时,收集学生课堂反馈,主要评价良好,认为练习集和网络资源配套完善、内审实务体系丰富,利于辅助课堂知识的消化吸收
自主与同伴互评1	教授同门课程教师评语:认为PPT简洁直观、有条理,实例丰富。案例讲解内容可以在PPT中以图表形式专门列示,以使整门课程实务部分的逻辑更直观,更利于学生课后复习
自主与同伴互评2	学校教学督导听课评价:讲义重点清晰,结构合理,大量使用案例进行课程知识点讲解,很生动。不过课程节奏稍快,应多注重学生的反应,调节讲解速度

(二) 课程教学反思

从课程教学整体设计思路、教学模块、教学方法、教材选用等方面对课程教学设计进行思考总结(表3)。

表3 "中外内审实务"课程教学总结与思考

类别	本课程的教学模式总结	本课程的教学思考
设计思路	分阶段设计课程内容和讲授时长,由浅入深、打造科学完整的实务风格教学体系	直接讲述案例,学生会理解不深入,需要把握案例引入场景。本课程教学发现,基本知识点+案例逐一对应的引入方式较容易深入学生内心,达到入耳、入眼、入脑、入心的效果
教学模块	按照内部审计的活动类别,将本门课程的第1—11章梳理为七大模块,模块一:内审人员行为规范(第1、2章);模块二:公司治理模块(第5章);模块三:内部控制审计模块(第3章);模块四:风险管理审计模块(第4章);模块五:经营审计模块(第6、7、9、10、11、13章);模块六:舞弊审计模块(第8章);模块七:信息系统审计模块(第12章)。然后以各模块的专业故事为载体,添加实务要素	设计作业和期末试题时,要考虑对实践目标的检测。课程结束时,收集学生课堂反馈,可考虑后期教学建议有:提供更多教学案例的背景阅读材料,以辅助课堂案例讨论
教学方法	采用PBL(problem-based learning)问题导向教学法+翻转课堂教学法+课堂案例教学法+OBE相结合的教学方法,将实务元素全流程融入专业知识教学,实务元素贯穿"课前预习背景资料—课堂讲授—课后作业和期末试题"各阶段,以形成启发式教育的闭环。 教学流程如下:知识点教学+实务元素穿插引入教学→翻转教学第一步:教师撰写含实务元素的内部审计案例(以专业故事为载体),兼顾专业知识教学和实践引导的双重目标→翻转教学第二步:学生小组讨论并撰写小组讨论报告,制作PPT→翻转教学第三步:学生小组课程汇报→翻转教学第四步:教师点评、小组再次总结→期末考试主观题加入实务元素	以专业故事的方式开展实务教学,学生积极性很高。 但由于时间关系没办法开展组间讨论,辩论的形式也没有长期继续下去。下次教学可以加快教学进度,只讲核心知识点,留出充足的时间开展组间互动,包括讨论、辩论的形式等。注重学生的主动性,教师起引导和激发、强化作用,警惕灌输
教材选用	教材: *The Essential Handbook of Internal Auditing*(2011),by K. H. Spencer Pickett;John Wiley & Sons Ltd. Publishing 参考资料: 1. COSO. 2013. Internal Control-Integrated Framework 2. COSO. 2017. Enterprise Risk Management-Integrated Framework 3. 中审网校,2017,《国际内部审计专业实务框架》,中国财政经济出版社 Websites: 国际内审协会IIA官网 https://www.theiia.org/ 中国内部审计官网 http://www.ciia.com.cn COSO官网 https://www.coso.org 中国会计视野 http://www.esnai.com	—

参考文献

[1] 司淑娴.基于审计案例的访谈式教学实践[J].审计观察,2021(10):23-26.
[2] 周冬梅,唐亮,张建峰.校企合作模式下审计课程教学改革与实践探讨[J].当代会计,2021(03):110-112.
[3] 吕珺.内部审计课程混合式教学实践探索:以石河子大学审计学专业课程教学为例[J].商业会计,2020(22):120-123.
[4] 纪海荣.成果导向理念下的应用型本科审计课程教学创新研究[J].当代会计,2020(19):106-107.
[5] 高杉."互联网+"时代教师课堂教学评价体系研究:以会计类课堂教学评价为例[J].审计与理财,2020(09):57-58.
[6] 程平,阎玲琳.基于OBE的"互联网+会计"MPAcc审计能力培养研究:以重庆理工大学MPAcc教育为例[J].财会月刊,2018(20):51-55.
[7] 仲杨梅,沈磊.需求环境变革下的高校审计人才培养研究[J].财会通讯,2017(28):42-46.
[8] 陈平泽.新形势下高校审计学教学方式改进探析[J].中国内部审计,2016(04):96-98.
[9] 孙丽华.《内部审计学》教学改革与实践探讨[J].财会通讯,2014(31):48-50.

作者简介

李文颖 博士,上海立信会计金融学院会计学院讲师;研究方向为审计理论与方法。

案例分析与项目教学的双驱动教学模式探讨

方 媛

摘要 应用型、创新型人才培养越来越受到社会的关注,并且已成为我国高等教育人才培养的重中之重。但目前"无形资产评估案例"课程中尚存理论讲授枯燥、实践操作有限、课堂效果欠佳等问题,为此本文提出并实施了案例分析教学和项目教学相结合的双驱动教学模式,进行了"五个学习阶段"的教学设计,达到了理论与实践、知识与技能的有机结合,课程得以实质性地提质增效,学生参与度显著提升,创新能力、实践能力明显增强。

关键词 案例分析 项目教学 双驱动

在人才培养中,特别要注重学生分析问题和解决问题能力的培养,鼓励学生从"被动接受"向"积极参与"转变,倡导学生从"要我说"向"我要说"的思维转变,引导学生从"知识型"向"能力型"提升。为此,以课程为抓手,做好应用型课程教学革新,不断提高教学效果,让师、生、课融为一体,对于培养学生掌握基础知识和提升实践动手能力具有重要意义。案例分析教学和项目教学具有不可替代的优势,可以互补和融合,协同发挥作用。

一、双驱动教学模式介绍

应用型本科人才的规格标准应该是:必要的本科底蕴+较强的实践能力+突出的技术特长+较高的职业素养。以必要的专业理论基础为起点,采用案例分析教学与项目教学对应用型人才的培养具有双驱动作用。

1. 案例分析为项目教学提供前期基础

案例分析中,学生为主体,教师为引导者、辅助者;做好理论讲授与案例教学的衔接,做到教师和学生准备充分,案例分析学生充分参与;多采用启发式和开放式教学,引导学生探索和钻研。

2. 项目教学是实践和理论的双提高

项目教学是对某个章节或几个章节知识系统性地综合应用,通过提问、设疑的方法去创造疑惑,或者是挖掘学生对于不熟悉区域的迷惑,并且引导其在实践中找到答案。

3. 双驱动教学模式可以提高学生参与度,增强学生创新能力、实践能力的培养

通过"知识点—案例分析—项目教学"等环节,实现"理论源于实践—案例来自实践—项目锻炼实践"的良好状态,提升教学效果,提高学生的学习和应用能力。

4. 双驱动教学模式可以有机融入学生职业素养的培养

学生置身于案例分析中,沉浸于项目学习与完成中,这种由课堂式转向情境化的教学模式使学生能亲身体会作为一个职业评估师应具有的职业素养及遵守的职业道德准则。

为此,我们通过此教改项目在"无形资产评估案例"课程中的实施,探索了双驱动教学模式下的教学设计、教学流程等细节,形成了具有推广意义的经济管理学科教学实践。下面以"可比公司法"教学点为例展示双驱动教学模式的教学实践。

二、教学内容

"无形资产评估案例"是针对会计学院资产评估专业开设的资产评估专业课,是一门跨专业、跨学科、跨行业的新兴应用性学科,也是国内高等院校资产评估专业的核心课程,其应用性和实践性较强。教师教学过程中要密切联系各类无形资产的特性,并辅以资产评估的基础理论,培养学生掌握各类无形资产的评估业务,做到以实践强化理论,以理论指导实践。该课程全面贯彻党的教育方针,体现时代要求,培养学生具有创新精神、实践能力、科学和人文素养;具有适应终身学习的基本知识、基本技能和方法;具有良好的职业道德素养和心理素质,遵守职业道德规范。

"可比公司法"是无形资产评估案例学习中的重要章节之一,选取该教学点作为典型教学案例有这样几个理由:

一是实用性。该知识点是无形资产评估实务中目前最常用、最前沿的方法之一,也是无形资产评估方法中的难点和重点之一。

二是可行性。可比公司法中的数据几乎全部可以从公开数据中获取,学生能最大限度地贴近现实,解决现实问题,提升数据搜集能力和问题处理能力。

三是差异性。通过贴近现实的案例分析和项目教学可以实现差异化学习,学生可以边做边学,从中发现问题,每位学生的能力不同,发现问题和解决问题的能力也不同。

四是创新性。沉浸于项目中,学生会发现许多应用中的问题,并探索不同解决方法,或对基础理论进行改进,或对实务问题给出解决路径,并最终形成汇报和总结,每组提出和解决的问题既能反映每组不同的创新点,也能达到头脑风暴的效果。

满足以上条件的知识点可以采用双驱动教学模式,梳理整个课程教学内容,最终形成"超额收益法项目教学""可比公司法项目教学""专利权价值评估项目教学""品牌价值评估项目教学"四个适合采用双驱动教学的综合知识点。下面以"可比公司法"为例进行双驱动教学模式的实施展示。

三、教学模式的实施

考虑理论讲授、案例分析教学、项目教学的特点,坚持"以学生为主体"的宗旨,以学习成果和结果为导向,整个教学模式的完成需要经过知识讲授、案例分析、交流讨论、项目教学、研讨总结五个学习阶段。

五个学习阶段中,授课教师需要做好耐心讲解、细心引导、答疑解惑、任务下达、问题总结归纳五项任务。

五个学习阶段中,学生需要完成基础理论学习、理论运用和思考、解决疑惑、实践操作、问题反思五项任务。其中实践操作流程建议以小组形式进行,采用可比公司法对某项无形资产进行实践操作,并对评估过程和评估结果做PPT演示和总结陈述。

五个学习阶段中,学生能力依次经过了"理解评估思路、能运用公式进行习题演算""对简化的案例进行应用""解决由公式到应用的疑惑""数据搜集和筛选能力、实践操作能力""自主确定评估过程并估值"的提升过程。

五个学习阶段中,教学场景依次经过了"理想化评估场景、参数简化并且完全给定""较为理性化的场景、参数较为复杂,完全给定""参数确定但逐渐增多、难度增大""现实评估场景、参数完全自我确定""参数众多且不确定"的逐渐开放式过程。

整个教学安排经历了从"理论学习和案例学习"到"理论应用和实操应用"再到"反馈总结"的过程,学生不但要从理论学习中找问题，从案例分析中找问题，还要从实践操作中找问题，这样的教学安排使得问题来自学生内心，不同基础的学生也会产生不同层次的问题，学生有更强大的内驱动力寻找解决问题的路径和办法。

双驱动教学模式下五个学习阶段的实施具体如图1所示。

图1 双驱动教学模式的实施

（一）知识讲授阶段

知识讲授部分为学生展示了前沿的评估理论知识，为之后的案例分析和项目教学升华奠定基础。学生在这一阶段的任务主要是从理论上熟悉评估方法及其评估公式的演化和推导，尝试并学会运用评估公式进行简单的习题计算。比如理解"可比公司法产生的由来及实质"，理解"为何能用可比公司去推断被评估对象所在公司的分成率"，明确"可比公司法中的难点和重点问题——分成率的计算公式"等。注意在这个过程中，会有较多的假设或者限定条件，评估场景一般设置得比较简单，需要的评估参数一般都会完全给定。给予学生的任务或者检测学生是否完成这一阶段学习的形式往往是习题验算。

（二）案例分析阶段

案例分析阶段是对最前沿评估理论知识的运用和思考，一方面学生在此阶段实现从理论学习到理论应用的转化,另一方面也将展示职业道德如何在评估案例中体现。该阶段需要坚持以评估实务为原型,对实务案例进行适当简化修改和补充,以便于为后续项目教学做铺垫。这种以评估实务为原型进行案例改编的资料也便于学生进行递进式学习,学生对知识点的掌握开始突破习题验算、公式代入等"静态"学习状态,其实践技能从理论基础逐渐上升到案例应用的程度,实现了实践能力零的突破。这一阶段给出的评估场景要比知识讲授阶段复杂一些,任务描述内容相对比较丰富,但相比评估实务来讲还是较为理性化;评估参数一般需要完全给定,但参数组成较为复杂,不同于知识讲授阶段评估参数的设定比较简单直接。其目的是对于评估过程中的重要参数需要学生经过简单思考后进行测定,要求学生有较为简单的应用能力。

学生需要阅读的案例分析资料较多,和知识讲授阶段的习题演练相比,本阶段的资料可能会增加之万字有余,其中会涉及案例背景、公司介绍、公司历史财务状况、评估估算说明、对比公司状况、各参数的来源及计算、案例点评及案例特点,等等。整个教学已经从理论教学转化为案例分析教学,从注重学生的理解评估原理和方法转化为应用评估原理和方法。

(三) 交流讨论阶段

由于案例分析阶段涉及的参数较多,因而交流讨论阶段是学生和学生、学生与教师之间对案例分析和初步应用层面所出现的问题的一种沟通,相当于在上了台阶之后学生的一种内部消化和积累,为了实现更高层次的学习而蓄势待发的一种状态。在学习的过程中学生需要具有敢于怀疑一切和打破砂锅问到底的精神,因为解决这些问题都是在为后续项目教学积攒知识和力量,如果得不到有效解决,后续的项目教学或者项目学习将会出现较大的困难,或者需要在下一个阶段中重新温习本阶段内容。此阶段学生出现的问题思考一般与评估理论的初步应用到案例有关,比如:案例中被评估对象的生命周期是如何确定的;销售收入是怎么根据历史数据预测的;对比公司中提成率是如何根据公司历史资料确定的;评估技术说明中各表格的嵌套关系是怎样的;最终评估结果是如何汇总得出的。

(四) 项目教学阶段

前三个教学阶段积攒了足够的知识储备后,即可进入项目教学阶段。该阶段需要学生通过自己搜集和验证数据、进行评估演练、提出遇到的问题或困难并尝试解决等过程完成教师下达的任务。同时,评估的谨慎性会贯穿整个实践操作,以帮助学生坚持用科学的辩证思维方式,建立良好的职业道德规范并形成正确的人生观和价值观。

这一阶段将由教师发布项目,评估场景可以设定为现实状态,评估参数完全由学生自我确定,教师可以给定开放性任务并给学生更大的自主权,让学生体会更宽泛的评估实践工作。比如评估实践操作的项目教学任务要求可以这样设置:以小组为单位,采用可比公司法进行无形资产评估;评估对象和目的可以基于实际进行假设,其他评估过程中的资料需要来源真实可靠;合理预期评估对象占无形资产的比重、销售收入预测、分成率递减规律预测;可比公司选三家上市公司,要求列示各项数据的来源或选择依据,计算过程详细披露和展示;总结评估过程中遇到的问题、疑惑和解决办法,形成 PPT 展示、Excel 工作底稿和 Word 总结文档。

本阶段增加了对学生数据搜集、数据处理、实践操作能力的锻炼。完成此项目学生需要解决多个任务点,比如确定评估对象与目的、查找并确定对比公司、查找各类财务数据、在各信息渠道中筛查出需要的数据并确定参数、处理财务数据中的异常情况,等等。虽然实践操作阶段也是评估理论和方法的应用,但是完全不同于案例分析教学中的简单应用,这是一种应用的提升,是实务中的应用,是开放式的应用,是原汁原味的最接近评估实践的应用。评估场景开放,数据来源开放,因此给学生更多需要决策的任务点,也要求学生具备相当丰富的知识储备,同时也无形地渗入了职业道德的培养。比如任务要求"单元格注意嵌套或者链接;数据注意标明来源",无形中要求学生执行资产评估业务时坚持求真务实的态度,潜移默化给学生树立良好的职业道德观——"应当遵守诚实正直,勤勉尽责,恪守独立、客观、公正的原则;执行资产评估业务,应当遵守相关法律、法规和资产评估准则;应当独立进行分析、估算并形成专业意见。"

学生在项目教学中往往会发现前期知识储备不足,然后返回重新进行案例分析回顾复习,或者在项目教学中查阅之前的资料。这实际上是对理论知识的一种重新夯实,这些理论知识再次运用到项目中将起到双重加固作用。

(五) 研讨总结阶段

研讨总结是学生完成实践操作项目教学后的沟通和交流,可以是学生与学生之间,也可以是学生与教师之间,其目的是对项目教学后产生的新问题和解决的新思路进行探讨,这将是螺旋式上升的讨论,兼具理论学习的升华与操作技能的提高,融合了知识技能与价值塑造的升级。建议采用学生小组展示的方式,因为教学中对于实践操作的项目学生会从中发现诸多问题,有些已经解决有些尚未解决,无论是哪种情况,形成文字性的记录并展示会在学生脑海中形成更深层的加固;展示过程中对已有问题的解决方案也会给其他学生带来启示,提出尚未解决问题的会给其他学生带来抛砖引玉的作用,教师给出导向性点评有助于学生进一步研究和拓展。这种头脑风暴式的教学一定要在教师完成项目教学、学生完成项目任务后进行,有的放矢的讨论会产生事半功倍的效果。

在案例分析和交流讨论阶段,学生的疑惑主要集中在公式为何这样推导、收益额如何计算、具体参数如何计算、如何选择合适的数据对指标进行量化等问题;而到了研讨总结阶段,学生的疑惑和思考逐渐贴近实务,和现实连接更紧密,实务问题反馈到理论又经过理论的质疑和改进。这一阶段学生思考的问题有:什么样的评估对象和评估目的更适合用本方法;如何采用证券交易所网站查找交易信息;实务中选择可比公司的具体标准是什么,它怎么形成的,是否可以采用主成分分析等方法将其科学化;国泰安数据库、wind数据库、同花顺数据库如何使用,哪个更方便;方法中仍然存在主观性问题,能否找到更合适的量化指标,能否借助于其他数理统计方法(模糊数据分析、层次分析法、趋势外推法等)找到更好的解决办法,等等。

与前一阶段学生的疑惑做对比,本阶段学生提出的问题明显体现出是学生经历了实践和应用的,源于学生发自内心的驱动力和主动性,凸显了学生正在逐渐形成良好的职业道德素养和求真求实的态度。

双驱动教学模式与学生能力的提升如图2所示。

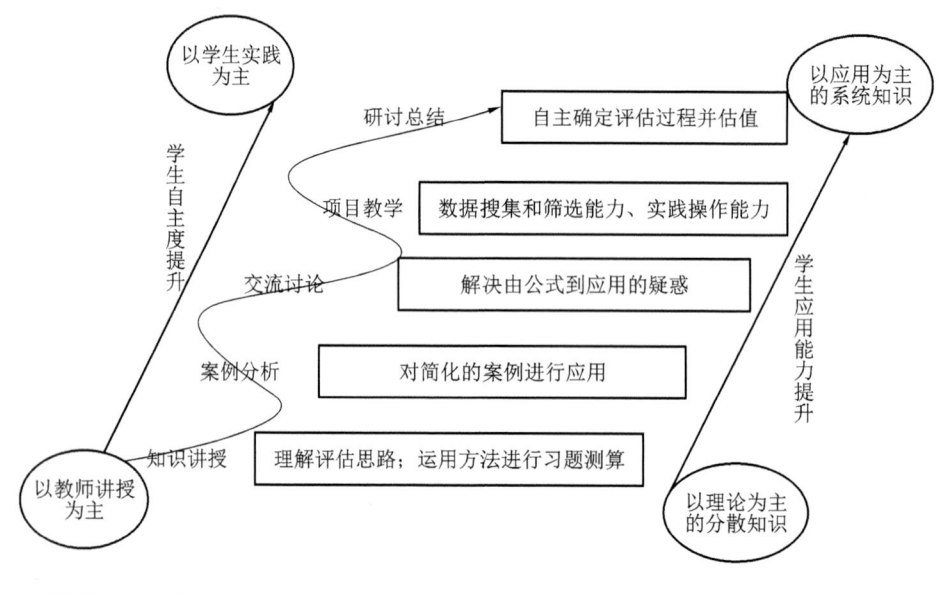

图2 双驱动教学模式与学生能力的提升

四、教学手段

采用板书、PPT等多媒体形式,以课堂教学为主、学习通等线上教学为辅。

知识讲授阶段约2课时,以PPT和板书形式为主,板书主要为可比公司法的公式推导过程。学习通的讨论板块主要为学生抛出课堂讲授过的基础性知识,点出重点和难点,帮助学生复习并加固。

案例分析阶段约3课时,以PPT文档、Excel表格和板书形式为主,并通过学习通解决学生的疑问,鼓励同学间互助。学习通的讨论板块也可以按照评估步骤设置思考问题,帮助学生理清案例中的评估过程。

交流讨论阶段约1课时,以学生为主,教师为引导。学生之间相互提问和解答。由于课时有限,这一阶段可以延续到课下进行,课下讨论可以借用学习通等平台开展。

项目教学阶段约6课时,以学生为主,教师为辅。课前教师给出项目任务,小组经过充分讨论后展开项目实践,教师按照评估对象设定、可比公司选择、收益预测、分成率估算、折现率计算、评估结果测算、评估报告撰写等几个步骤轮流为各小组查阅、督促和解惑。前修知识不熟悉的学生可能占用课下时间,教师给予补充性学习资料并帮助学生进行差异化学习。

研讨总结阶段约2课时,以学生为主,教师为辅。学生通过PPT展示评估实践过程及遇到的典型问题、思考进一步可研究方向等。

五、教学效果

针对可比公司法这一知识点,采用双驱动教学模式后,收到良好的教学效果,主要体现在以下几方面:

1. 学生认可案例分析与项目教学的双驱动教学模式

针对案例分析与项目教学的双驱动教学模式,学生表现出较高的认同度。40份有效问卷平均得分为4.45分(满分5分),有约60%的同学给出满分,约90%的同学表示了高度认同。学生认为案例分析教学和项目教学都很重要,项目教学的重要程度更甚于案例分析教学,大约高出了十个百分点。

2. 双驱动教学模式提升了学生的应用能力

调查结果印证了案例分析教学和项目教学的协同驱动效应,在"评估操作流程""方法的适用性""评估参数的量化""知识的优缺点掌握""对工作底稿的理解"等方面均有非常大程度的驱动效应。同时,案例分析教学和项目教学也起到了互补的作用,在总括性知识学习或者串联知识点方面,效果更为突出;项目教学在细节性学习中会起到补充效果。在"数据库的使用"等应用性知识方面,项目教学效果要明显优于案例分析教学,印证了项目教学是案例教学的螺旋式上升的结果。

3. 双驱动教学模式中学生的自主学习度显著提高

以项目教学中学生自主学习的两个观测点"自主确定评估对象""自主摸索评估步骤"为例,学生反馈这对学习理论知识有显著提升作用。有80%以上的学生认为项目教学中对自主学习非常有帮助。

4. 双驱动教学模式帮助学生塑造了良好的价值基础

有88%的学生认为,学生需要独立完成一套完整的、真实的无形资产评估工作。项目教学中的实践操作给学生一个无限贴近现实的机会,对评估工作有了深层次的认识,初步建立自己的职业价值观。

5. 双驱动教学模式有效提高了学生的参与度

双驱动教学模式的实施,基于学习通课程内容预发布、课堂发言每节轮换与自由发言相结合、课后主要问题总结和讨论增加、学生实操演练增加等途径,注重讨论以及与学生课堂课下的沟通,以学生为中心,提高了学生的参与度。有70%的学生认为课堂讨论的比重合适,并有90%的学生认为学生参与提升了学习效果。

综上所述,案例分析和项目教学的双驱动教学模式突出了以学生为主、教师为辅的学习过程,实现了理论与实践、知识与技能的有机结合,适合在应用型人才培养课程中推广使用。

参考文献

[1] 赵建国,袁大超,赵晓顺,等.基于案例分析和项目教学双驱动教学模式探讨[J].河北农机,2021(1):26-28.
[2] 张彦红.基于"案例教学+情景模拟+实验实训"三维联动的资产评估教学改革模式研究[J].文化创新比较研究,2021(21):53-56.
[3] 方媛.资产评估案例教学模式探讨[J].财会月刊,2013(1):106-107.
[4] 赵兴莉,夏鑫,庄超.执业能力导向下资产评估本科人才培养模式及优化研究[J].中国资产评估,2020(9):59-65.
[5] 张金娟.资产评估专业硕士综合性教学案例的设计与应用[J].中国资产评估,2021(10):8-12.

作者简介

方媛 博士,上海立信会计金融学院会计学院讲师;研究方向为资产评估和财务理论。

"商业银行学"BOPPPSI 混合教学创新设计

王东明

摘要 "商业银行学"基于有效教学理论和 BOPPPS 模型,增设支持服务自主学习的巩固提升环节,形成 BOPPPSI 混合教学设计。BOPPPSI 教学利用参与式教学打造高效课堂,通过互动教学,开展层层递进和"螺旋式上升"研讨,将课堂从沉默型、对话型过渡到质疑型、思辨型,案例中融入思政,案例精讲和选讲结合,实现"每章有案例,每节有思政,每人有参与";推进分层教学和教学持续改进,给学困生搭梯子和给学优生更大空间;考核评价强化教学节点考核,采用多元化全过程评价,适时加入课程思政考核。通过创新 BOPPPSI 混合教学,学生实践能力得到显著提升,精细化教学效果显著,并实现了思政教学规范化。

关键词 混合教学　BOPPPS 模型　有效教学　互动教学　课程思政

2019 年,教育部开展一流课程认定,推动线上线下混合式为主的一流课程建设。2020 年年初,教育部再次发文,保障学生在疫情防控期的在线教学,从而实现"停课不停学"的总体目标。在疫情得到有效控制,教学常态化后,我国教育的发展方向更加注重线上教育与线下教育的有机衔接。"商业银行学"积极探索线上线下混合教学创新和实践,结合高素质应用型人才培养目标,以提高学生实践创新能力为中心,新建线上教学资源,开展"外部引入、内部强化"实验实践教学,基于学生个性多样化、信息获取多元化、碎片化等特征,依托信息平台,将线上教学、课堂教学和实验实践教学三维融为一体,实施参与式教学,创新 BOPPPSI 混合教学设计,让学生"忙起来"和"动起来",提高学生的实操技能和创新能力。

一、文献综述

(一) 混合教学

Andrea(2014)从自身教学经历出发,发现如果按照学生的进度关注课堂教学,可以创造出更好的教学环境、加强学生对课程的参与度。Terras 和 Ramsay(2015)指出,尽管慕课及线上教学提供了相当的灵活性,但每个学生都是不同的个体,应当考虑学习者之间个体差异以增强教学实践。而混合教学模式是课堂教学和线上教学的有机融合,Spoc 是其最主要的形式,能够有效增加学生的参与度。

在信息化浪潮下,高校多数采用"微助教＋课堂教学"和"MOOC＋课堂教学"两种教学模式,借助建立合理的线上线下教学机制,可以打造有效的学生学习模式(姚林香和周广为,2018),通过混合教学中的教学互动质量提升和自我调节学习能力的培养,混合教学有助于提高学生的学习效果,提升学习满意度(田媛和席玉婷,2020)。

混合教学对学生的核心素养、创新认知和情感体验等有着明显的促进作用。李利等(2019)研究发现,学生对混合学习的教学情境感知对其深度学习都有着显著且正向的影响。赵彤等(2019)构建了以教学环境、教学资源、教学方式三因素相互支撑的基于学生核心素养发展的混合教学模式,混合教学为促进学生核心素养的发展提供了有效途径。葛文双等(2020)在混合教学设计中融入设计思维,显著提升学生的创造力,丰富了混合教学设计的内容,对于培养学生的核心素养和高阶思维能力具有重要借鉴意义。

(二) BOPPPS教学

BOPPPS教学的理念来自有效教学理论,关注的核心是学生的全面发展,关心教学有效性问题,即教学是高效的、低效的还是无效的。有效教学有4个特征:①明确的教学目标;②学生要主动参与教学过程;③要体现学生的主体地位和教师的引导作用;④课堂氛围和课堂环境要自由和安全(刘进军和陈代春,2021)。具体到BOPPPS教学模型,这是一种强调以学生为中心的参与式互动和反馈的闭环教学模式,可有效提高学生的学习注意力,同时帮助教师分解和分析教学过程,设计教学内容,提高学生的学习效果(董桂伟等,2020)。

国内学者运用BOPPPS模型进行混合教学,取得了积极成效。冯咏薇(2019)探索智慧高效的广告学实训课堂的教学模式,让实训课堂高效、互动起来,让学生真正在实训课堂上成为主角,实现高度的参与性。董桂伟等(2020)以"材料物理化学"课程为例,进行了教学改革和实践,结果表明该教学模式可以显著提升学生的学习效益、效率和效果。刘进军和陈代春(2021)建了基于BOPPPS模型的信息素养课程有效教学模式,通过教学实践验证该模式的教学效果,并对教学进行反思,能够有效提高课程教学效果。

对于BOPPPS教学的教学活动设计,王鉴雪等(2021)强调发挥教师推动抑或牵引的主导作用,运用"BOPPPS"教育模型进行课程内容设计。实践表明,教师在课程导入、目标阐释、前测阶段要充分发挥主导作用,通过教师的引导以需求牵引的力量推动学生主动开展线上知识学习。从教学效果来看,龚芙蓉(2020)研究表明"数据利用""知识再生"等五个板块教学目标达成度良好,"典型案例与文献评价"板块警告系数偏高。郑燕林和马芸(2021)研究表明,学习目标达成满意度高且相互之间存在显著正向相关关系,学生对讨论话题、工具、过程与结果的满意度高,学生对讨论工具、过程与结果的满意度与其对低阶目标与高阶目标的达成满意度之间存在显著正向相关关系。

(三) 述评

从有效教学理论出发,混合教学和BOPPPS教学模型得到了众多关注和实践,充分发挥了线上教学和线下教学的比较优势,教学过程控制强,教学环节安排节奏紧凑,对教学效果控制强,有效活跃了课堂学习氛围,对学生学习满意度和高阶目标达成具有显著的促进作用。同时,通过已有研究和实践,我们得出以下两点:一是教学环节的线上线下融合存在争议。对BOPPPS模型的六个教学环节,不同教师有着不同的实践操作应用,对其线上线下融合的思考需要进一步深化;二是对BOPPPS模型拓展不足。对该模型的应用多在于探索不同课程的实践和融入不同教学思维,应考虑结合课程特点和教学目标的需求,优化丰富教学环节,提高教学的有效性。

二、学情分析

"商业银行学"是对金融学类三年级本科生开设的专业必修课,契合学校培养高素质应用型人才的目标,有效对接银行业需求,以提高学生的实践能力为中心,致力于让学生拥有银行业务的实操技能和适应新业态、新模式发展需求。授课对象为"00后"学生,他们是伴随着互联网长大的一代人,信息获取渠道多,对现代信息技术和互联网信息等较为敏感,能够快速适应教学信息化。在课程教学过程中,主要面临以下三个问题。

（1）如何更好在课程专业知识学习时提高育人质量？

依照《高等学校课程思政建设指导纲要》，一方面，如何在专业知识中无声融入思政育人元素？另一方面，"商业银行学"课程如何做好和思政课及其他专业课的协同和区分？

（2）如何提高学生在复杂环境下的商业银行业务实操能力？

学生毕业后多数到商业银行工作，其面临的业务环境复杂多变，学生亟须提高处理具有一定复杂性的业务的能力及相应的管理的能力。当前教学未有效对接银行实践，与业务实践有些脱节。

（3）如何满足差异化学习需求和保障学习成效？

大三后学优生和学困生明显分化，学习需求存在着显著差异。此时，统一的教学模式无法满足差异化需求，亟须结合现代信息技术进行精细化教学，同时需防范学生出现学习投入欺骗问题（代学、代考和刷课等），保证学习成效。

三、BOPPPSI 混合教学设计

（一）教学设计

借鉴 BOPPPS 教学模式，BOPPPSI 混合教学设计对其进行了创新应用（图1）：一是增加课后的线上教学环节——巩固提升（improvement），针对混合教学的自主学习投入困境（学生自主学习能力弱、线上学习易于流于形式、教师主导困境等）和个性化学习需求，拓展学习时间和空间，提高学习成效；二是将七个教学环节有机分配到线上线下，将导言（bridge-in）、学习目标（objective）和先测（pre-assessment）三个环节放到课前线上教学，而将参与式学习（participatory learning）、后测（post-assessment）和总结反思（summary）三个环节放到线下的课堂教学中（总结反思可延续到线上），巩固提高环节放到课后的线上。

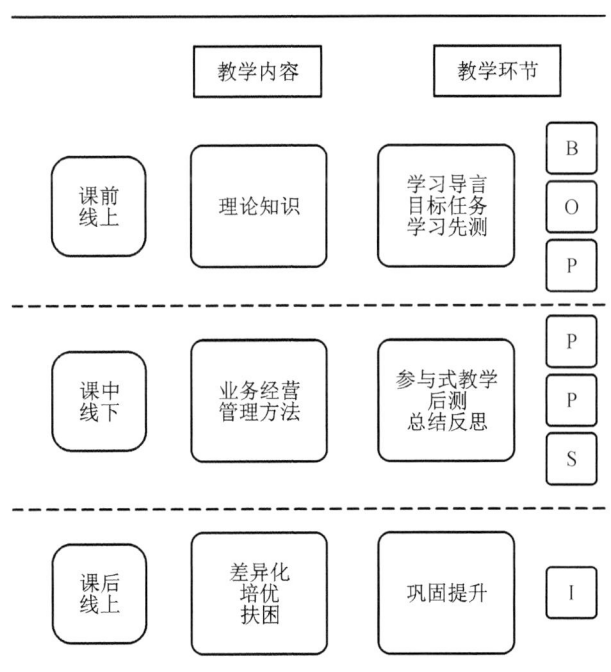

图1　线上线下一体化的 BOPPPSI 教学设计

(二) 教学组织实施

【课前】(线上)

主要是理论知识点。教师提前发布学习导言(B),明确学习目标(O)和学习任务,学生进行线上学习,并完成先测(P)和讨论互动,培养记忆、理解等初级认知。

【课中】(线下)

主要是业务操作和经营管理,借助案例分析、实践实验和师生互动等形式。教师依据线上学习数据等针对性讲解,通过学生讲坛、案例讨论和分享互动等实施参与式教学(P),之后进行后测(P),强化教学质量控制,并及时进行总结反思(S),注重持续动态改进教学,培养学生评价、创造和态度养成等高阶能力。

核心是打造高效课堂。

1. 参与式教学

结合"两性一度"的金课建设要求,通过学生讲授、生生互动和教师引导,适时嵌入思政元素,专业知识学习与思政育人相结合,将课堂从沉默型、对话型过渡到质疑型、思辨型,力求在有限的时间内带给学生最大的获得感。

一是案例教学。通过大数据预测存款、银行贷款管理和中间业务创新等案例,师生共同研讨,引发学生深层次思考,探讨其中可能的解决方法,培养学生具有解决一定复杂度的实际业务能力,案例中融入思政元素,对案例采用精讲和选讲结合,提高课堂教学效果。

二是"学生讲坛"。含贷款业务创新、风险管理和银行绩效评价等,由代表性小组进行课堂演讲,在教师引导下学生主持课堂讨论,强化生生互动。

三是实践实验。每学期邀请具有丰富实务经验的银行实务专家走进课堂,为学生授课;持续完善利率敏感性实验,采用真实的商业银行资产负债数据,动态更新实验的前提假设环境和参数数据,引导学生实验操作和撰写实验报告。

2. 精细化教学

通过前测和后测的平均分(1个学期合计近40次)、作业的分数(3次)、讨论参与数(共计2 000多次)、师生评价等数据,借助多元化分析,综合开展"精准画像"。

一是分层教学。运用全过程化的线上学习数据,精准量化学生个体学习情况,及时关注学生个体的学习特征和学习需求,对学优生和学困生进行因材施教。线上推送资源:对于学优生,深化学赛结合,课堂上质疑、提问、互动,课外引导自主学习线上的科创竞赛和学科竞赛案例,积极参与竞赛活动,提高个人实践创新能力。对于学困生,课堂上鼓励其积极参与,课外定期发布学习提示,引导其按时完成学习任务,同时通过题库专项练习、视频任务点重复学习等,巩固基础知识。线下的答疑辅导:依托教学激励计划下的专业教师坐班答疑计划,针对学优生进行提升辅导,包括师生合作研究、科创竞赛、学科竞赛等,增加高阶性和挑战度;及时了解学困生的学习困难,进行专项的课程学习辅导,答疑解惑,在同质标准下帮助其学习达标。

二是持续改进教学。利用线上的前测和后测、讨论反馈、作业、期中考试和各类课堂互动等过程数据,教师可提前进行教学准备,针对学生的疑问和兴趣点进行重点讲解,同时每学期开展两次学情反馈,借此进行教学效果的多元分析,持续改进教学和进行教学创新,例如结合金融热点问题进行专项研讨、不断完善更新题库、优化教学环节设计、更新案例等,提高学习的有效性。

【课后】(线上)

巩固提升,提供自主学习的支持服务,强化学习成效产出。依托丰富的线上学习资源和章节拓展练习,支持学生的拓展学习。利用实时学习数据,提供个性化学业辅导,对学困生进行学业帮扶,对学优生进行竞赛辅导和项目合作研究等,强化差异化学习。将教学反思延续到线上,推进教学持续改进。

（三）考核评价

强化教学节点考核，不同内容采用差异化、多元化的全过程评价（表1）。强化教学环节的评价考核，提高教学过程质量控制。同时，根据课程目标内容的不同特点，采用差异化考核评价。其中，理论知识学习，主要通过自动测评等方式进行；价值塑造和能力培养的课程内容，引入学生自评、团队互评和教师评价等，强化"分析、综合和评价"等高阶能力考核，形成差异化多元化的全过程考核评价体系。在平时成绩和期末考试中均加入课程思政考核。

平时成绩：在前测、后测和线上讨论中加入具有思政元素的题目。

期末成绩：在材料分析题和问答题中针对性地融入思政元素。

表1 全过程多元化考核评价体系及其权重

评价节点	评分指标	评价内容	评价主体	评价量规	权重(%)
课前	视频任务	完成度	教师	平台评分（观看完成度）	10
	讨论问答	参与次数和被赞数	教师 学生	平台评分（参与次数）	5
	学习先测	学习质量		平台评分（标准答案）	5
课中	签到	线上签到		平台评分	5
	课堂互动	提问、回答质量		学生评价五级量化表（对4位参与人评分）	10
	后测	学习质量	教师	平台评分（标准答案）	5
	课堂作业	学习质量		平台评分（标准答案）	10
	期中考试	学习质量		平台评分（标准答案）	30
课后	学生互评	小组表现	学生	学生互评五级量化表	5
	实验报告	写作质量	教师	手动评阅	10
	课后讨论	参与数、被赞数	教师 学生	平台评分（参与次数）	5

四、成效创新

（一）创新BOPPPSI教学，提高学生实践能力

第一，课堂活跃，学生参与度高。50人的教学班级，课堂活动为132个，话题数为422个，回复数为1 727个，平时作业完成率达99%，期中测验的平均分为79分。疫情期间实施的行业专家云课堂，视频观看次数为所有章节视频中最高的。第二，学生实践能力提升。学生到商业银行实习和工作保持稳定，实

操技能获得农行、上海农商行等多家商业银行的充分认可。

（二）精细教学效果显著，学生学习成效持续提升

第一，学困生得到及时帮扶。对参与次数少、综合评价低等学困生及时进行学习预警，发布了18人次的学习预警，针对性地推进学习资源和推送题库进行练习，学困生能够得到及时帮扶实现学习达标。第二，学优生学习空间提升。对学优生适度加压，拓展其学习空间。近3年来，学优生科创成效显著，获得国家级奖项1项，实现了我校在国家级科创竞赛上的突破，还获省部级科创竞赛10多项，师生合作发表论文10多篇。

（三）规范化思政教学，提升社会影响力

第一，研制《商业银行学思政教学指南》，积极推广提升影响。借助长三角金课联盟平台，持续在联盟七校推广，持续提升课程思政教学模式的社会影响力。第二，思政育人论文获中国金融教育论坛"特等奖"，多篇论文进行会议报告，社会影响力大。教研和思政育人论文获得第十一届中国金融教育论坛唯一的"特等奖"，还有2篇论文获中国金融教育论坛"优秀论文奖"。

参考文献

[1] 姚林香,周广为.高校SPOC混合教学模式的设计和教学效果分析[J].教育学术月刊,2018(12)：92-100.
[2] 田媛,席玉婷.高校混合课堂教学模式的应用研究[J].中国大学教学,2020(8)：78-86(96).
[3] 李利,顾卫星,叶建敏,等.混合学习中大学生教学情境感知对深度学习的影响研究[J].中国电化教育,2019,392(9)：121-127.
[4] 龚芙蓉.基于成果导向的信息素养混合式教学深化路径探析[J].高校图书馆工作,2020,199(5)：46-49.
[5] 赵彤,赵富才,黄业坚.基于学生核心素养发展的混合教学模式与实施路径研究：以高校旅游专业教学为例[J].现代教育技术,2019,389(6)：95-101.
[6] 葛文双,白浩,马红亮.设计思维融入混合课程的设计与教学干预效果[J].2020,30(7)：42-49.
[7] 王鉴雪,杨兔珍,陈红梅.推动抑或牵引：混合式课程自主学习投入的困境与破解[J].黑龙江高教研究,2021,329(9)：156-160.
[8] 刘进军,陈代春.基于BOPPPS模型的信息素养课程有效教学模式研究[J].图书馆学研究,2021(8)：10-14.
[9] 董桂伟,赵国群,管延锦,等.基于雨课堂和BOPPPS模型的有效教学模式探索：以"材料物理化学"课程为例[J].高等工程教育研究,2020(5)：182-176.
[10] 冯咏薇.智能互联技术＋BOPPPS模式下的广告专业教学模式研究：以"广告文案"实训课为例[J].传媒教育,2019(4)：79-82.
[11] 郑燕林,马芸.基于BOPPPS模型的在线参与式教学实践[J].高教探索,2021(10)：5-9.
[12] 徐铭悦.基于BOPPPS模型的大学英语翻转课堂探究[J].黑龙江教师发展学院学报,2021,40(12)：142-144.
[13] 刘进军,陈代春.基于BOPPPS模型的信息素养课程有效教学模式研究[J].图书馆学研究,2021(8)：10-14.
[14] ANDREA SALANDIN. Student-centered Teaching：An Experience at the Building Engineering School in Valencia, Spain[J]. Procedia-Social and Behavioral Sciences,2014(14)：611-616.
[15] TERRAS M, RAMSAY J. Massive open online courses (MOOCS)：Insights and challenges from a psychological perspective[J]. British Journal of Educational Technology,2015(3)：472-487.

作者简介

王东明　博士，上海立信会计金融学院金融学院副教授；研究方向为混合教学创新和互动教学等。

实践教学研究

以打造金课为目标的应用型本科高校经济学实验教学研究

李秀珍

摘要 应用型本科高校的发展转型逐步进入快速通道,经济类实验课程建设金课成为当务之急,本文分析应用型本科高校经济类实验课程存在的问题和"打造金课"的必要性:适应高等教育改革,全面提升教学质量,承担实践教学的重要功能,激发学生实践能力;在阐释应用型本科高校经济类实验课程"打造金课"内涵基础上,提出建设路径:一是强化对经济类实验课程的认知,提升建设金课的原动力;二是构筑完善的经济类实验课程体系,建立一体化运行体系;三是整合校内外课程建设资源,形成良性互动平台。

关键词 金课 应用型本科 经济学实验

近年来,应用型本科高校的发展转型逐步进入快速通道,实验和实践类课程建设也受到前所未有的重视,特别是理工类专业的实验室和实验课程建设取得丰硕成果,但需要注意的是,经济类实验教学并未取得相似成效。分析原因有几个方面,一是受制于原有思维,经济类实验课程没有受到重视;二是经济类实验课程需要与社会和行业对接,建设难度较大;三是学校依然使用传统教学方式,没有突破性创新的经济类实验课程无法激发老师和学生的兴趣。然而,实验课程对于应用型本科高校专业建设和人才培养具有重要意义,实验课程的质量得不到保障,难以系统培养和提升学生动手能力和知识应用能力,更难以培养符合高校特点的应用型人才。在当前建设金课的背景下,应用型本科高校经济类实验课程建设金课成为当务之急,本文分析应用型本科高校经济类实验课程存在的问题和"打造金课"的必要性,在阐释应用型本科高校经济类实验课程"打造金课"内涵基础上提出建设路径。

一、相关研究述评

应用型高校进入转型发展时代,需要高校管理者和研究者积极探索新时代和新要求下我国经济类实验课程建设的困境和路径。崔红(2016)提出农林经济管理专业的实验课拥有多元性、实践性、适时性的特殊性,建议开展"协同式"慕课教学模式。沈映春和黄岩(2016)分析了我国高校在经济学等课程教学过程中普遍存在的问题,即侧重阐述而轻视应用,侧重教师讲授而轻视学生参与,提出改进实验教学的方式方法。于泽(2016)分析了经管专业设置实验课的重要性,提出构建360度的经管实验课程的教学质量评价体系。钱力和宋俊秀等(2019)提出在信息科技快速发展情况下,人才需求变化决定了人才培养模式的革新,然后以经济分析方法和实验课教学改革为例研究"新经管"的人才培养模式创新。罗鹏(2020)采用问卷调查变量数据,运用结构方程模型开展实证研究,从提高实验软件可用性、改善课程教学效果等方面提出对策建议。

2019年4月,我国教育部实施"六卓越一拔尖"计划2.0,受到大家关注的是"双万计划",其中金课建设是其中的重要任务,需要建设10 000门左右国家级一流课程和10 000门左右省级一流课程。一流课程主要分为五大类:线下、线上、线上线下混合式、虚拟仿真和社会实践,一流课程建设的标准是高阶性、创新性、挑战度,后两类课程凸显了实验实践类课程的重要性。林晓慧(2019)重点研究了应用型大学如何提升实验课程教学质量,指出重构实验课程教学体系重点应放在综合性设计性实验类型。张庚全(2021)剖析当了当前高校经济与贸易类金课在建设过程中存在的问题,指出了高校建设经济与贸易类专业等的"金课"的基本认知及实践路径。张薇薇(2021)分析了经济与金融类专业实验课程建设方面的总体设计框架和内容,提出设置梯度式的实验课程体系。

总体来看,我国随着高校转型推进,各应用型本科院校不断加大实验室建设的投入力度,努力补齐实践教学滞后的短板。但是,经济学的实验教学还存在较多不足,大部分院校的经济学教学依然停留于传统的教学模式,致使学生对这一专业核心课程的掌握程度和运用能力大打折扣。金课建设标准也对经济类实验课程建设提出更高要求,显然实验课程建设成为当前高校课程建设的重要组成内容,更是应用型高校当务之急。

二、应用型本科高校经济类实验课程存在的问题和"打造金课"的必要性

(一)应用型本科高校经济类实验课程存在问题分析

从金课标准来看,应用型本科高校经济类实验课程存在不少问题。一部分教师认为经济类课程的实验可行性不够,操作性和创新性不强;一部分教师进行金课建设的动力不足,无论是对课程设计、教学方法改进还是对教学研究等都没有投入必要的精力,甚至部分高校管理者也缺乏认知。因此,高校经济类实验课程打造金课的氛围和动力有待加强。但是,从发展的角度看,现在越来越多的应用型本科高校逐步重视经济类实验实践课程建设,但是与其他课程相比还存在一些不足,比如教学理念和创新性滞后于实验经济学发展,受制于经费、场地、师资等因素无法建设完善的经济类实验课程,在经济类实验课程的设计和开发方面存在空白,专业领域教师能力不足也是影响因素之一。

就我校经济学课程建设来分析,我校作为地方应用型高校,长期以来注重应用型人才培养,特别强调"学验并重"的办学特色,已经具有一定的积累和基础;但是,在当前现代信息技术等科技创新快速发展背景下,国家强调社会科学与科学技术革命的交叉融合,教育部"六卓越一拔尖"计划2.0更是对打造金课提出了明确的要求,而我校经济学实验课程建设是相对薄弱环节,因此需要更快更好地引入现代科技元素,与适应我校应用型人才培养经济学课程结合,开发具有我校特色的经济学实验课程体系和实验项目。

(二)应用型本科高校经济类实验课程"打造金课"的必要性分析

1. 适应高等教育改革,全面提升教学质量

应用型本科高校经济类课程"打造金课"是适应当前高等教育改革、推动高等教育人才培养转型的必要路径,当前社会对于高等教育培养人才与用人企业对接的要求越来越高,高校授课不能仅仅传授一般性知识,而是需要数量和质量双提升,提升经济类课程全面育人作用,而这就要求以建设金课为目标,推动行业需求导向下的人才培养转型。经济类课程"打造金课"是学校、学院和专业提升教学质量的重要途径,金课建设可以引导教师把精力投入到课程建设之上,通过金课建设平台指明方向,同时也可以提升课程建设质量和授课质量,实现立德树人目标。应用型本科高校经济类课程"打造金课",关注所有学生知识传授、品格塑造和综合素质培养,可以促进学生思考能力和创新精神的发展,实现学生全方面发展。

2. 承担实践教学的重要功能,激发学生实践能力培养

应用型本科高校经济类实验课程是实践教学的重要组成部分,对于高质量应用型人才培养目标达成

具有决定性作用。本文以国际经济与贸易专业为例分析,该专业需要培养学生具备相关贸易理论知识,不仅包括政策法规、国际惯例、基本业务,还需要提升学生实操能力,促进学生掌握开展国际贸易、结算、融资、物流等业务的相关技能,而达成这样的目标最好的途径就是实验实习。但是校外实习面临很多困难,比如合适的企业不多,部分企业因为商业机密等原因不愿意提供实习机会,有些实习机会给予的锻炼相对单一,学生无法了解各方面业务实操内容。特殊的情况比如疫情影响下,学生开展校外实习更是难上加难。之外,已有经济类实验课程还存在一些问题,比如国际贸易实务课程过于强调模仿式操作,而缺乏学生参与度高的思考和创新过程,经济学实验课程主要是验证性实验而缺乏课程设计来激发学生创新性和综合性设计能力提升。所以,应用型本科高校有必要开设经济类实验课程,而且需要重视建设经济类实验课程,打造经济类实验课程金课。

三、应用型本科高校经济类实验课程"打造金课"内涵与路径

(一)经济类实验课程"打造金课"的内涵

金课概念在2018年被正式提出来,引发了教育界和全社会的关注。经济类课程金课的讨论也逐渐热烈,各个大学也积极参与到经济类金课建设大潮中。分析经济类金课内涵,重要的特征就是创新性、高阶性、挑战性。首先,创新性是需要经济类金课的内容与社会经济发展紧密联系,可以很好地反应社会经济发展与时代信息,通过教学内容新颖来引领人才培养;同时,也指经济类金课教育教学方式方法的创新,即需要彻底改变原来灌输式的单一教授方式,而是更多通过互动和融合方式激发学生个性化学习和学习主动性,经济类金课只有把学生学习积极性、学习热情和学习潜力激发出来才可以实现金课目标。其次,经济类金课的高阶性主要标准是课程可以提升学生能力培养和综合素质训练,也就是说,在一般知识授课过程中注重思维能力素养训练,教会学生学会分析问题和解决问题。最后,挑战性主要是指可以实现经济类金课在教学中知识难度的增加,教师可以对学生自学无法掌握的内容和知识点进行讲解,帮助学生研讨、思索,进而把握具有一定难度的内容,挑战性内容可以提升大学课程实效性。

应用型高校经济类实验课程"打造金课"需要重塑经济学实验课程教学的定位和方法,经济学实验课程是我国应用型本科高校培养应用型经济类人才的重要途径,也是我国相关学科专业人才培养理念、教育教学方法和手段创新的主要途径之一。打造经济类实验课程金课,就是要通过建设具有创新性、高阶性、挑战性"三性"合一的实验课程,改变一般性课堂教学讲授为主的单一方式;通过"三性"合一推动专业理论知识从原来的静态、抽象状态改变为动态化、具体化,有效提升学生对知识的掌握程度、对理论的理解深度、对问题的解决能力,最终提升人才培养质量。

(二)应用型本科高校经济类实验课程"打造金课"路径

1. 强化对经济类实验课程的认知,提升建设金课的原动力

建设经济类课程的金课是近年来新提出来的概念,与原来建设重点课程、精品课程不同,因此我们需要重新认识金课建设重要性。首要任务就是要通过各种途径宣传和介绍金课概念,只有让老师们思想上真正认识到金课建设重要性,才会主动去建设金课。除了认识上的提升,还需要出台各种配套制度,提供有效的建设金课的资源,让投入精力建设金课的老师获得成就感,最终要实现的是老师可以主动自觉地建设经济类实验金课。提高老师建设经济类金课的原动力,也需要建立完善的奖励和督促机制,比如可以定期进行奖励,发挥榜样的力量,给予老师和建设单位一定的物质和精神上的奖励。同时,学校教务处也要牵头,积极营造建设经济类金课的氛围,让学校管理层、二级学院管理和所有老师一起努力,排除建设过程中可能出现的障碍,多角度激励老师建设经济类实验金课的热情。

2. 构筑完善的经济类实验课程体系,建立一体化运行体系

经济类实验课程不同于一般的理论课程,具有训练学生实践操作能力、提升知识应用能力的功能。在整个课程体系中,理论课程先行,后续需要通过实验实践类课程来加强知识应用,同时也有助于提升学生兴趣。经济类实验课程也需要建设完整的课程体系,比如设置三个类别的实验课程。第一类是阶段性实验,比如经济时事分析、股票投资、模拟商业谈判等。这个类别的实验主要是促进学生对经济、投资、商务运营等有感性认知,提高学习兴趣。第二类是独立性实验,可以以专业课程为基础设计专门的实验课程或项目,比如投资技术分析、计量经济实证等。这个类别的实验主要是提升学生对知识的应用能力,积累学习的积极性和成就感。第三类是创新性实验,主要是以专业创新性思维培养为主,可以设计知识应用综合的实验项目和环节,帮助学生训练职业适应和提升能力。

打造经济类实验课程金课不仅需要建设完整的三类体系,而且还要注重建设运营体系。各类实验课程需要多方配合,才可以更好地发挥出其应有的作用,也就说,各方资源需要进行整合和融合,构筑多方合作的一体化实验课程运营体系,比如实验课程目标、对应大纲和方案,以及保障机制等都需要整合统筹规划。

3. 整合校内外课程建设资源,形成良性互动平台

经济类实验金课建设不能仅仅依靠校内老师和学生,也不能仅仅依靠校内资源,需要放眼校外,充分利用校外资源来加强金课建设。经济学课程本身就属于社会学类课程,需要积极与社会经济和产业发展相结合,只有充分利用校外资源、充分与社会经济发展相融合,才可能真正建设"三性"合一的经济类金课。除了课堂教学和老师提供的资料资源,还需要充分利用图书馆资料提升学生自主学习性,通过校友资源和行业专家渠道为学生提供了解实务发展和岗位的信息,通过政府和企业基地或者活动提升学生参与度和对经济认知可靠度。对这些资源的整合,需要在发挥各种资源优势的情况下,通过多方力量合作完成,这就需要学校学院搭建平台,让课内资源、校内资源、校友资源、产业资源、社会资源等完美融合,形成经济类实验金课的支持合力。经济类实验课程建设金课还有一个重要点,激发课程活力、打造课程品牌,服务社会和产业发展,这有助于激发老师和学生参与度和热情,同时可以在社会上形成良性互动,不仅可以提升课程建设质量,也可以服务企业和行业发展,真正服务人才培养。

参考文献

[1] 马苗苗.跨专业综合实验课程建设赋能高等院校财经类人才培养的探索与实践:以湖北经济学院《经营管理综合仿真实习》课程为例[J].湖北经济学院学报(人文社会科学版),2021,18(11):154-158.
[2] 王豪.经济管理课程思政研究:以基于VBSE的企业综合仿真实验课程为例[J].中国多媒体与网络教学学报(上旬刊),2021(10):7-9.
[3] 张庚全.高校经济与贸易类专业"金课"建设的基本认知及实践路径研究[J].对外经贸,2021(09):144-147.
[4] 张薇薇.转型背景下经济与金融类专业实验课程的总体设计研究[J].中国管理信息化,2021,24(15):219-220.
[5] 张薇薇.经济与金融类专业实验课程应用研究综述[J].中外企业家,2020(19):175.
[6] 林晓慧.应用型大学实验课程教学质量提升研究:以国际经济与贸易专业为例[J].黑龙江教育学院学报,2019,38(03):43-45.
[7] 王业斌,王旦.地方本科高校经济学专业应用型人才培养的教学改革探索——以《产业经济分析综合实验》课程为例[J].高教论坛,2018(7):26-29.
[8] 孙畅.经济类虚拟仿真实验课程体系建设与实践[J].实验室研究与探索,2018,37(01):157-160.
[9] 卿春,何颖,夏换.财经类高校经济管理虚拟仿真综合实验课程建设研究与探索[J].贵州商学院学报,2017,30(02):70-73.
[10] 张继超.浅谈应用型大学经济数学实验课程的建设[J].学园,2017(14):37.
[11] 陈高.《经济预测与决策》实验课程建设与管理研究:以中南财经政法大学为例[J].亚太教育,2016(20):129.
[12] 滕静.经济类专业如何开设大学数学实验课程的探讨[J].科技资讯,2014,12(24):165-166.
[13] 雷洋,吴园,黄承锋,等.经济管理类专业优质实验课程内涵与标准构建[J].实验技术与管理,2013,30(07):

181-184.
[14] 罗鹏,谈存峰.经济管理类实验课教学效果影响因素分析:基于结构方程模型[J].教育观察,2020,9(01):89-91,114.
[15] 李延敏.互联网+大数据背景下经济数学建模实验课教学改革[J].数码世界,2019(11):79-80.
[16] 钱力,宋俊秀,廖信林."新经管"视域下人才培养模式创新研究:以经济分析方法与手段实验课教学改革为例[J].安阳工学院学报,2019,18(4):107-110.
[17] 孙静懿,王元.财经类高职院校经济数学融入实验课的实践探讨[J].产业与科技论坛,2018,17(03):120-121.
[18] 张灵俐.农林经济管理专业实验课的"协同式"慕课教学模式分析[J].西部素质教育,2017,3(14):120,128.
[19] 于泽.基于360°视角的高校经济管理类实验课教学评价体系研究[J].教育教学论坛,2016(45):140-141.
[20] 崔红.浅析农林经济管理专业实验课的"协同式"慕课教学模式[J].内蒙古教育(职教版),2016(05):78-79.

作者简介

李秀珍 博士,上海立信会计金融学院国际经贸学院副教授;研究方向为环境经济。

模拟法庭竞赛与本科实践教学关系研究

龙英锋　刘杨东

摘要　高校法学本科教育具有双重特征，一是学术研究的特征；二是职业培训的特征。为此，实践教学对于法学本科教育具有显著的重要性，然而，我国高校的法学本科教育普遍存在实践教学不足的现象。模拟法庭竞赛是法学本科实践性教学的重要方式，模拟法庭竞赛能有效强化法学本科的实践教学，可以增强学生理论知识的运用能力，提高学生案例资料的搜索能力，培养学生的综合分析能力，锻炼学生团队作战的合作能力，同时也督促了教师重视并提高自身的实践性教学能力。建议在法学本科学生的教学计划中增设模拟法庭竞赛课程，最好将其设为必修课程以达到有效加强法学本科学生实践教学的目标。

关键词　实践教学　模拟法庭竞赛　国际刑事法院

我国著名法学家江平教授指出："法学从本质上说，是一门实践科学。"法学具有实践的特性，因而要求相关从业人员需要具有很强的职业素质和专业技能。然而，我国各类高校在法学本科教育上，都存在着与理论教育、职业教育以及实践应用的偏离。但是，随着我国司法体制的改革，法律从业者被赋予更专业化的责任。为了实现这一目标，法学本科教学要以培养既掌握法律专业理论知识，又能熟练运用法律知识分析和解决实际问题能力的法律应用人才为己任。鉴于此，本文在分析高校法学本科实践性教学欠缺的基础之上，以国际刑事法院模拟法庭竞赛为例，提出了模拟法庭竞赛是加强法学本科实践教学的良好途径。

一、高校法学本科实践教学存在不足

从特性上看，高校的法学教育具有学术研究和职业培训的双重性质。作为法学本科实践性教学的重要目的，职业培训是指对想从事法律事务的学生进行科学的职业培训，使其通晓法律实践中的操作技巧，主要目标在于使学生有过硬的动手能力、能够处理社会中错综复杂的矛盾纠纷。简单来说，通过本科法学教育使学生掌握一技之长，这不仅是学生立身之本，更是法学本科实践教学的立命之点。所谓法学本科实践教学，注重的是培养和训练学生运用法律知识和技能，从而有效地解决实际发生的法律问题的专业素质和专业技能。在此过程中，学生必须进行一个身份转换，即从一个被动的听课者到一个主动的办案者。通过学习法律职业共同体(法官、检察官、律师等)的实践技能，培育学生实际办案的动手能力、职业道德以及社会责任感。

从功能上看，法学本科的实践教学也具有巩固专业知识和强化法律职业伦理修养的双重功效。在高校进行法学本科的实践教学，不仅可以使学生修正和巩固已学的理论知识，还能够在实践锻炼中强化法律职业伦理修养并塑造法学专业思维，故实践教学是培养高素质法学人才培养的优良方式。不但如此，面对高速发展的社会和瞬息万变的国际形势，加强对法学本科生的实践性教学有着重要的现实意义。首先,实践性教学能够适应经济全球化和教育国际化的相关要求。任何一个国家都要适应全球化。相应地,全球化也对高等教育提出了培养高水平、高素质人才的要求。在全球化的浪潮之下,法学教学不仅要未来人才们具有开阔的视野和敏捷的思维,还要掌握严谨而细致的法律技术。对此,实践性法学教学坚持国际通行的通识教育和职业教育相结合,这有利于培养具备应变能力和适应能力的法律人才。其次,实践性教学能够提高法学学科的教学质量,从而培育法律创新人才,以满足建设社会主义法治国家的需求。法学教学承担着培养法律人才以及传播法律知识的艰巨任务,法学教育具有为立法、司法和研究工作输送人才的责任。依法治国战略更加显现出了法学教学的重要性。可以认为,法学教学对我国民主法制的建设有着重要影响。最后,实践性教学能够克服传统法学教学方法所带来的弊端。原因在于,传统法学教学往往过于强调法学知识的灌输以及对纯粹理论的理解,却忽略了对学生职业技能的塑造。诚然,法学知识和理论的学习和理解固然是相当重要的,但是不能偏废实践技能的培养,否则不利于学生创造性思维能力的提升。

二、模拟法庭竞赛是实践教学的重要方式

关于模拟法庭的界定,存在"广义说"与"狭义说"的两种学说观点。"广义说"将模拟法庭定义为一种教学方式。该说认为,模拟法庭是为法学生举办的讨论模拟或者说是假设案例的虚拟审判场合,是让学生了解并熟悉审判程序、法律辩论、证据规则、庭审技能以及法律文书撰写等法律技术的一种教学方法。在模拟法庭中,参与的学生根据教师提供的案例资料,分别扮演法官、检察官、律师等不同角色,学生们依照法院开庭的程序,亲自参与模拟案件的审理过程。在此过程中,学生们将课堂中所学到的法学理论知识运用于实践,由教师对模拟审判的情况予以点评,从而落实理论结合实践的法学教学。"狭义说"将模拟法庭定义为一种具体的教学活动。该说认为,在模拟法庭中,教师们选出恰当的案例,由学生扮演案例中的法官、检察官、律师以及案件的当事人等角色,依照我国现行诉讼程序来模拟开庭审判,因而模拟法庭归根结底是一种教学活动。应该说,狭义说更贴近高校二级学院实际操作中的定义,因而具有可操作性。

基于此,许多高校(包括上海立信会计金融学院在内)构建了相对固定和规范的模拟法庭教室,采购并布置了法槌、法袍等相应道具和服装,设计制作了与教学计划和进度相吻合的各类案例,邀请了公检法部门的专业人员参与,选择节假日等学生休息的时间举办模拟法庭。在模拟法庭教学中,学生亲身参与审判的方式,让学生能对课堂中所学到的理论知识活学活用。以上海立信会计金融学院的模拟法庭教学实践为例,我们在非毕业班组织学生举办班级模拟法庭,具体的任课教师担任审判长,本班学生扮演其余角色,庭后任课教师进行点评,并邀请公检法部门的实务人员对学生的发言、表现等进行评价,最后就相关问题,在老师、学生以及实务人员之间展开互动和交流。除此之外,我们在毕业班也举办模拟法庭教学,法学专业全部学生参与或观摩公开的模拟法庭活动。在模拟法庭举办之前,我们在学校进行公告,并要求全校法律专业的师生来观摩。在模拟法庭中,学生们可以熟悉法庭审判的各个步骤,并从中学习举证、质证、辩论的技巧。模拟法庭教学使学生的学习状况从被动接受转变为主动参与,学生成为学习的真正主体。学生不仅能将书本上所学的知识运用到庭审中,还能够进一步加深对书本知识的理解。

经过模拟法庭竞赛的指导过程和参赛过程,我们通常会发现现行的模拟法庭训练有许多需要改进之处,因而模拟法庭竞赛可以作为一个汲取经验教训的过程。总的来说,模拟法庭教学与模拟法庭竞赛的关系主要在于三点:其一,模拟法庭教学与模拟法庭竞赛均属于高校模拟法庭课程的组成部分,目前关于模拟法庭教学课程的目标实际上需要由两者共同来完成。其二,模拟法庭训练是一种基础性的训练,其意在发现学生在面对实践问题时容易存在的问题;而模拟法庭竞赛是一种综合性的训练,可以被视为模拟法庭课程的"高阶"阶段,其具有一定的选拔性和竞争性。其三,模拟法庭教学与模拟法庭竞赛对于实现高校模拟法庭课程目标中的侧重点有所不同,前者侧重于培养学生对于法律的规范分析能力、程序

上的操作能力、语言表达能力以及法律文书写作的能力；而后者则重在培养学生的证据意识、证据运用能力以及法律职业伦理。只有合理地协调使用两者，才能最大限度地实现高校模拟法庭课程终极目标。

三、模拟法庭竞赛能有效强化法学本科实践教学

以下以国际刑事法院模拟法庭竞赛为例作介绍。

（一）赛事的由来与现状

2002年7月1日正式成立的国际刑事法院是国际社会建立的第一个常设性国际刑事司法机关，它在打击国际犯罪和建立统一的国际刑事法律制度方面发挥了十分重要的作用。虽然中国还没有加入《国际刑事法院规约》，但是，中国政府一贯支持惩治严重违反国际人道法的犯罪，并始终关注国际刑事法院的工作。为了进一步促进对国际刑事法院的了解和研究，2012年和2013年，中国政法大学和国际刑事法院在北京合作举办了两届"国际刑事法院审判竞赛"（中文），获得竞赛前三名的代表队赴荷兰海牙参加了决赛阶段的竞赛。两次模拟法庭竞赛对于在中国普及国际刑法知识和提高高校师生的法庭竞赛水平起到了重要的作用。但与此同时，组委会认识到，在国内获胜的三支队伍去荷兰海牙后仍然用中文进行竞赛，相当于在国内的决赛。加之同声传译的质量难以保证，极大地降低了竞赛的质量和精彩程度。同时，由于三支讲中文的参赛队不能和来自世界各国使用英语的代表队同场竞技，因此，无法与他们进行相互交流和学习，也无助于提高中国学生使用国际刑事法院的工作语言进行法庭辩论的能力。

鉴于以上情况，经中国政法大学和国际刑事法院协商，决定从2014年起把在中国大陆举办的"国际刑事法院审判竞赛"的用语由原来的中文改为英文，在国内竞赛中出线的代表队赴荷兰海牙与世界其他国家的代表队用英文进行最后阶段的竞赛。继2014年成功举办第一届"国际刑事法院审判竞赛"（英文）之后，2015年3月，第二届"国际刑事法院审判竞赛"（英文）在中国政法大学举办，来自清华大学、南京大学、武汉大学等16支国内著名高校的代表队参加了竞赛，前南斯拉夫国际刑事法庭刘大群法官、联合国黎巴嫩问题特别法庭庭长、联合国柬埔寨特别法庭法官等担任了本次竞赛的法官。经过激烈角逐，中国政法大学、外交学院和对外经贸大学三支代表队获胜。他们代表中国的各个大学于2015年5月赴荷兰参加了在国际刑事法院举行的最后阶段的竞赛。他们与来自世界各国（包括英国、美国等英语语言国家）的其他50多支代表队同场竞技，取得了优秀的成绩，在国际大赛中为中国争得了荣誉。当然，国际刑事法院模拟法庭竞赛中文赛并没有中断，而是继续由国际刑法青年学者联盟组织接力并筹办，以国际刑事法院六门官方语言之一的中文进行的全国性模拟法庭竞赛，近五年一直由中国人民大学承办，总决赛在荷兰海牙国际刑事法院举行。其参赛队员可以是研究生，也可以是本科生，其含金量非常之高，越来越成为国内最有影响力的赛事，该竞赛对于在中国普及国际刑法知识和提高师生的法庭竞赛水平起到了重要的作用。

（二）国际刑事法院模拟法庭竞赛有效强化了法学本科实践教学

1. 增强了学生运用法学理论解决现实问题的能力

法学本科学生在课堂中学到的国际刑法、国内刑法理论知识十分抽象、晦涩，如对于国际刑法的基本原则、国际刑法的渊源、国际刑事案例的管辖、国际犯罪罪名的构成要件等问题均没有很深的印象。通过参加"模拟法庭"竞赛，这些问题均变得鲜活具体起来。例如，在2018年国际刑事法院的"模拟法庭"竞赛中，该赛题改编自真实案例。它涉及对贩卖人口的行为能否认定为危害人类罪的问题。据此，学生不仅要熟悉危害人类罪的构成要件，还要运用该构成要件分析贩卖人口的行为，同时学生还要运用刑事管辖权的判断标准来分析国际刑事法院对危害人类罪有无管辖权。案例下发到学生手中后，他们必须心无旁骛地熟悉研判案件事实，尽可能地全面查阅相关资料，从中提炼出争议的焦点，并在此基础上提出己方的

论点,还要考虑到他方的论点,只有做到了知己知彼才能更好地为参赛队员量身打造适合自身的角色。

2. 增强学生全面搜集相关案例资料的能力

在日常的教学中,法学本科学生课堂或课后作业接触到的案例主要是国内案例,因而学生案例资料的主要来源就是中国知网、最高人民法院裁判文书网。然而,在国际刑事法院"模拟法庭"竞赛中,参赛学生面对的是国际犯罪,这就要求学生在资料搜索时不能仅仅局限于国内刑事案例资料,还要查阅大量的国际刑事案例资料,这些国际刑事案例资料主要是英文资料,因而很好地锻炼了学生的案例资料搜索能力及语言运用能力。例如,在2019年的国际刑事法院"模拟法庭"竞赛中,该赛题改编自首例侵略罪真实案件。在参赛准备书状的过程中,学生竟然搜索到了不藏于国内大学图书馆而唯藏于国立新加坡大学图书馆的英文著作,在该著作较为细致地分析了侵略罪的构成要件。

3. 培养学生的综合分析案例的能力

综合分析刑事案例(国际犯罪案例)的能力至关重要,赛事对该项能力的要求较高。在2021年赛事危害人类罪"兜底条款"的认定问题中,这种综合分析能力不仅要求参赛队员储备丰富的专业知识,还要求他们尽可能地了解其他相关学科的知识。这种综合分析能力的要求,本质上源自法律的实践理性特征。尤其是在庭审过程中,这种实践理性特征体现得淋漓尽致,其辩论性、对抗性、说服性以及最后追求胜诉以维护己方的合法权益都充分体现了这一点。事实上,不论是在英美法系还是在大陆法系国家的法庭审理过程中,我们都可以看到,控辩双方旁征博引、不遗余力地将自己的观点呈现给陪审团或合议庭,在这个过程中,他们不仅希望陪审团或合议庭相信他们对这个问题的分析是有理有据的,同时还希望最终说服陪审团或合议庭,采信他们的观点,从而最终达到胜诉的目标。可见,在这个过程中,参赛队员的举证能力、说服能力、心理素质等综合能力得到了极大提高。

4. 锻炼学生团队作战的合作能力

模拟法庭竞赛不仅考验学生个人的单兵作战能力,也考验学生的协同作战能力。以国际刑事法院模拟法庭竞赛为例,参赛学生按照真实的法庭角色分工为辩方律师、检方律师、被害方诉讼代理人(2019年是政府方律师)等三方角色,每一方角色由一名庭辩人和一名研究员组成。庭辩人的主要职责是上场面对法官陈述、应答与辩论,其对口头表达能力、临场应变能力要求非常高。研究员尽管不上场面对法官,但是其在庭辩人上场前、间歇中对其提供充分的思路、角度、战术、资料帮助,对其知识储备、资料整合能力要求非常高。一场竞赛的胜利,既取决于庭辩人的单兵作战能力,也取决于庭辩人与研究员的团队协作能力。2019年4月至7月上海立信会计金融学院赛队之所以取得国内正赛的一等奖,关键在于十人参赛团队齐心协力、众志成城。

5. 督促教师重视并提高自身的实践性教学能力

国际刑事法院模拟法庭竞赛采用的案例,改编自实践中的真实案例。例如,2018年国际刑事法院模拟法庭赛题改编自国际上真实案例,属于首例危害人类罪;2019年国际刑事法院模拟法庭赛题改编自国际真实案例,属于首例侵略罪;2020年国际刑事法院模拟法庭赛题改编自国际真实案例,涉及种族灭绝罪;2021年国际刑事法院模拟法庭赛题改编自国际真实案例、2022年国际刑事法院模拟法庭竞赛改编自国际真实案例,涉及危害人类罪和战争罪的区分。这就要求专业教师或指导教师平时就要关注并收集国际与国内发生的热点案例,在课堂及课外与学生一起运用专业知识来研判这些案例。研判案例时,可以按照法庭的角色将学生分为法官组、检察官组、辩护人组、被害人及其诉讼代理人组,基于不同角色阐述自己的核心观点、法律依据、论证过程。换言之,专业教师或指导教师应当研究国际及国内司法实践中的真案例、真问题,而不是闭目塞听想象或伪造问题,唯有如此,才能提升自己的实践教学能力。

四、建议设置模拟法庭竞赛课程加强法学本科实践教学

笔者认为,应当在法学本科学生的教学计划中增设模拟法庭竞赛课程,最好是设为必修课程以达到

有效加强法学本科学生实践教学的目标。美国著名法学家霍姆斯说:"法律的生命不在于逻辑,而在于经验。"经验分为直接经验与间接经验,而直接经验则来源于实践。法学的底色是应用型学科,它的突出特征是实践性、可操作性。法学院的学生的专业认同感源于用自己所学的法学理论,去解决现实生活中的鲜活具体的案例。如果所学的理论不能解决目前或将来出现的实践案例,这种理论就是一种空洞、无益的理论。国际刑事法院模拟法庭竞赛就是将学生所学的国际刑法、国内刑法理论,用于庭审过程,去解决国际上已发生的刑事案例,如侵略罪的构成要件及其认定问题、海盗罪的构成要件及其认定问题等。可见,模拟法庭竞赛对法学本科实践教学具有重要的意义。另外,体系外的法律评价标准(大学自身的评级标准称为体系内的标准)越来越受到重视,毕竟法学生最终总要走向社会、服务社会,他们大部分会从事与法律相关的职业,如律师、检察官、法官。法律职业要求法学院培养出具有扎实的专业素养、较强沟通能力、过硬的心理素质且能够尽快上岗工作的学生。这是一种应用型与复合型的要求,并不是仅仅由课堂理论教学就能够单独完成的,而模拟法庭竞赛课程无疑能够满足这一要求。

参考文献

[1] 曹锦秋,郭金良.高等学校法学实践教育创新研究[J].辽宁大学学报(哲学社会科学版),2018,46(04):186-194.
[2] 钱锦宇,薛莹.国际化复合型法律人才的培养:现状分析、路径选择及保障机制载[J].山东大学学报(哲学社会科学版),2017(05):63-71.
[3] 何志鹏.模拟法庭与法学教育的职业转型[J].中国大学教学,2016(04):64-70.
[4] 于巍巍."五位一体"实践教学方法在法学教学中的配合应用[J].教育与职业,2014(06):153-154.
[5] 鲁峥.高职院校法学专业实践教学探索[J].教育探索,2013(04):41-42.
[6] 白慧颖.法律事务专业实践教学体系的构建[J].教育与职业,2012(14):111-112.
[7] 陈学权.模拟法庭实验教学方法新探[J].中国大学教学,2012(08),86-89.
[8] 李莉.关于远程教育法律专业社会实践模式的构建[J].职教论坛,2012(23):33-34.
[9] 杨晓培,朱长根.高职法学课程实践性教学初探[J].职教论坛,2011(32):34-36.
[10] 周刚志,张小罗.论模拟法庭课程的设置与实施[J].河南省政法管理干部学院学报,2010,25(02):160-165.
[11] 周虹,韩瑾.大学教师团队合作教学的理念和实践[J].高等工程教育研究,2010(S1):188-190.
[12] 刘金东.高职法律事务专业教学方法改革初探[J].中国成人教育,2008(10):162-163.
[13] 许均秀,周树清.法学专业实践性教学模式建构的思考[J].中国成人教育,2008(16):138-139.
[14] 吴西彬.模拟法庭教学效果评价[J].教育评论,2007(01):73-76.
[15] 姚建涛.法学教育实践性教学体系的构建[J].中国成人教育,2005(09):96-97.
[16] 费锦红.本科法学实践性教学环节的设计[J].黑龙江高教研究,2004(02):140-141.

作者简介

龙英锋 博士,上海立信会计金融学院法学院教授;研究方向为国际法和国际税法。
刘杨东 博士,上海立信会计金融学院法学院讲师;研究方向为刑事法律。

经济学专业毕业论文渐进式改革研究

李 雪 谭 娜 桑瑞聪 潘瑞姣

摘要 针对本科生毕业论文质量下降的原因以及解决方法的研究有很多,本文以经济学专业为例,将毕业论文写作训练贯穿于本科教育的全过程中,实现渐进式毕业论文教学改革。本文通过分析经济学专业学生毕业论文存在的质量问题,旨在将毕业论文撰写与素质教育和创新人才目标相结合,将毕业论文写作训练贯穿于本科教育的全过程中,实现渐进式毕业论文教学改革。这种改革模式通过各阶段的课程设计、科创项目训练及产学研实践逐步形成。

关键词 渐进式改革 毕业论文 经济学

毕业论文(毕业设计)是人才培养的一个重要环节(也是一门重要的课程),是本科生最后一个综合性的教学实践环节,也是学生毕业及学位资格认定的重要依据,目的是对学生进行必要的学术或实践训练。通过撰写毕业论文,可以考察学生是否比较系统地掌握本学科专业必需的基础理论、基本知识,是否掌握本专业必要的基本技能、方法和相关知识,是否能熟练运用所学的专业知识对经济现象和经济问题展开评论,形成自己的观点并有逻辑地进行论述以及是否能综合运用所学的理论知识和技能,独立分析和解决问题。因此,毕业论文是本科学生综合能力的最终体现。

但是近年来,本科生毕业论文质量下滑已成不争的事实。因此,2018年教育部特别指出,切实提高毕业论文(设计)质量,修订完善本科毕业生论文(设计)管理制度,强化指导教师责任,加强对选题、开题、答辩等环节的全过程管理。要严格实行论文查重和抽检制度,建立健全盲审制度,严肃处理抄袭、伪造、篡改、代写、买卖毕业论文等违纪问题,确保本科毕业生论文(设计)质量。

关于本科生毕业论文质量下降的原因以及解决方法的研究有很多,本文以经济学专业为例,旨在说明不能仅靠大四的最后一个学期来提高学生论文水平,而是要将毕业论文与素质教育和创新人才目标相结合,将毕业论文写作训练贯穿于本科教育的全过程中,实现渐进式毕业论文教学改革。这种改革模式通过各阶段的课程设计、科创项目训练及产学研实践逐步形成。

一、本科毕业论文质量评价

根据课题组对我校连续5届学生毕业论文的初次选题题目和毕业论文(约250篇论文)进行全样本统计,发现经济学专业学生毕业论文存在如下问题。

(一)论文初步选题

选题范围非常大,不够具体,没有从小的切入点入手。比如像《中国投资环境研究》这样的题目难以深入细致,非常容易泛泛而论,而且本科生很难把握范围较大的题目,容易言之无物。选题脱离经济学专业,如偏向管理学和其他专业,比如《某某企业的营销战略分析》等,这些题目并不能体现经济学专业特色,偏向于市场营销专业。但如果改成《某某企业的市场行为分析》,就是属于产业经济学的研究范围,可以凸显经济学专业特色。选题雷同或者不具有学术价值和研究的必要性。

(二) 论文论证和写作

论文没有自己的逻辑思维框架,只是罗列堆砌文献、事实和数据,没有用理论和逻辑这条线将其串联,形成自己的思路。对策建议流于形式,没有根据上文分析的问题相应地提出针对性的措施。论文行文松散不紧凑,语言不流畅,格式不规范,用词不准确。

(三) 问卷调查法

调查问卷使用不规范。大多数学生制作问卷题目设计过于简单随意,缺乏因果逻辑,只是草草地收集数据,然后简单地对问卷数据进行描述性统计,画出花花绿绿的饼图、条形图或折线图进行分析,但没有对所收集数据进行效度和信度分析和检验[①]。样本容量过小、回收的有效调查问卷数量过少,问卷的整体质量较低。样本代表性不强,没有遵循抽样调查的基本原则。90%采用的是完全随机调查方法,调查问卷的发放对象多为同学、亲戚、朋友。没有控制基本的均衡或合理的比例,如男女性别、年龄分布、职业类型等。

(四) 经济计量分析

在采集数据上,要么样本数据过于陈旧,要么样本量过小,不能满足数据分析的基本要求。多数论文采用时间序列数据,少部分采用横截面数据,很少学生使用质量较高的面板数据。对采集数据后的前期数据处理过于简单,缺乏对数据的校误和筛查。对数据的经济计量分析缺乏标准化操作。比如,在回归分析中,解释变量过少,同时缺乏控制变量,因此得出的结论可信度差[②],对于时间序列数据,大样本和平稳性就是基本的要求,因此必须先识别计量模型变量之间是否存在协整,但75%的论文没有进行协整检验。针对数据结果的分析不够深入具体,只是简单描述结果,没有针对性小结和对统计结果的详细解释。

二、本科论文质量问题成因

本科论文质量问题的成因主要有学生因素、教师因素和其他因素(图1)。

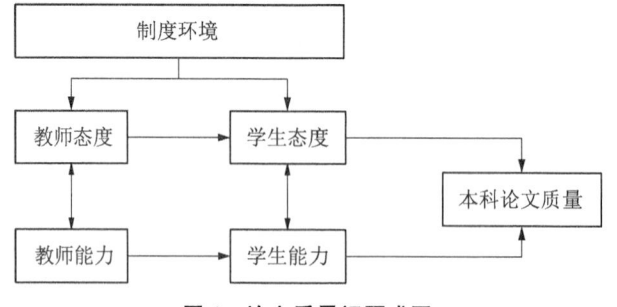

图1 论文质量问题成因

---

① 信度与效度可以简单地概括为"两斤白糖",两斤是信度,白糖是效度。如果测出来的是一斤半或者是两厘米,那就说明信度有问题。如果测出来的是盐巴或者大米,不是我们想要的白糖,那就是效度的问题。

② 样本量过少做论文一般会有的问题是:a. 自由度不够,会导致遗漏重要的控制变量。b. 结论稳健性受质疑。最大的问题在于,样本小于30的话,从计量经济学角度来讲,是纯粹的数学关系,即使结果显著也是没有经济学意义的。

第一,学生因素包括学生能力和学生态度。学生能力包括学生的学习能力、科研能力、写作能力、沟通能力和分析解决问题的能力。学生态度是指学生对论文的重视程度,学习的上进心和求知欲以及对待学习价值的认识。在这些所有因素中,因为学校的课程设置、教师指导和学校制度都是围绕着学生展开的,而且学生作为论文的写作主体,当然对论文质量承担着主要责任。我们暂且不考虑学生对论文的重视程度,而是将教学重点放在学生能力的提高上。而能力的提高并不是一蹴而就的,它需要全过程培育和渐进式提高。

第二,指导教师能力主要指教师的科研水平与指导能力两个方面,指导教师的态度是指指导教师对学生论文的重视程度。指导教师的能力和态度对论文质量影响主要是通过学生能力和其重视程度来对论文质量起作用的。因为大部分的本科生缺乏科研创新能力,不了解论文的写作规范,缺少论文写作锻炼,需要指导教师做好引路人的角色,循循善诱,激发学生的科研兴趣,帮助学生解决论文写作过程中的难题,引导学生自己提出问题、分析问题和解决问题。

第三,制度因素。学生毕业论文的写作时间是大四上学期,提交时间是大四下学期。虽然有一年的时间,但学生在此期间需要找工作或考研,所以如果仅将提高论文质量放在大四一年中开展,前期没有任何积累,是非常不现实的。

能力的提高并不是一蹴而就的,因此不可能将提高毕业论文质量的希望放在大四上或下的一个学期或一个学年,应该将毕业论文的撰写和成文放在本科全过程中,以课程设置为主,将本科导师制和学生科创活动作为催化剂。

三、本科论文渐进式模式改革

渐进式改革首先是通过各阶段的课程设计来实现的(图2)。学校通过通识课平台、学科基础课平台、专业课平台及实践课平台,来逐步引导学生首先形成正确的世界观、人生观和价值,坚定"四个自信"。然后通过学科基础课,重点是通过专业课确定具体选题,最后通过实践课,进一步培养学生综合运用所学

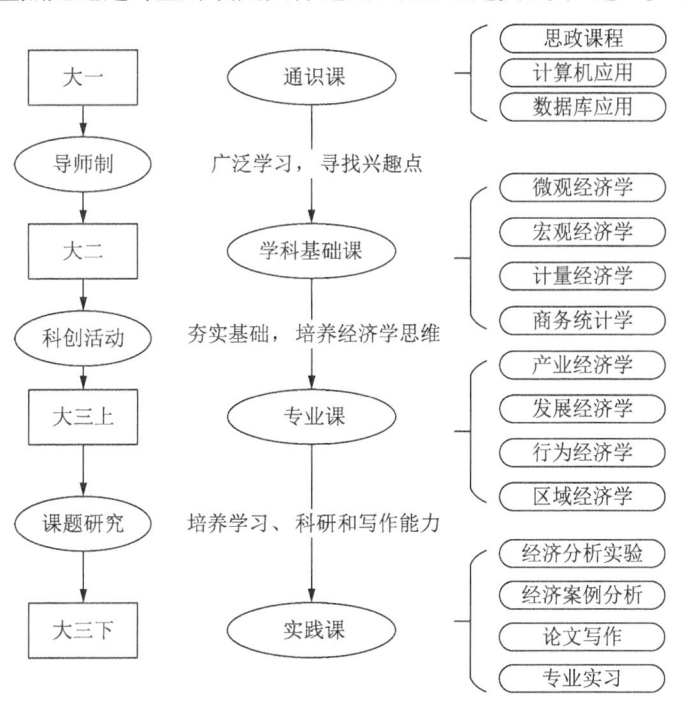

图 2　本科论文渐进式模式

的理论知识和技能独立分析和解决问题的能力,培养并提高学生学会熟练运用所学的专业知识对经济现象和经济问题展开评论,形成自己的观点并有逻辑地进行论述的能力。最后,本科导师制和学生科创活动可以作为课程设置创新的催化剂。

(一) 通识课平台

引导学生在通识课平台上形成正确的世界观。掌握如 Office 办公软件的操作技巧,学习论文排版技能和操作方法。掌握基本应用文的写作技巧。通过"马克思主义基本原理概论""思想道德修养与法律基础"等思政课程来传播马克思主义理论,特别是用习近平新时代中国特色社会主义思想铸魂育人,教育引导学生掌握科学理论知识,坚定理想信念,坚定"四个自信",树立正确的世界观、人生观和价值观,厚植爱国主义情怀。在"计算机应用基础"和"数据库应用"课程中强调 Word 的基本编辑和排版技巧,在平时的课程安排中,要求学生按毕业论文格式提交文档作业或实践作业,以此训练掌握学生论文写作格式的基本规范。在应用文写作课程中强调实验报告和调查报告的设计训练。如调查问卷的设计与实施等。

(二) 学科基础课平台

学科基础课所传授的主要是本专业的研究思路、研究方法和知识框架,使学生全面地认识本专业。就经济学专业而言,微观经济学、宏观经济学和政治经济学都没有使用任何数学计算,但它是经济学中最重要的基础,因为它传授基本概念、分析思路,特别是培养学生的经济学直觉。这些基础课程介绍了经济学的概念、原理和分析方法。除了为学生后续专业课程奠定基础,更重要的是使其了解现实的经济社会以及加强对政府政策的理解。在统计学和计量经济学等课程的主要内容结束时,安排学生独立完成调查问卷设计和处理,运用计量经济方法分析实际问题,并要求写出分析报告。从而在学科基础课中提高学生的数据处理和分析能力。

(三) 专业课平台

对于毕业论文写作而言,重点是通过专业课平台提升研究能力。通过专业课的学习,学生可以对专业理论了解得更加清晰和具体,有利于学生培养问题意识,提升学习能力、科研能力和写作能力。在专业课教学中,教师可以将考核重点放在课程论文的撰写上。如果学生课程论文写好了,就可以为毕业论文撰写打好基础。在课程论文撰写中,教师要做到全程指导,如图 3 所示,可遵循如下步骤:

教师可以先对专业课理论进行基本讲授,将重点放在理论框架构建和研究方向的指导上。引导学生根据兴趣选择自己的研究方向,在教师的引导下阅读经典和前沿文献,进行文献综述的撰写。

学生根据对文献的梳理找到研究空白或值得模仿和继续深入研究的地方,撰写课程论文提纲。这样学生可以在本专业范围内选题,可以避免选题太大、题目与专业方向不符、选题雷同或者不具有学术价值和研究的必要性等问题。

教师对学生课程论文提纲提出建议和修改意见。达成共识后学生开始课程论文写作。在此过程中,教师要关注论文的整体框架与逻辑、论文的研究方法和数据处理方法。

教师根据学生的课程论文精选优秀案例,邀请学生对相关理论进行案例分析与课堂演讲。这样既让学生有成就感与获得感,又可以继续将课程论文进一步加工升级为毕业论文,教师也可以获得新鲜的教学案例,真正地实现教学相长。

课程结束之后,学生对教师的研究方向有一定的了解,教师对学生的能力与研究兴趣也有一定的把握,在相互了解的基础上可以进行毕业论文导师的相互选择,并且在这个课程交互的过程中对学生出现的问题进行集中性教学与指点,方便全班同学提前熟悉论文写作过程中的"盲点"与"雷点"并避开。

在大三课程结束之后,学生基本上完成了毕业论文撰写的大部分工作,导师通过学校的学习通平台提前要求学生将课程论文修改为毕业论文并按时提交,导师通过平台收取学生论文,及时提出修改意见

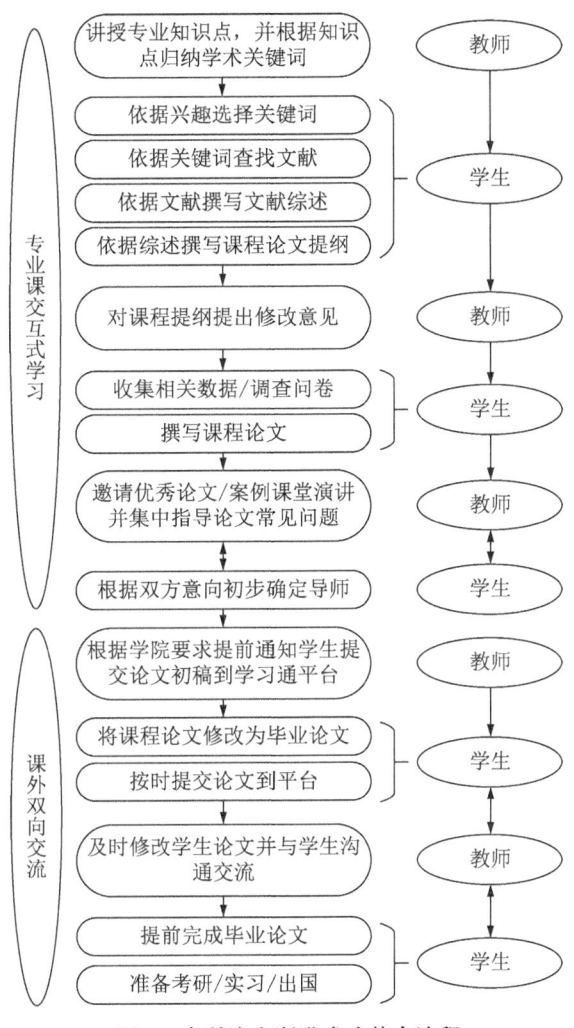

图 3　本科论文渐进式改革全流程

并和学生提前沟通交流。这样做的优点有以下几点：①通过学习通设置时间提交论文能够省去老师和学生之间的沟通成本，并且有时间限制会提高学生的论文生产力；②提交论文的时间比学院要求的时间提前能够早发现学生的问题，早发现早沟通早解决，避免学生"临时抱佛脚"；③学习通平台整个过程包括选题、中期检查、初稿检查、定稿评语等都会有留痕，方便追踪学生论文进展与提交留档材料。

学生在大三结束或者大四上学期就可以提前将毕业论文基本完成，可以大大节省学生的时间和老师的指导精力，这种交互式课程设计与课外双向交流不仅有助于教师集中精力指导学生论文写作、案例积累与自我论文水平的提升，还可以使得学生提早完成毕业论文，为尽快进行工作实习、升学考研、出国深造留出更多的时间。

在专业课教学中，教师在教学方法上需要从单纯知识传授型变为启发式和讨论式的教学方法；在教学内容上尽量从国内外权威期刊上选择最经典、最前沿但难度适中的论文推荐给学生，让学生可以看到并学习最新的优秀论文并从中汲取营养；在考核方法上将闭卷考试和课程论文相结合，增加课程论文的比重，除了字数限定放宽要求，以毕业论文的标准为课程论文的要求。帮助学生提前克服撰写论文的畏难情绪，轻松应对毕业论文。

（四）实践课平台

实践课平台通过一些实践课程进一步地训练学生的科研能力和写作能力，并且通过专业和毕业实习可以增强学生理论联系实际的能力，可以帮助学生收集第一手的案例和数据，有利于学生进一步提高论文质量。经济分析实验、经济学案例分析和软件与论文写作都是综合性的实践课程，能够帮助学生提高软件的应用能力和数据处理与分析的能力，在论文写作时能减少不少阻力。专业和毕业实习能够让学生进入社会，了解社会经济动态，体会和熟悉社会的运行机制，进一步加深对实践的积累，这样在论文写作时才能够理论联系实际。

（五）本科导师制和学生科创活动

本科导师制和学生科创活动可以作为课程设置改革的催化剂，并从课程设置改革中获益。目前，我校的本科导师制大部分是随机地将学生分配给导师，并没有考虑彼此的兴趣，并且过于繁杂的纸质汇报缺乏实质指导内容。我们可以将本科导师制和学生科创活动与课程设置的渐进式方法有机地结合，在学生入校时，让所有导师和学生面对面交流，由导师介绍自己的研究方向和研究兴趣，导师和学生进行双向选择，由导师将学生引上研究之路。在大二和大三时，导师可以指导学生积极参加各种大学生创新实践活动，让学生在项目学习的过程中加速成长，提高各项能力，因而有利于毕业论文质量的提高。

四、结论及建议

（一）主要举措

本科生毕业论文撰写存在论文质量逐年下降的趋势，论文质量的高低主要取决于学生的态度和能力，教师态度与教学能力通过学生的态度和能力来影响论文质量。制度环境通过影响教师态度和学生态度来影响毕业论文质量。因此，本文提出如下举措。

第一，学校作为教育机构，主要的目的就是为国家培养杰出人才，应通过实施创新创业教育、新工科建设、产学研合作办学等，优化专业结构，创新人才培养模式，形成自身的专业特色、区域特色、行业特色，实现高等教育内涵式发展。所以在制度设计方面，学校应该有一套合理的制度来规范、引导教师与学生，推动普通高校本科生论文质量的提高。学生的论文写作能力与科研能力的提升不是一日练就的，所以需要学校在课程设置上将学生论文写作训练贯穿于整个本科阶段，分层次、有目的、循序渐进地提高学生各方面的能力。在课程要求上，将学生的应用写作能力和软件应用能力的考核纳入教学要求中，同时对学校教师提出要求，尤其是要用学生的最终毕业论文质量来考核教师的教学能力，做好教师对学生的激励计划。学校可以在大四阶段对学生论文进行抽检，举行优秀论文评比等对优秀学生与教师进行表彰，以推动论文质量的良性发展。

第二，教师是学生科研路上的引领人，也是直接指导学生、提高学生能力的关键，对学生的论文质量影响至关重要。师者，传道授业解惑也，就是需要教师循循善诱，发掘学生的潜力，帮助学生把握论文的方向。首先，术业有专攻，教师也有自己擅长的研究方向，所以就需要在本科生导师制的基础上，进行学生导师的双向选择，教师在学生感兴趣的方向基础上帮助学生整理思路，引导学生自己提出问题，利用学校提供的各种便利资源、软件等分析问题，最后解决问题。其次，教师也可以在学生之间设置激励计划，敦促学生之间互相提出问题，头脑风暴，群体解决，形成良性学习氛围。同时邀请学生和自己一起做科研项目，让学生提前了解科研论文的写作步骤与细节，帮助学生克服论文写作的畏难情绪。再次，在专业课教学中，教师在教学方法上需要从单纯知识传授型变为启发式和讨论式。最后，教师在教学过程中要积极欢迎学生提出教学意见，不定期和学生交流分享教学心得，鼓励学生参加校内校外的创新实践项目，通过实践来检验科研水平,在实践中得到锻炼。

第三,学生作为论文写作的主体,对论文的质量负有主要的责任。一篇好的论文不仅仅取决于学生的科研水平,更取决于学生的态度。首先,学生要端正心态,论文是本科四年学习生涯的综合能力的集中体现。作为学生,要积极主动地学习论文写作,做好科研基础工作。论文写作是一件考验人的耐心、细致、学术水平等综合能力的事情,在完成论文的过程中对人的锻炼是全面的,这些能力在未来的工作中也是必需的,也是一个人做事与做人能力的体现。作为一名合格的本科生,在大学阶段就应该积极发展自己的兴趣爱好,在本科初期就可以寻找感兴趣的方向与内容,通过参加大学生社会实践、科研创新实践、案例分析大赛等活动来锻炼自己的论文写作能力。同时,积极和老师联系、分享,协助老师做科研项目,在平时的学习中努力提高软件如数据处理软件和Office办公软件等的应用处理能力,为自己的论文质量提高添砖加瓦,更上一层楼。

(二) 教学方法改革方案

经济学综合性和应用性的学科特点,要求教师必须注重在教学过程中培养学生的能力和素质,需要充分调动学生学习的主动性、积极性和创造性。本文将教学方法改进如下。

第一,近年来课题组对经济学课程的教学方法进行了较为系统的研究和应用,避免了单一的、满堂灌式的讲授法,在教学中采取了灵活多样的教学方法,突出了"理论上互动讨论质疑、学习中关注经济发展、实践上注重实践分析"的讲授方法和学习方法。目前,已经在课堂上采用了课堂讲授法和案例教学法,现阶段正在试行小组合作学习法(group cooperative learning approach),即按照学生对经济学不同方向的兴趣,由学生自愿组成研究小组,每个小组根据教学模块,负责将教师课堂讲授的理论运用到实践中(包括数据搜集和案例搜集),并写成课程论文;同时,小组成员在课程论文和相互讨论的基础上,提交一篇分析报告。经过试行改革发现,课程对培养学生理论结合实践的能力、提高学生的论文写作水平均起到了一定的作用。

第二,加强教材编写工作。从事经济学教学的教师有一项重要工作,就是尽可能结合国内外最新研究成果和经济发展的现实情况,有针对性地加强教材建设,摒弃一本教材讲到底的照本宣科模式。应用经济学教材要有突出的实践性、时代性和应用性特征,反映经济发展实际,并结合最新经济案例和相关政策进行分析,从而最大限度地提高学生的学习兴趣。

第三,提升教学水平建设教学网络平台,加强实验教学软件的开发与应用,构建由实验室、精品课程建设等组成的资源共享网络平台,实现经济学课外的教学用互动与资源共享。探索在课外使用"博客"和"微博"等学生喜欢的技术平台为学生提供资源、加强教师与学生、教师与教师、学生与学生之间的交流与沟通。

第四,提高教师教学和学术科研水平。教学研究是对教学运行过程、教学运行规律的探索与总结,通过教学论文与教改课题等形式对教学内容、教学手段、教学方法进行探索,可以加强教师对教学规律的认识与掌握。学术研究能够独立地引导学生接触到真实的求知过程,从而也就能够引导学生接触到科学的精神,使学生直达知识的源头。因此,只有教师提高自身的教学和学术科研水平,才能真正地提高学生的水平。积极组织本学科教师参加与本学科发展密切相关的教改和科研活动,积极申报与经济学发展热点密切相关的教改及科研项目,积极参加全国性和高校间的教学教研会议和活动,加强学习交流,不断提高经济学教师的学术和科研水平。

第五,加强实践教学和实践基地建设,延伸课堂教学,突出应用性。应用经济学课程具有实践性较强的特点,对学生动手能力和创新能力有较高的要求,通过创新经济学课程教学组织方式,探索教学用协同的经济学课外教学活动组织形式,延伸课堂教学。如通过多种形式的社会调查,研究某产业的市场结构、市场行为、市场绩效等,有利于学生更好地理解消化课堂知识。

参考文献

[1] 教育部.教育部答网民关于提高本科学生毕业论文质量的留言[EB/OL]. http://www.gov.cn/hudong/201410/5057943.htm.

[2] 王明涛,李茜.意愿vs能力:孰决定本科毕业论文质量:基于上海财经大学金融学院的样本[J].高等财经教育研究,2019(01):9-18.

[3] 教育部.教育部关于狠抓新时代全国高等学校本科教育工作会议精神落实的通知[EB/OL]. http://gaojiao.ccucm.edu.cn/jyb.pdf.

[4] 李子奈,齐良书.关于计量经济学模型方法的思考[J].中国社会科学,2010(02):69-83,221-222.

[5] 陆蓉,邓鸣茂.经济学研究中"数学滥用"现象及反思[J].管理世界,2017(11):10-21.

[6] 于晓华.如何正确运用计量经济模型进行实证分析:实证分析中的数据、模型与参数[J].农业技术经济,2014(07):4-16.

[7] 于向东.围绕立德树人根本任务,探索思政课程与课程思政有机结合[N].光明日报,2019-3-27.

[8] 钱颖一.理解经济学原理[J].比较,2016(5).

[9] 夏鲁惠.新时代中国大学的使命[N].光明日报,2018-06-05(13).

作者简介

李　雪　博士,上海立信会计金融学院国际经贸学院副教授;研究方向为产业经济学。

谭　娜　博士,上海立信会计金融学院副教授;研究方向为文化产业经济学。

桑瑞聪　博士,上海立信会计金融学院国际经贸学院副教授;研究方向为产业经济学。

潘瑞姣　博士,上海立信会计金融学院国际经贸学院副教授;研究方向为博弈论。

以学生发展为中心的大学生创新能力"双循环"培养模式建构

——基于上海立信会计金融学院的实践

王军华　魏康婧　沈　丹

摘要　创新是民族进步的灵魂,也是引领发展的第一动力。高校作为培养人才的摇篮,承担着培养具有创新意识、创新思维和创新能力的高素质应用型人才的重任。应用型本科院校大学生创新能力的培养是一个系统工程,需以学生发展为中心的创新教育理念为引领,系统化建设基础环境、实施平台和保障机制。以学生发展为中心,以效果为导向,开展大学生创新能力"双循环"培养模式探索与实践,是破解传统创新能力培养中的"以教师为中心"、打破传统创新能力培养中的单向度及克服传统大学生创新能力培养重校内轻校外现象的有效路径。

关键词　大学生　创新能力　"双循环"　模式构建

习近平总书记在党的二十大报告中指出:"必须坚持科技是第一生产力、人才是第一资源、创新是第一动力,深入实施科教兴国战略、人才强国战略、创新驱动发展战略,开辟发展新领域新赛道,不断塑造发展新动能新优势。"大学生创新能力素养培育历来是高校人才培养工作的重要内容,提升大学生创新能力培养质量,构建合理、高效的培养模式是关键。基于对应用型财经类院校的调研,本文坚持以学生发展为中心,以效果为导向,结合产教融合、产学研用一体化思维,探索大学生创新能力"双循环"培养模式,提升大学生的创新能力,以期符合社会经济发展对高素质应用型财经人才的要求。

一、制约大学生创新能力培养的问题

近年来,高校积极响应党中央、国务院"大众创业、万众创新"的号召,众多高校自 2009 年起,将创业精神培育和创业素质教育纳入人才培养体系,并加以重点考核,围绕实现创新创业教育制度化、科学化和体系化,开始了一系列的实践探索。在社会与经济发生深刻变革的背景下,高校也对大学生创新能力培育开展了积极尝试,但是,应用型高校创新创业教育工作仍面临新的问题与挑战。

(一) 创新能力培养中存在"以教师为中心",学生主动性有待激发

高校传统创新创业教育课程设计呈现碎片化,课程布局中的专业课程与通识课程、课内教育与课外教育、线上教育与线下教育等不同课程教育内容"条块分割,零散分布",这种横向"块块"衔接性不够,纵向"条条"兼容性欠缺,最终出现了"条块交叉"的情况,增加了创新课程教育的执行难度,在大学生创新能力培养过程中,强调教师对学生的指导,存在"以教师为中心"的现象,一定程度上忽视了学生的主观能动性,创新能力培养更多应坚持以学生发展为中心。

（二）创新能力培养中存在"单向度思维"，立体循环模式尚不完备

目前，很多高校开展大学生创新创业教育的形式是自上而下的，例如，举办创业讲座、公选课以及第二课堂的创新创业大赛，创新创业协会举办的各类活动等，形式单一且没有形成体系。创新创业的教育模式也较为单一和单向，没有形成针对学生发展需求的分层分类培育体系，多数也未能形成培育的闭环。注重培训形式，但对创新思维的培育重视力度不足。这种教育培养中的"单向度思维"，势必会影响培训的效果，全过程、高覆盖立体循环模式尚未建立。

（三）创新能力培养中存在重校内轻校外，资源整合机制有待改进

在创新能力培养过程中，整合各类资源，发挥多种优势，有利于提升创新能力培养的质量和效能。实践教学作为创新教育的重要一环，如果没有高质量的创新教育实践体系，创新教育只处于理论阶段，大学生创新能力培养质量就无法提升。传统的高校创新创业教育存在重理论、轻实践的倾向，理论与实践脱节，上课多、动手少，产、教"两张皮"，产学研用无法达到深度融合，势必造成科创作品与行业发展前沿相脱节，资源未能充分开发和利用，以上种种问题都制约了大学生创新能力的提升。

二、摆脱大学生创新能力培养困境的路径分析

着眼大学生创新思维能力培养模式的构建，在实践基础上"破"除以往创新能力教学培养方式中传统的路径依赖及师生科创互动壁垒，从而探索确"立"富有实效的、以目标为导向的大学生创新能力培养新范式，破立并举，提升大学生创新能力培养质量与效能。

（一）观念转变：重视以学生发展为中心的创新能力导向

以学生发展为中心的大学生创新能力培养体系，服务的对象是所有在校大学生，培养目标是全面提高学生的创新精神、创新意识和创新能力。以学生创新能力发展需求为导向，以创新思维培育为核心，满足学生科创实践各阶段的需求，基于此，大学生创新能力培养模式构建需要有层次化、系统性，要充分利用校内外资源，形成良性互动和循环，构建符合新时代学生创新能力培育需求的校企协同实验教学平台。

（二）模式创新：构建校内金字塔递进培育"内循环"

构建校内大学生"学业发展微课堂—科创项目培育与孵化—本科生论坛交流与展示"立体培养创新能力体系，这种分层递进的"内循环"，特别注重从大覆盖面到精选孵化项目，通过优秀论文论坛展示、设置平行论坛等方式，提升创新能力，培育典型案例，从而进一步营造校园科技创新氛围。例如，由青年博士和校外导师担任指导和评审的本科生学术论坛，以两条路径促进校内创新氛围营造的"内循环"，具有其示范效应，一是通过本科生学术论坛的辐射来带动全校学生，鼓励他们积极尝试科创实践活动，参与学业发展微课堂提升学术能力；二是通过本科生学术论坛，树立优秀学生创新的榜样，鼓励学生加入学校学业发展微课堂并担任学生讲师，通过朋辈教育帮助学生，积极尝试科创项目，提升科创实践效果。

三、探索大学生创新能力培养"双循环"的模式建构

培育符合学生需求、行业需求的创新能力是培养工作的目标，激发学生的创新训练热情是根本目的，这个过程中需始终坚持以学生发展为中心，学生的全面发展是导向，清华大学钱颖一教授曾指出："创新源于好奇心，创新源于想象力，创新源于批判性思维。"在大学里要学知识，但更重要的是培养思维能力，

思维或思考(thinking)通常被称为能力,能力有别于知识,需要通过有体系性的培育来形成。

(一) 构建依据

在高等教育大学中,本科通识教育工作者更关注批判性思维教育。哈佛大学原校长博克(Derek Bok)2006年出版了《回归大学之道：对美国大学本科教育的反思与展望》(中文翻译版)。该书基于他对哈佛大学本科教育的认知和反思,对美国大学本科教育提出了诸多批评和改革建议。但将其置于中国大学教育的场域中依然有一定适用性。通过对哈佛学生的观察,结合心理学的研究,博克在书中把大学本科生的思维模式分为三个阶段,即"无知的确定性""有知的混乱性""批判性思维"。培育创新人才,尤其是具有批判性思维的创新人才是本文的逻辑起点。因此,聚焦大学生创新思维能力培养模式的构建,需要在实践的基础上通过"破"除以往创新能力教学培养方式,摆脱传统的路径依赖,打破师生科创互动壁垒,从而探索确"立"富有实效、以目标为导向的大学生创新能力培养新范式。

(二) 实践框架

始终坚持以学生发展为中心,以效果为导向,结合大学生自主学习实践研究,立足大学生科技创新实践研究,建构大学生创新能力"双循环"培养模式,包含"内循环"和"外循环",即构建校内大学生"学业发展微课堂—科创项目培育与孵化—本科生论坛交流与展示"分层立体培养创新能力的"内循环",以及构建"本科生论坛—校企联动优势资源整合—大学生科创项目提升"校企协同创新的"外循环"。着力构建全过程、广覆盖的大学生创新能力培养"双循环"模式(简称DC-LAB,DC即双循环dual circulation)(图1)。通过这样的"双循环"模式的构建,不断整合校内外创新能力培育的优势资源,全力打造符合社会发展需求、行业前沿的创新成果。要确保培育体系层层递进、深度融合,首先,通过学业发展微课堂等培养学生基本的学术素养;其次,通过科创项目实践进一步提升学生实践应用与思考能力;最后,通过构建深层次的学术能力体系,不断培养学生批判性思维,从而产出更多基于专业的优秀学术成果。

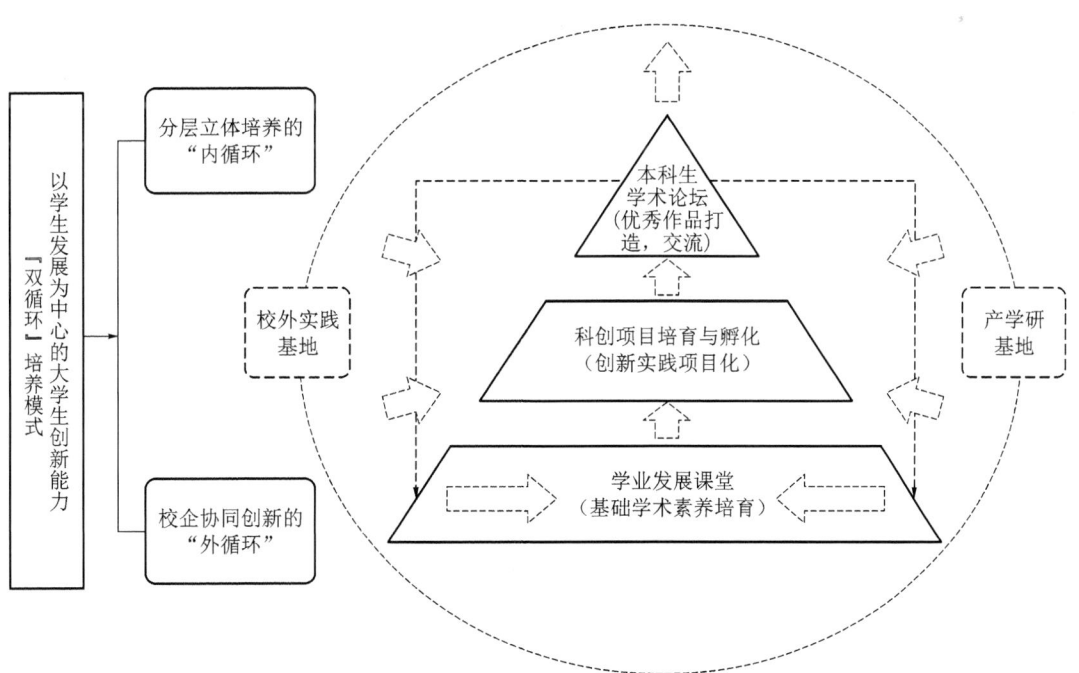

图1 以学生发展为中心的大学生创新能力"双循环"培养模式(DC-LAB)

四、大学生创新能力"双循环"培养模式成效

结合实践中的探索,立足行业发展,依托产学研用基地建设,优化培育创新路径,发挥以学生为主体的主观能动性,激发二级学院教学主体的组织积极性,在大学生创新能力培育方面,积极鼓励扎根应用实践,形成了具有"立信"特色的做法和经验。

(一)创新亮点

1. 创新能力培养思维的创新

及时转变传统大学生创新能力培养过程中的"以教师为中心""以第一课堂为中心"的惯性思维,摆脱传统培养的路径依赖,扭转只有专业教师才能培育学生创新能力的刻板印象,探索尝试"以学生发展为中心"的课内外、校内外协同运作,着力构建大学生创新能力培养"双循环"模式,进一步调动校内外有利因素,整合校内优势专业,加强部门间联动,拓宽校外行业校友资源,形成循环递进良性发展的态势。

2. 创新能力培养方式的创新

打破横向块块、纵向条条件的壁垒,即破除对校内部门之间、校院上下两级之间影响学生创新能力培养的壁垒。传统的学生创新能力培养主要体现为:学校职能部门在发力、学院也在用力,但部门间、校院间的资源对接、培养环节的衔接,未实现良性互动和循环,条块壁垒时有存在。因此,着力培育创新思维,全力构建一个资源共享、优势互补的立体化、广覆盖的大学生创新能力培育"内循环"至关重要。打破校内知识与行业前沿衔接壁垒。注重大学生校内理论学习与行业实际的结合,突破传统思维,解除大学生创新能力培养校内教师唯一主导的思维禁锢,整合产学研基地、校外实践基地和校友等优势资源,打通校内大学生科创作品与行业前沿契合的"最后一公里",突破校内学生创新与行业发展步频不协调的难题,形成互相促进的良性"外循环"。

3. 创新能力培养机制的创新

一是积极总结校内大学生创新能力培养的实践基础和经验,整合校内优势资源,建立职能部门、校院两级协同培育大学生创新能力的机制。二是不断整合校外产学研用基地、大学生社会实践基地优势行业资源,结合学校专业特色和学科优势,探索建立校企协同应用,促进大学生创新能力培育的新机制,以"挑战·5G"上海立信会计金融学院—大汉三通大学生科创实践基地为试点,形成协同机制,进一步构建可学习、可复制、可推广的经验模式,实现行业资源服务大学生创新能力培育的目的,最终为各行各业培养具有创新意识、创新思维、创新精神和创新能力的优秀人才,形成校企协同培育大学生创新能力的"外循环"。

(二)重点举措

1. 加强以需求为导向的大学生学术科创基地建设

创新能力培养应着眼大学生科技创新需求,尊重学生的主体性,激发学生的创造性。通过开展丰富多彩的创新实践活动,增加学生广泛参与的机会,针对本校特色型活动,打造科技创新活动品牌项目,推动学生参与科技创新的内生动力。积极开发满足不同性格学生需要的专业类、单项性学生科技创新竞赛活动。以项目为载体,以科创为平台,开展广覆盖的社会实践社团活动,提高实践创新的能力,夯实大学生学术创新基地建设。

2. 建立完善运转高效的大学生学术科创工作体系

千方百计整合多方力量,优化资源配置,形成工作合力,构建运转高效的大学生学术科创工作体系,明确职责,准确定位,不断推进学生创新能力的培养。增强学生对科技创新能力重要性的认识,将创新意

识和能力作为学生成长成才的重要考核指标。寓管理于服务,明确职责责任,将学生学术科创能力作为重要指标,并纳入院级考核体系,统筹完善学术科创保障机制,从制度上保证学术科创健康发展,会同财务处、产学研、科研处等相关部门,积极设立学生科技创新基金,加大对大学生科技创新活动指导教师的激励力度。

3. 推进多方参与、实效导向的科创成果转化机制

探索校企协同、科创育人机制,开展有组织的示范性科创活动、竞赛,有效推动科创成果转让转化,扶持大学生从创新走向创业。例如,开展"挑战杯"大学生科技竞赛、"创青春"创业大赛等重要科技竞赛活动,同时培育大批大学生创新人才,推出更多创新成果,促进转化机制的形成和完善,推动社会资源与创新人才、创新成果的对接,有力扶持大学生创业。

4. 拓宽校内外"产学研用"合作交流的平台渠道

切实加强学校与政府、企业、社会的联动,不仅为学生搭建提高科技创新能力的平台,也为学生提供产品转化的平台。同时,加强与科技创新园区的合作,借助发挥科技创业园区的实际作用,为学生创新提供全方位的引导、支持和帮助,不断推动产学研用的深度融合。

(三) 成效显著

学校在逐步提升创新创业教育的规模和体量,推动校企科创育人协同出实效,鼓励二级学院成立科创训练营,提升二级学院教师在学生创新能力培育方面的参与度,提升参与科研训练的学生数量及培育的项目质量,根据《上海立信会计金融学院学生创新创业实践保障和激励办法》落实对项目的奖励,进一步保障学科竞赛项目经费支持。

1. 创新人才培养成效

一是各二级学院均已形成以科创培训班等形式为载体的科创培育项目。在校级层面的指导下,各学院积极推进大学生科创意识培养,通过多种形式提升大学生科创能力。目前,我校13个招收本科学生的二级学院均已开设科创培训班,形成了具有学院创新创业特色的能力培育方案。培训开班频次主要为每学年1~2次,少数学院每学期开展2次及以上,培训周期多数为3个月或6个月。在培训覆盖学生情况方面,据统计,有的学院每期培训班覆盖20~50人次,有的学院每期培训班覆盖高达100~200人次,更有的学院从面上覆盖达600人次。

二是我校学子在"挑战杯"等赛事中成绩不断突破。我校学子在第十二届"挑战杯"上海市大学生创业计划竞赛中取得佳绩,"基于社会计算的公共管理政策咨询服务提供商"等3个项目获得市赛银奖,"致力于将文化创意产品化的交流互动平台——Insight"等4个项目获得市赛铜奖;"大学校园里的虚拟币银行——学生发展银行"获得第十二届"挑战杯"中国大学生创业计划竞赛银奖,实现我校在该奖项上的突破。在第十七届"挑战杯"上海市大学生课外学术科技作品竞赛决赛中也再创佳绩,"影响农民收入的农药使用成本与行为研究——基于三省四地的问卷调查分析"等2个项目获得国赛二等奖,为我校近五年来在本项赛事上取得的最好成绩。两个团队得到浦东时报、东方教育时报、学习强国等报道。在第二十届上海市百万青少年争创"明日科技之星"大学生评选活动中,我校6件作品脱颖而出,1件作品荣获"明日科技之星"(一等奖,全市共10件),5件作品荣获"科技希望之星"(三等奖,全市共50件),我校连续获评"优秀组织奖",实现该项赛事成绩新突破。在第十三届"挑战杯"上海市大学生创业计划竞赛中,我校项目获2个银奖、8个铜奖。

2. 创新创业教育师资队伍培养成效

为加快培养具有"诚信品质、实践能力、创新意识、国际视野"的高素质应用型财经人才,我校开展多种类型的有组织的活动,推动青年博士、骨干教师等优秀教师积极作为,不断培育大学生的创新思维能力,激发学术创新意识,引领学术创新风尚,搭建高水平学术交流平台。例如,校团委组织举办以"数智赋能　聚创未来"为主题的第二届本科生学术论坛。论坛共计评审出23件获奖作品,其中一等奖作品3

件、二等奖作品5件、三等奖作品6件、优胜奖作品9件,体现了我校的人才培养工作落实落细,各学院已借助"科创训练营""培训班"等载体,形成稳定的指导教师队伍。

3. 大学生创新能力提升成效

一是经过大学生创新能力"双循环"培养模式的实践,健全了校院联动机制,深化了大学生科创素养的培育。例如,通过举办科创沙龙等形式,提升大学生学术素养。在校级层面,积极开展学术沙龙。在学院层面,继续推进"科创训练营"建设。指导二级学院团委积极组织科创育人载体,推进学院"科创训练营"或"科创人才库"质量提升,进一步加强了教师与学生之间的学术交流,以项目指导促学术交流。再如,加强学科竞赛项目建设,以竞赛促进学术成长。加强项目管理和推进,指导二级学院团委不断优化竞赛方案,确保竞赛效果,让学生在竞赛中不断加强对于学科的认识,学以致用,提升创新实践能力。另外,加强赛事组织,提升校园整体科创氛围,组织学生参加"挑战杯"等赛事,以赛促建,不断提升创新能力。

二是借助大学生创新能力"双循环"培养模式,形成了校企协同机制,坚持"让学生成为科技创新主角"的理念,探索校企合作,致力于让全体学生获得深度科创实践体验,提升创新能力。切实抓住上海"五个中心"建设的历史机遇,充分发挥学校与企业在创新发展、人才培养和科学研究等方面的合作,进一步引导上海高校学生聚焦解决关键核心技术、踊跃投身人民城市建设,提升大学生科技创新素养,培养大学生的创新意识与科研精神,从而进一步推进上海高水平地方应用型高校建设。例如,通过科创训练营、专题讲座加大科创素养的普及提高;通过论坛沙龙、课题立项资助加强科创能力的拓展提升;通过支持院系二级专业学术科技竞赛项目、加大"挑战杯"等重点科创项目孵化力度构建科技创新的服务体系;通过成立学生科创专家指导委员会、学分认定和科创奖学金的设立加强大学生科技创新的组织保障(图2)。

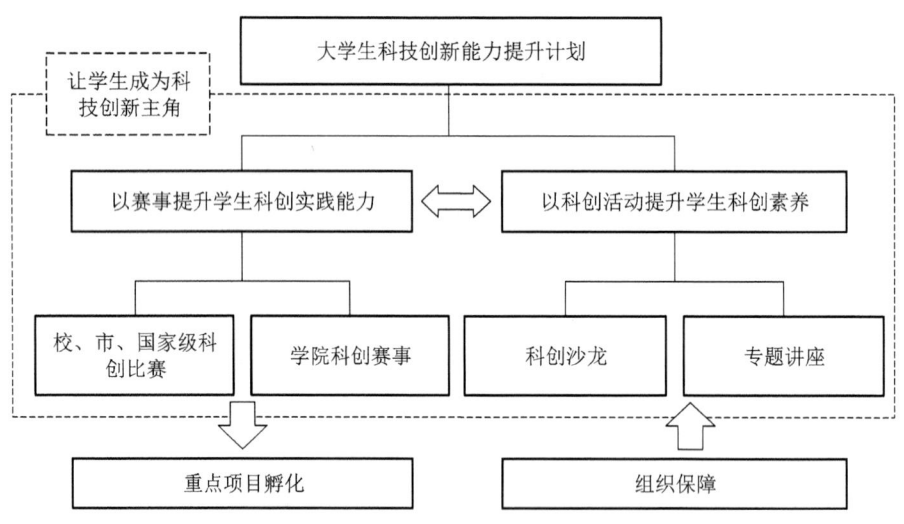

图2 "双循环"培养模式下大学生科技创新能力提升计划

总之,继续坚持破立并举的改革理念,以学生发展为中心的大学生创新能力"双循环"培养模式,在上海立信会计金融学院已经取得了初步成效,后续我校将继续结合实际,加强调研,在校院两级层面加强内部协作,在校内校外联动机制上积极发力,进一步提升产教互联互通、产学研用深度融合,在提升大学生创新能力培养质量上出实招、见实效。

参考文献

[1] 黄文,李文.以学生发展为中心的大学生创新能力培养模式[J].大学教育,2021(07):176-178.
[2] 钱颖一.大学的改革·学校篇[M].北京:中信出版社,2016.

作者简介

王军华 博士,上海立信会计金融学院副教授;研究方向为思想政治教育研究。
魏康婧 硕士,上海立信会计金融学院校团委书记;研究方向为思想政治教育研究。
沈　丹 硕士,上海立信会计金融学院金融科技学院讲师;研究方向为思想政治教育研究。

教学管理研究

应用型高校一流本科专业建设项目管理与研究

——以信息管理学院为例

麻二磊

摘要 一流本科教育作为一项重要的教育实践活动，涉及高校本科教育的各个环节，从人才培养的基本逻辑来讲，本科教育依托于专业，一流本科教育植根于一流专业，实现一流本科教育的重要途径是一流本科专业建设，一流本科专业建设项目是建设一流本科专业的基础。本文对应用型高校一流本科专业建设项目的申报阶段、管理阶段和验收阶段进行研究，对实施过程及成效进行分析、反思，从而为今后更好地服务于一流课程建设、专业认证、审核评估和一流本科专业建设，更好地服务于一流本科教育。

关键词 应用型高校　一流专业建设　项目管理

党的二十大报告提出实施科教兴国战略，强化现代化建设人才支撑。教育是国之大计、党之大计。一流本科专业建设项目是一流本科专业建设基本环节之一。本文从一流本科专业建设项目的管理与研究，助力一流本科专业建设；同时，为新一轮高等学校本科教育教学审核评估奠定基础，进一步做好一流本科教育工作。

一、应用型高校一流本科专业建设项目管理模型与设计

一流本科专业建设项目的主要内容包括高水平地方应用型大学人才培养类建设项目，项目实行项目管理和绩效目标考核，实行项目负责人责任制。项目管理过程有项目申报阶段、项目管理阶段和项目验收阶段。模型如图1所示。

（一）项目申报阶段

项目申报阶段指学校每年度发出年建设高水平地方应用型高校创新本科人才培养类项目申报的通知后，学院根据学校的要求，结合学院实际情况，统筹全院资源，确定申报哪些项目，根据项目编制项目预算，制定项目建设任务书及确定绩效考核目标；同时，落实绩效目标完成人，即分项目负责人、子项目负责人。

（二）项目管理阶段

项目管理阶段分为二次立项申报、经费下拨、中期检查、结项和材料归档及保存。

学校公布学院立项项目后，学院对项目进行二次立项，立项分为课程类项目立项和非课程类项目立项。根据申报学校时确定的分项目负责人、子项目负责人，填写项目申报书，进一步落实绩效目标。邀请专家对申报项目的申报书进行评审、提出针对性意见、给出立项结果。

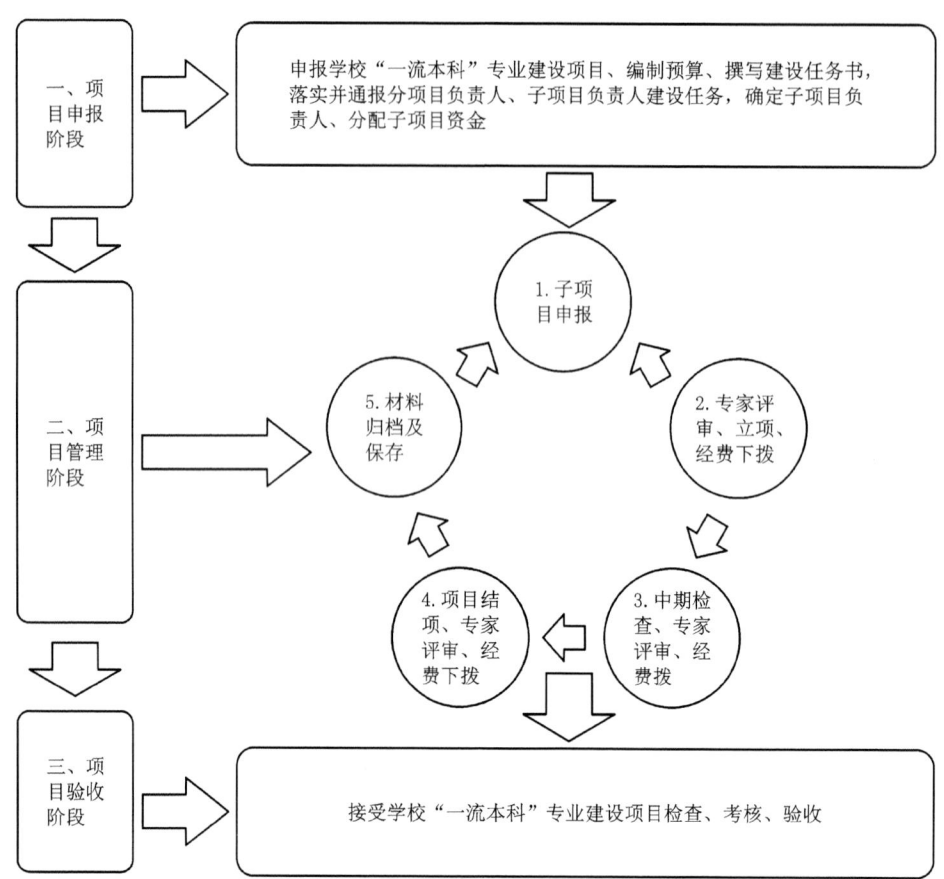

图 1 应用型高校一流本科专业建设项目管理过程

根据学校下拨的经费额度及使用要求,核定每个项目的经费;学校下拨经费应下拨到各个项目负责人,要求项目负责人严格按照学校财务和学院财务规定开销。

课程类项目建设期一般为两年,建设期一年的时候进行中期检查;建设期两年的时候进行结项检查,可以申请提前结项;非课程类项目建设期为一年。中期检查和结项检查开始的时候,学院发通知给项目负责人,项目负责人提交申报书和支撑材料,学院进行初审,邀请专家进行评审,提出针对性的意见和评审结果("通过"或"不通过")。

项目建设期满后,学院对项目立项、中期检查和结项检查的材料进行归档,归档分为纸质归档和电子归档,以电子归档为主,纸质归档为辅,要便于查阅,可以电脑、移动硬盘和网盘,多重备份。

(三) 项目验收阶段

根据学校要求,提交项目迎评工作材料、接受学校年度建设绩效考核、参加绩效评审会。

收到学校绩效考核通知后,通知项目负责人按照要求准备材料,学院进行汇总审核后进行提交。同时,做好项目绩效考核材料的归档,以便后期专业检查、专业认证、审核评估等时使用。

二、应用型高校一流本科专业建设项目实施过程及成效

(一) 项目实施过程

从 2019 年开始,学院立项高水平地方应用型大学建设项目(人才培养和实验教学类项目)78 项。立

项课程类项目 49 项:2019 年立项"高级语言程序设计"等 18 项,2020 年立项"数据结构与算法"等 23 项,2021 年立项"数据分析与可视化实践"等 5 项,2022 年立项"财务数据分析实践"等 3 项。立项非课程类项目 29 项:2019 年 9 项,2020 年 10 项,2021 年 5 项,2022 年 5 项。如表 1 所示。

表 1　信息管理学院一流本科建设项目数量(2019—2022 年)

年度	课程类项目(项)	非课程项目(项)	合计(项)
2019	18	9	27
2020	23	10	33
2021	5	5	10
2022	3	5	8
合计	49	29	78

1. 在线课程拍摄

按照学校的总趋势,未来所有课程要建设成为在线课程,即 MOOC 形式,所有课程知识点需要按照 MOOC 形式上网。集中拍摄的内容以为课程制作精美片头、片尾、重要章节或者拍摄片段与和录屏片段编辑制作等为主,通过招标委托企业完成,其他由老师自行录制。

2019 年和 2020 年,学院通过与在线课程制作服务商联系及询价、比价,在北京世纪超星信息技术发展有限责任公司、上海微课信息技术有限公司和上海卓越睿新数码科技有限公司 3 家中,确定了北京世纪超星信息技术发展有限责任公司为我院在线课程集中拍摄供应商。

2019 年,根据经费情况,学院对立项和培育的 23 门课程安排了在线课程建设及学院集中拍摄,每门课程拍摄时长约 100 分钟。通过专家评审,重点建设 2 门课程,"计算机应用基础"和"金融交易系统设计"进行了整门课程拍摄,并推荐申报 2019 年校级优质在线开放课程进行专项建设,冲击"双万"计划。

2020 年,根据经费情况,学院对"数据库原理与应用""ERP 原理与应用""金融信息安全"和"现代支付基础"4 门课程进行了部分在线课程制作。

目前,学院集中整门课程拍摄的课程有"计算机应用基础""金融交易系统设计""ERP 原理与应用"和"大数据原理与应用"4 门课程。

2. 项目验收

2021 年 9 月~11 月,学院组织专家对学院 2019 年高地大课程类子项目进行了验收和对 2020 年高地大课程类子项目进行了中期检查。此次共验收 16 门高地大课程类项目,其中验收结果为"通过"的共 4 门、"整改"的共 6 门,予以延期验收的课程共 6 门;中期检查 23 门高地大课程类项目,其中检查结果为"通过"的共 23 门。

2022 年 1 月,学院组织专家对 2021 年高地大二次子项目立项暨 2019—2021 年高地大二次立项子项目(非课程类)进行了验收。此次共验收 2019—2021 年高地大二次立项子项目(非课程类)24 项,其中检查结果为"通过"的共 21 项、"整改"的 3 项。

2022 年 9 月~10 月,学院组织专家对 2019—2021 年院级金课建设项目进行验收,其中验收结果为"通过"的共 13 门。

学院顺利通过 2019—2022 年学校高水平地方应用型大学建设项目绩效考核。

3. 经费管理

对验收和中期检查结果为"通过"的项目,按照应下拨比例下拨经费。

(二) 项目建设成效

1. 校级及以上高级别课程

(1) 立项情况。

2019—2022年,学院获批校级及以上高级别课程12门。2019年,获批校级金课1门,市级课程1门;2020年,获批校级金课1门,市级课程1门;2021年,获批校级金课4门,市级课程1门;2022年,获批校级金课2门,市级课程1门。如表2所示。

表2 信息管理学院获批校级及以上高级别课程门数(2019—2022年)

年度	校级金课(门)	市级课程(门)	合计(门)
2019	1	1	2
2020	1	1	2
2021	4	1	5
2022	2	1	3
合计	8	4	12

(2) 趋势情况。

2019—2022年,学院获批校级金课立项数量占全校立项总数量比例分别为:1.82%、4.17%、17.39%、33.33%,逐年提高,趋势明显。如图2所示。

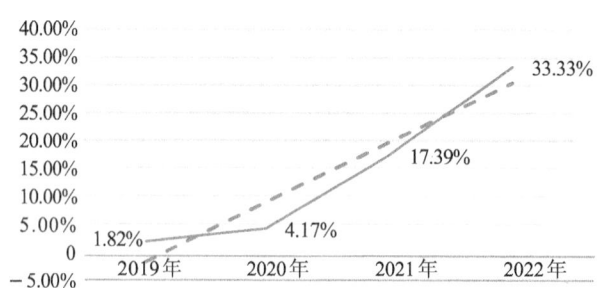

图2 2019—2022年信息管理学院获批校级金课立项数量占全校立项总数量比例

2. 校级及以上高级别教学研究与改革项目

(1) 立项情况。

2019—2022年,学院获批校级及以上高级别教学改革项目10项。2019年,获批校级教学研究与改革项目4项;2020年,获批校级教学研究与改革项目1项;2021年,获批校级教学研究与改革项目1项、市级1项、国家级1项;2022年,获批校级教学研究与改革项目2项。如表3所示。

表3 信息管理学院获批校级及以上高级别教学与改革项目数(2019—2022年)

年度	校级(项)	市级(项)	国家级(项)	合计(项)
2019	4	0	0	4
2020	1	0	0	1
2021	1	1	1	3
2022	2	0	0	2
合计	8	1	1	10

(2)趋势情况。

2019—2022年,我院获批校级教学研究与改革项目立项数量占全校立项总数量比例分别为:5.71%、4.00%、4.17%、9.52%,基本呈上升趋势。如图3。

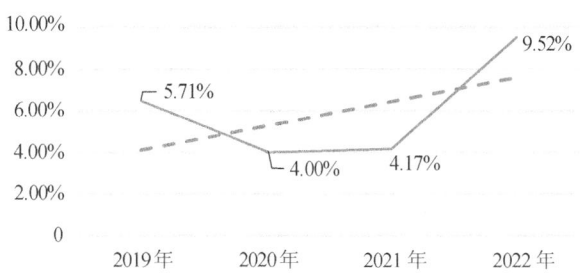

图3　2019—2022年信息管理学院获批校级教学研究与改革项目立项数量占全校立项总数量比例

3. 校级及以上教学成果奖

(1)立项情况。

2019—2022年,学院获批校级教学成果奖5项。2019年获批2项,2021年获批3项。2021年,《面向新财经人才培养的大数据素养提升路径及实践》获校级教学成果奖,获得2021年高等教育上海市优秀教学成果推荐。如表4。

表4　信息管理学院获批校级教学成果奖数(2019—2022年)

年度	校级(项)
2019	4
2021	1
合计	8

(2)趋势情况。

2019—2022年,我院获批校级教学成果奖数量占全校立项总数量比例分别为:4.08%、6.00%,呈上升趋势。如图4所示。

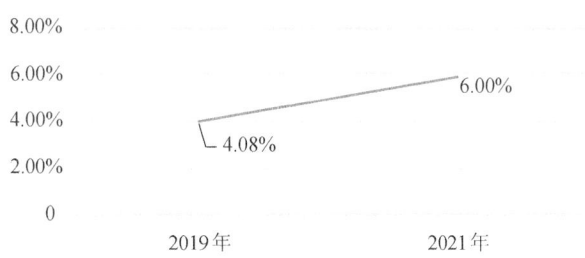

图4　2019—2022年信息管理学院获批校级教学成果奖数量占全校总数量比例

从校级金课、校级教学研究与改革项目和校级教学成果奖立项趋势上看,本项目管理与研究成效显著,为今后市级及以上项目的申报奠定了良好基础。

4. 专业建设收获

2021年11月,计算机科学与技术专业获批2021年度上海市属高校一流本科专业建设点,进一步申报国家级一流本科专业建设点;2022年,我院申报的智能科学与技术(080907T)本科专业成功通过教育部备案,2022年9月开始招生;2023年,推进大数据技术微专业宣传与招生、新文科本科专业认证等工作。

在新一轮的上海市属普通高等学校本科教育教学审核评估(2021—2025 年)中,学院采用 OBE 教育理念,以成果为目标导向,采用逆向思维的方式进行课程体系的建设理念,更凸显出教学成果获得的重要性,更体现出了本项目的研究价值。

(三) 项目推广价值

我院应用型高校一流本科专业建设项目管理模型体现了全过程管理和闭环管理,对于高校职能部门下达到二级学院的项目的管理,同样适用。有了项目管理的模型,就使项目的管理流程化、简单化。我院应用型高校一流本科专业建设项目的管理过程,为其他学院类似项目的管理提供了范例,可操作性强,具有很高的推广价值。

三、我院应用型高校一流本科专业建设项目管理与研究的反思

我院对于一流本科专业建设项目很重视,投入很大精力及经费来推进,但市级及以上项目成果数量不多。经过研究,反思如下。

1. 项目建设要有延续性

我们在更高级别项目申报推进过程中发现,有些课程类项目,在新一级培养方案中已经不存在或者有些选修课程没有开设出来,使项目难以推进。

学院培育项目是校级申报项目的基础和前期积累,校级项目是市级申报项目的基础和前期积累,市级项目是省部级或国家级申报项目的基础和前期积累。

例如课程类建设项目,校级金课的认定范围是院级金课,市级一流本科课程申报学院应优先推荐市级重点课程且验收优秀的课程,国家级一流本科课程申报曾获得市级一流课程、市级精品课程等市级称号的课程优先推荐。同样,市级教学改革项目和教学成果项目申报也是校级教学改革和教学成果项目优先推荐。

因此,在学院培育或立项院级课程的时候,应根据专业发展需求整体规划课程,使建设课程能够层层申报更高一级别的课程,此类课程一般为专业核心主干课程且是必修课程。课程确定后,要尽量保证在后期培养方案的制定中,不能取消;对于正在建设或建设完成的课程,最好也不要取消,这样不利于更高级别课程的申报。

2. 项目建设要有稳定的项目团队

我们在更高级别项目申报推进过程中发现,有些项目由于负责人离职、岗位发生变动,项目后续建设难以推进。因此,在项目筹备过程中,要尽量保证有稳定的项目团队成员,尤其是项目第一负责人,若有变动,也要和承接课程的老师交接好项目建设资料,以便于后期课程的建设。

3. 加大项目建设资助力度

我们在更高级别项目申报推进过程中发现,项目建设负责人积极性不高,有部分原因是项目建设绩效目标要求高,但支持经费不高。例如,校级金课一般标准中定量标准有,建设期内,教学团队成员作为负责人或第一责任人获得校级教学奖项或荣誉,或作为主要参与人获得校级以上教学奖项或荣誉;教学团队积极开展教学改革和研究,及时总结经验,公开发表高水平教研论文、出版特色教材或参与校级以上各类教学改革和研究课题;教学团队指导学生设计学术科技作品参加国内外竞赛,或指导学生参加国内外的学科竞赛和创新创业大赛,或者师生共同发表或指导学生独立发表研究论文。校级金课建设支持经费一般不低于 2 万元/学分,且与院级金课支持经费不重复核拨,一般申报学分为 2 学分,经费为 4 万元。2022 年,院级金课每门 5 000 元。

4. 加大项目申报的培训

我们在更高级别项目申报推进过程中发现,项目建设负责人积极性不高,有部分原因是项目连续申

报了几次,都没有成功,没有信心继续申报。希望学校多举行有针对性的培训,让老师对申报书的撰写更有心得,提高项目申报成功率。另外,也希望项目申报人,根据学校发展和立项范围,结合新要求、新变化,进行申报准备;提前了解中期检查要求、结项条件是什么,对标绩效完成目标,按期通过检查,以便更高一级别项目的申报。建设出符合学校、上海市及国家需要的项目,反哺到教学中,培养出党和国家需要的人才。

参考文献

[1] 林杰,洪晓楠.论一流学科建设与一流本科教育的耦合整生:基于学科、课程、专业一体化的视角[J].教育科学,2019,35(5):61-66.
[2] 张旭.高校专业建设中的项目实施过程管理研究[J].佳木斯职业学院学报,2020,211(6):242-243.
[3] 麻二磊.多校区办学环境下的二级学院课程负责人制度的设计与探索[Z]//探索与实践:上海立信会计金融学院2020年教学研究与教学改革论文集,2020:150-155.
[4] 母小勇.一流本科教育:培养目标与实现路径[J].中国高教研究,2020(7):33-39.
[5] 徐艺轩.地方高校一流本科教育建设:缘由、困局与破局[J].高校后勤研究,2022,247(10):72-74.
[6] 余世浩,李猜,张琳琅.应用型高校一流本科专业建设的研究与实践[J].新课程研究,2022(27):37-40.
[7] 牧晓阳.应用型本科高校一流专业建设问题研究[J].黑龙江教师发展学院学报,2022,41(7):13-15.
[8] 邵小晗,徐守坤,邵辉.一流本科专业建设的思考[J].黑龙江教育(高教研究与评估),2022,41(7):45-49.

作者简介

麻二磊 硕士,上海立信会计金融学院信息管理学院助理研究员;研究方向为教学研究与改革和信息采集、分析。

新文科建设背景下我校教改项目培育路径探讨

孟昭萍

摘要 新文科要求把新理念、新技术、新方法融入传统文科,以培养新时代复合型人才。在新文科建设背景下,高校教改项目培育问题显得日趋重要。教研教改项目是高校教师开展教育教学改革研究的重要载体,新文科建设对高校教改项目开展提出了新的要求。本文分析了上海立信会计金融学院教改项目建设情况,阐述了教改项目培育的意义,对我校教改项目立项现状进行了分析,提出了教改项目培育路径。

关键词 新文科 教改项目 培育路径

高校教研教改项目是高校教师开展教育教学改革研究的重要载体,提高教学质量的重要举措,关系到学生的学业和今后的职业发展,对提高人才培养质量意义重大。新文科是近几年高等教育领域最热门的话题之一,新文科要求把新理念、新技术、新方法融入传统文科,以培养新时代复合型人才。本文阐述了教改项目培育的重要意义,对上海立信会计金融学院(以下简称"我校")近几年的教改项目立项工作情况进行分析,探讨在新文科背景下完善教改项目工作发展的培育路径,提高教改项目培育水平,以期深化教育教学改革,提升教学成果质量,从而提升人才培养质量。

一、我校新文科建设情况

2019年4月,教育部在"六卓越一拔尖"计划2.0启动大会上提出发展新工科、新医科、新农科、新文科,实现全面振兴本科教育。这对财经类高校人才培养,推进教育教学改革,提高专业、课程质量等提出了新的要求。我校以教研教改项目工作为抓手深化人才培养模式改革,全面推进新文科建设,培养具有高尚人格修养的应用型财经人才。

为紧扣时代主题,顺应新一轮科技革命新趋势,我校于2021年线上举办"新文科·新技术新会计"论坛。该研究领域的权威专家就新文科建设背景下,大数据、人工智能、区块链等新技术与会计深度融合的研究和学术探索进行了分享交流。此次论坛话题引领国内会计研究向"技术+会计"方向转型,激起广大师生了解新会计发展的热情。

我校轮值举办第二届"新商科人才培养长三角论坛",高校一线教师、教学管理人员和研究者们围绕一流专业建设主题,分享交流在"人才培养模式改革与创新、产教深度融合、专业质量评估评价"等领域探索与实践的经验和教学改革优秀案例。为深入学习新文科建设的重大意义和内涵,二级学院围绕新文科背景下如何开展一流专业和一流课程建设,召开"新文科建设及专业发展"教学研讨会。在"新文科建设为引领,产教融合推进实践育人"研讨会上,同企业和行业协会的专家探讨在新文科建设背景下深化校企合作,产教融合,全面提升应用型人才培养能力和服务地方经济社会发展能力,为我校新财经转型发展、新文科建设探索新路径。

2022年1月,我校国际经济与贸易、会计学、金融学三个国家一流专业建设点顺利通过长三角新文科教育专业认证联盟认证。我校以专业认证为契机,清晰把握专业发展内涵,优化升级专业结构、提高人才培养质量。同年,我校3项教改项目获得市级新文科研究与改革实践项目,其中2个项目获批教育部首批新文科研究与改革实践项目。这为我校新文科背景下教改项目培育建设工作的开展提供了良好的契机并且有引领示范作用。

二、新文科背景下教改项目培育的意义

教改项目研究具有很强的实践性,是促进教师教学和学术发展的重要抓手。应用型地方高校培养具有高尚人格修养的应用型高水平财经人才,需要始终将立德树人贯穿教育教学的全过程。新文科背景下新的教育理念与教师个体密切相关,更与教学未来发展与人才培养密切相关。因此,探讨新文科背景下应用型地方高校教改项目的培育路径研究显得更具有现实意义。

(一)有利于深化教育教学改革

教学改革项目是教师在教育教学实践中形成的研究项目,利用教育教学理论方法进行更深层次的探索与创新实践应用,可促进教师转变教育教学方式、完善教育教学技巧、熟练使用新技术,具有较强的可行性和实践性。教改项目提升教师的教学水平,提升学校整体的教学质量,促进学生品德学业的良好发展,具有重要的价值作用与现实意义。我校每年组织的教学改革研究项目申报工作,针对我校教学实践过程或教学管理过程中出现的问题进行立项研究。教师在教改项目研究实践过程中产出高水平的教改项目研究成果,有助于培育学校高水平的教学成果。教改项目的研究成果具有较强的推广应用价值和实践意义,通过发挥示范引领作用,整体推进学校教育教学,深化学校整体教育教学改革。

(二)有利于提升教师的教改项目研究能力

教改项目研究需要教师能够深刻认识和总结当前教学或管理中存在的问题并针对问题提出切实可行的新方法或新手段并加以反复实践。这一研究实践过程是一个不断摸索和探究的过程,在研究过程中需利用教育学理论来指导实践。但目前高校大部分专业教师没有接受过系统的教育学学习或培训。因此,开展教改项目培育并做好教改项目管理工作就显得很有必要。对于教改研究能力相对缺乏的青年教师来说,教改项目培育能为其指明研究方向,能帮助他们在短期内找到与自己自身的研究领域相匹配的研究内容。他们在研究实施教改项目的过程中,教改研究能力也会得到快速的成长与进步,真正成为一流大学的教改研究的生力军,获得创新性的教改成果,推动教学和研究能力形成相互促进的良性发展循环。

三、我校教改项目立项现状分析

新文科建设意味着高校传统的人才培养模式、教学方法、教学管理等方面都要进行变革。而这些变革与高校教改项目研究有着紧密的联系。教改项目来源于教育教学实践过程,为了解决高校人才培养和教育教学中的模式、内容、方法、教材、课程体系设置、教学管理、师资等问题,为教育教学服务的教学研究型项目。相比科研项目培育,在教学研究改革项目培育方面,各高校的重视程度明显不够,从知网上文献数据来看,专门针对教改项目培育的研究也较少。

孙凯在文章中阐述了高校教研教改项目培育的现实意义与主要功能、作用。王安琪认为高校培育一流的教改项目和教学研究成果,需要重视形式和效果,优化提升教育教学改革项目管理工作。王燕阐述了教改项目基于教学实践和成果指向学生两个特征,从三个方面分析了教改培育体系存在的原因,从教

师发展的视角构建了基于质量评价的教改项目培育支持体系。罗筑华、刘升学、王汉青分析了现行教研教改项目管理模式存在的机构建设滞后、培育氛围不浓、培育流于形式和培育能力不足等弊端,提出建设一流本科教育所需的教研教改项目培育策略。

学校教改项目管理部门通常在立项申报时发布教改课题申报指南,在新文科建设背景下,多学科融合将牵扯多部门、企业的参与,将面临更多的教育教学问题,从目前的教改项目申报时间来看,很难写出高质量的申报课题。因此,教改项目的培育就显得尤为重要。本文将结合我校的教改项目现状分析,探讨教改项目培育面临的问题。

(一) 我校教改项目现状调查分析

为深化教学改革,加强教学管理,调动教师和教学管理人员申报教改项目的积极性,培育高水平的教学成果,提高高等教育质量,2017年我校出台了《上海立信会计金融学院教学研究与改革项目管理办法(试行)》,2022年进行了修订。我校教改项目立项的方向大致包括以下几个方面:①人才培养模式改革;②专业建设改革类;③课程教学改革项目;④教学质量监控教学管理;⑤师资队伍建设;⑥教学平台及教务管理系统;⑦学生素质能力;⑧教学管理项目;⑨教材管理等。

我们对2017—2021年立项的校级教改项目进行了统计,结果如表1所示。2017—2021年立项校级教改项目共计309项。2017年教改课题立项数量最多,为105项,关于应用型本科方面的相关探讨有18项,内容涵盖人才培养、课程设置、实践教学和教学模式方法等方面,说明教师教改项目选题紧跟社会、学校发展步伐。2018年、2019年教改项目立项数量稳定在70多项,2020年、2021年教改课题立项类别主要为重点项目和教学管理项目,因此立项数量较之前下降不少。从表中2017—2020年结项情况看,我校教改课题的结项率为100%,反映了我校教改项目管理质量较高。为着力提高本科人才培养质量和提升学校办学水平,学校于2017年出台了重大教学改革和创新项目培育支持计划。2018年立项了19项校级重大教学改革和创新项目培育课题,为申报市级和国家级教改项目和教学成果奖提前做好准备。2017—2021年上海市级本科重点教改项目立项数量基本稳定在4项左右,2019年市级教改项目立项数量只有1项,如表2所示。

表1 校级教改项目立项数、结项数(率)

年度	立项						合计(项)	结项	
	重点/重大项目		一般项目		教学管理项目			结项(项)	结项率
2017	19	18.09%	66	62.85%	20	19.06%	105	105	100%
2018	10	15.15%	50	75.76%	6	9.09%	66	66	100%
2018	19	—					19	19	100%
2019	10	14.29%	50	71.43%	10	14.28%	70	70	100%
2020	15	60%	—		10	40%	25	18	72%
2021	15	62.5%	—		9	37.5%	24		
合计	88		166		55		309	278	

注:2020年有7项延期到2022年结项。

表2 上海高校本科重点教改项目立项数

年度	2018	2019	2020	2021	合计
立项数(项)	4	1	4	3	12

（二）我校教改项目立项主题及关键字统计及分析

从表3中首先可以看到我校教改项目研究的主题绝大部分集中在课程教学、人才培养方面，这两类占到总数的76.88%。教师选题最多的是在课程教学方面，占到总数的51%，符合教改项目研究来源于一线实践的根本规律，有助于提高教师课堂教学质量，激发学生课堂学习热情。其次，人才培养方面的研究占到25.88%。而我校在市级本科重点教学改革项目立项中人才培养方面的为7项，占到市级教改项目立项总数的58.33%。人才培养在高等教育中一直占主导位置，目前新文科建设兴起，各种新技术新手段的应用，应用型本科院校改革人才培养模式的呼声日益突出，高校教师自然密切关注该类问题并开展研究。

从表4立项项目名称关键字统计表中可以看到课程位列榜首，教学模式、人才培养等传统研究方向和主题中热点一致。应用型本科/人才研究、新文科、大数据、产教融合、课程思政、创新创业教育等新兴热点主题和词汇成为我校教改项目选题的热点。这与我校教学改革目标相一致。从表3和表4中教改项目立项情况的分析来看，尽管教改研究主题不断推陈出新，研究领域不断扩大，研究内容不断深入，但立项项目仍较多地集中在对人才培养模式、课程教学、教学模式和教学策略的研究上，对新文科背景下专业改造和升级、学生的学习方式和策略、教材建设和师资队伍建设方面的研究相对偏少。这说明教师的研究立场和教育观念亟待改变，教改项目培育的导向性显得非常重要。

表3　我校教改项目立项主题方向

主题	项目数	比例
课程教学	158	51.00%
人才培养	80	25.88%
教学管理	18	5.83%
教学质量监控	11	3.60%
师资队伍	8	2.59%
教学平台、教务管理系统	5	1.72%
学生素质能力	2	0.65%
教材管理	1	0.32%
专业建设	1	0.32%
其他	25	8.09%
合计	309	—

表4　我校教改立项题目关键词统计

关键词	立项课题次数
课程	86
应用型	54
教学模式	37
培养模式	27
大数据/人工智能	10

(续表)

关键词	立项课题次数
产教融合	9
课程思政	8
创新创业	7
混合式教学	7
翻转课堂	6
教师	6
新文科	5
微课	4
产学研	3
国际化	3
导师制	3
金课	2
互联网＋	2
校企合作	2

四、我校教改项目培育路径

(一) 积极改革创新，加强培育意识

应用型本科院校要以国家新一轮教育体制机制改革为契机，解放思想、改革创新，积极探索新文科背景下教改项目管理新模式，从学校教学改革的总体目标出发进行顶层设计，建立行之有效的教改课题培育机制，加强教改项目培育意识，推动教学教改研究的开展，提高教改项目建设的质量。成立教学改革项目培育领导小组，领导小组组长由学校分管领导亲自担任，自上而下推动教改项目培育工作，包括在职称晋升、评奖评优、经费等方面给予倾斜。

教改项目管理部门配备一定数量的教改项目研究指导人员和相应的研究指导经费，支持指导团队开展工作，保障指导活动有效运行。教改项目管理部门在日常工作中，要加强组织计划，将国家政策、社会行业需求、教育教学工作及教学改革研究课题申报方面统筹起来，提前谋划项目培育工作，有目标、有计划、有组织地实施，充分调动广大教师参与教学改革研究的积极性和创造性。

(二) "走出去，引进来"，营造培育氛围

教育教学改革研究来源于教学过程的反思及认知的变化，培养教师树立在教学工作中教改研究的意识，教改项目管理部门通过组织教师"走出去"到上级部门、兄弟院校实地访谈、交流，学习教学先进理念和经验。学校要营造新文科建设氛围、引领教师深刻认识"新文科"建设的内涵，通过"引进来"经验丰富的校外专家举办专题讲座，向教师介绍新财经教育的内涵、特征及发展路径；传授教改项目申报经验与技

巧,培养教师教学改革的意识和能力,提高教改项目申报质量。在全校范围内开展新财经建设思想大讨论,使学校教师们充分认识到新文科建设不是对原有文科的全盘否定,而是在新时代创新发展,明确自身在新文科建设体系中的使命和义务。同时,组织学校骨干教师对照新文科建设要求,探讨学校新文科建设在人才培养模式、课程设置、课程教学等方面的举措,深刻认识个人教学改进和发展方向,全面营造教改项目培育良好氛围。

(三) 培育教研团队,推动跨学科专业教研交流

新文科强调学科融合创新,教改项目研究不能是教师个人松散的、自发的短期行为。学校应积极创造条件,为教师跨学科思维培育和跨学科合作研究创造条件,促进教师打破学科壁垒,进行更广泛的学术交流、对话和协作。因此,要创造机会将跨学科专业、研究领域相同且具备相同研究意愿的教师群体组织起来,组成教学教改研究团队,开展教学改革经验交流与探索。教研团队能形成强大聚合效应,在推动学校教研教改能力增强方面发挥着不可替代的重要作用。支持针对新形势下的教学难点,学校在全校范围组建教学团队发展攻关,合力推动新文科建设人才培养模式改革、课程建设、教学模式创新、课程思政融入、新技术使用和创新创业开展等,发挥其在学院和校内的示范带动作用。

(四) 加强教改项目管理队伍建设

教改项目管理机构大多数设置在教务处,面对新文科建设下一系列新环境、新需求、新技术,需要加强教改项目管理队伍建设。

1. 建立教改项目管理队伍培养体系,建立教学管理人员培训制度

学校要重视基层教学管理人员的培养,应划拨专项的教学管理人员培养经费,制定教学管理人员培养计划。安排教学管理人员定期参加培训,参加讲座,了解国家政策、社会行业热点,到兄弟院校或企业考察、交流,借鉴好的管理经验,提升教学管理人员技能与素养,提高教学管理整体水平。

2. 加强对教改项目培育的思想认识

在长期以来重科研、轻教改思想观念的影响下,教改项目管理人员对教改项目工作重要性的认识不够深入,对教改项目培育工作更是不屑一顾。因此,需要加强教改项目管理人员在思想层面充分认识到教学改革工作对于高校人才培养质量的重要性,树立服务意识,做好项目培育管理工作。

参考文献

[1] 光明日报全媒体记者.新文科怎么建?学科跨出去,文理融起来[N].光明日报,2019-07-24(008).
[2] 孙凯.本科教育视域下高校教研教改项目培育研究[J].赤峰学院学报,2021,37(11):60-63.
[3] 王安琪,王侃.高校教学改革项目管理优化对策分析[J].科教文汇,2021,530(14):7-8.
[4] 王燕.基于教师发展视角的新建本科院校教改项目培育路径[J].晋中学院学,2020,37(4):88-92.
[5] 罗筑华,刘升学,王汉青.本科教育视域下的高校教研教改项目培育[J].教育理论与实践,2020,40(12):63-64.
[6] 刘宁.关于进一步提高教改课题研究质量的思考[J].西部素质教育,2016(4).
[7] 田密,羊四清,钱朝军.地方本科院校教改项目管理现状及改进策略——以湖南人文科技学院为例[J].科教导刊(中旬刊),2018(02).
[8] 代静.地方高校教改项目管理现状研究[J].高教论坛,2017(3).
[9] 车艳,陈麦玲.高校教改立项课题成果推广应用的对策研究[J].高等函授学报(自然科学版),2011(12).
[10] 邱镁,黄祥军.高校教改立项课题成果推广应用的可行性分析[J].中国电力教育,2009(10):24-25.
[11] 苏楠.高职院校教改课题研究过程和成果的推广管理[J].文教资料,2018(32).
[12] 谭光兴.关于提高教改课题研究质量的思考[J].教育学术月刊,2011(8).
[13] 莫北颂.应用型地方本科院校教学改革项目管理模式的实践探索[J].怀化学院学报,2017(1).
[14] 张建国.高校学报对教学改革的促进作用研究——以新疆四所高校为例[J].新疆师范大学学报,2013.

[15] 唐衍军,韩士专,王芸.新文科会计人才培养的变革路径[J].实验室研究与探索,2020,39(11).
[16] 杨德成.地方院校教研课题质量管理体系研究[J].科计划风,2013(23).
[17] 周鹏,杜侦.高校教改课题成果推广应用现状的调查及管理对策研究——以上饶师范学院为例[J].上饶师范学院学报,2018(04):104-107.
[18] 卢真金.浙江省2012—2015年教研课题立项情况述评——从内容分析法的角度[J].浙江外国语学院学报,2016(6).
[19] 徐婧,巨兴达.高校教改项目与教学成果培育研究[J].长春大学学报,2017(3):93-96,106.

作者简介

孟昭萍 硕士,上海立信会计金融学院会计学院讲师;研究方向为教学管理。

转专业人才流失原因及对策研究

——以财税与公共管理学院为例

张笑寒

摘要 近年来,在"以学生为本"的教育理念指导下,上海立信会计金融学院全日制本科生转专业相关制度不断完善,对学生转专业的限制条件不断放宽,学生专业选择的灵活性显著增强,许多学生成功转入了理想的专业学习。但从二级学院视角分析,学生不断涌入热门专业也给非热门学院造成了人才的流失,呈现出"热门专业更热,冷门专业更冷"的现象。本研究以财税与公共管理学院为例,通过对转专业制度的梳理分析,结合对学生转专业意向调查,发现学生转专业意向主要受到个人、家庭、高校、社会等四个方面影响,同时对转专业的制度完善、方案建设和教学管理提供了对策建议。

关键词 转专业 人才流失 对策研究 二级学院

转专业制度的实施,是我国市场经济体制持续发展、不断完善和快节奏变化的必然要求,是我们国家对"一考定终身"这种僵化体制的一种补救措施,上海立信会计金融学院(以下简称"立信")自2016年合并组建以来,在"以学生为本"的教育理念指导下,转专业制度共经历了5次调整。随着制度的不断完善,更多学生成功转入了理想专业学习,但这也给二级学院带来了不小的挑战:一是需要对转出和转入学生存在的个性化问题采取针对性管理措施;二是优质生源不断涌入热门学院,给非热门学院带来了较为严重的人才流失现象,对各学院均衡长足发展带来了负面影响。

本研究基于财税与公共管理学院(以下简称"财税学院")发展现状,以优秀学生转专业为主要研究对象,阐述转专业导致的人才流失现状及对二级学院发展造成的负面影响,将学生转专业意向调查与转专业导致的人才流失现状相结合开展动因分析,探寻缓解人才流失的对策,为二级学院留住人才和优化转专业工作方案提供建议和指导,同时希望为立信转专业制度的完善提供思路和方向。

一、上海立信会计金融学院转专业政策沿革及转专业情况

(一) 政策沿革

自2016年首部转专业校级政策颁布以来,立信转专业实施办法共经历了三次修订和一次政策补充,2016年第2次校长办公会通过实施办法,2018年第21次校长办公会进行第一次修订,2020年第18次校长办公会第二次修订,2021年第27次校长办公会第三次修订,另外2020年对各学院转专业工作方案进行了补充要求。现行的转专业政策文件为《上海立信会计金融学院全日制本科学生转专业实施办法》。

从历年的政策修订情况来看,每一次修订都对实施办法的措辞、范围、明细等内容进行了补充和完善,实施办法整体上更加严谨,从最新一次修订情况来看,在政策顶层设计上进行了补充,将"以学生为

本"的教育理念贯彻到转专业政策文件中;在各项条款上进一步明确了细则和要求,对特殊情况加以说明,这也是近年来转专业实际工作经验总结提炼的结果;对转专业转出人数进行了限制,要求转出人数不得超过专业总人数的10%,说明政策制定者对非热门学院的人才流失现状有了一定的认识并采取了干预手段。但从实际操作来看,这一条款容易产生政策偏差,以某专业40人为例,究竟是只允许4名学生申请转出,还是学生实际申请通过后,在通过人数中只允许转出4人,有待进一步明确;在转专业程序上进行了较大程度的完善,从纸质化过渡到电子化,在系统中进行全流程操作;在成立考核小组、公示等方面也有一定进展。

总体来说,立信转专业制度经过多年的实践,相比于首次颁布的文件,现行制度有比较大的进步和完善,但是结合四年来的转专业实际情况,转专业制度还有完善的空间。

(二)2017—2020级转专业情况

自立信发布转专业实施方案以来,共经历了2017级至2020级共四届学生转专业,从表1汇总数据来看,在各学院中,转出人数最多的分别是工商管理学院、财税与公共管理学院、国际经贸学院。转入人数最多的分别是会计学院、金融学院,这两所学院也是立信转专业的热门学院,这与两者相比,其他学院转入人数差别不大,可以说除了这两者,其余学院均是非热门学院。

表1　上海立信会计金融学院各学院转专业汇总情况(2017—2020级)　　　单位:人

学院	转出人数	转入人数
金融科技学院	4	4
人文艺术学院	22	6
会计学院	28	529
外国语学院	47	36
统计与数学学院	55	3
金融学院	56	285
保险学院	69	4
法学院	76	30
信息管理学院	96	14
国际经贸学院	144	17
财税与公共管理学院	158	29
工商管理学院	228	26
总计	983	983

二、财税与公共管理学院转专业人才流失现状

转专业制度的实施体现了高校对学生学习自由和个人学习权利的重视,是对学生主体地位的尊重,同时高校对转专业政策的不断完善也是正确处理与学生关系的客观需要。但是转专业这项工作需要被辩证地看待:一方面,学生充分发挥对专业选择的主观能动性,选择有良好就业前景和适合自身发展的专业,是学生的权利,也有利于更好地挖掘学生的潜力,促进学生发展;但另一方面,转专业对学生学科知识体系的培养等方面也存在一定的困难,同时从二级学院角度出发,在立信现有分校区办学条件下,转专业涉及跨校区,给二级学院教学管理工作带来了不小挑战,也在一定程度上造成了教学资源的浪费,更重

要的是,转专业在很大程度上给非热门学院造成了较为严重的人才流失现象。

表2数据统计了2017—2020级每一届学生转专业转出和转入人数情况,净流出人数是指该学院转出人数减去转入人数。从转出人数来看,除了金融学院和会计学院两个热门学院,其余几乎所有学院都存在人才流失现象,其中工商管理学院和财税学院人才流失现象较为严重。从转出人数占学院总人数的比重来看,比重最大的是工商管理学院和人文艺术学院。从转入人数占学院总人数比重来看,最热门的当属会计学院和金融学院。仅从转专业进出人数统计情况来看,在立信除了会计学院和金融学院,几乎其他所有学院都或多或少存在转专业人才流失现象。

表2 各学院转专业进出人数统计表(2017—2020级) 单位:人

学院	总人数	转出人数	转出人数占比	转入人数	转入人数占比	净流出人数
工商管理学院	1 439	228	15.84%	26	1.81%	202
财税与公共管理学院	1 722	158	9.18%	29	1.68%	129
国际经贸学院	1 434	144	10.04%	17	1.19%	127
信息管理学院	1 654	96	5.80%	14	0.85%	82
保险学院	657	69	10.50%	4	0.61%	65
统计与数学学院	1 410	55	3.90%	3	0.21%	52
法学院	633	76	12.01%	30	4.74%	46
人文艺术学院	154	22	14.29%	6	3.90%	16
外国语学院	882	47	5.33%	36	4.08%	11
金融科技学院	574	4	0.70%	4	0.70%	0
金融学院	2 862	56	1.96%	285	9.96%	−229
会计学院	3 757	28	0.75%	529	14.08%	−501

以财税学院为例,表3统计了财税学院2017—2020级四届学生转专业情况,可以看出,2017级至2019级三届学生中,净流出人数始终维持在30余人次,且2019级达到了41人次,尽管2020届净流出人数相对减少,但这主要是因为转出人数相对减少,而从四届转入人数来看,总体上呈现逐年下降的情况,且转入人数远小于转出人数,说明财税学院也正面临着转专业人才流失的现状。

表3 财税与公共管理学院转专业人数汇总情况表(2017—2020级) 单位:人

年级	转出人数	转入人数	净流出人数
2017级	41	9	32
2018级	46	8	38
2019级	48	7	41
2020级	23	5	18
合计	158	29	129

综合来看,工商管理学院、财税学院、国际经贸学院作为二级学院中规模和发展程度仅次于会计学院和金融学院的中等规模学院,也是转专业净流出人数最多的学院。一方面是这三所学院生源数量和素质都较高,在转专业全校排名的情况下,学生有申请优势;另一方面是这三所学院在学科专业以及基础课程设置上与会计学院和金融学院有相似之处,所以三所学院在转专业人才流失问题上显得较为严重。

三、财税与公共管理学院学生转专业意向调查

财税学院共设有财政学、税收学、行政管理、劳动与社会保障4个专业,财政学专业下设绩效评价方向,税收学专业下设国际税收方向和税务师方向。转专业设置条件为学生第一学期平均绩点在3.20及以上,且没有不及格科目;数学基础较好,"高等数学B——微积分(一)"成绩在75分以上,若未修该课程学院将安排测试;性格开朗,能积极参与班级与学院活动,和同学相处融洽。转专业考核方式为包括面试和测试的综合评定,按照绩点50%、测试30%、面试20%的权重进行排序,择优录取。

本研究以财税学院为主要研究对象,通过问卷调查的形式,对学院学生转专业意向进行了调查,共回收调查问卷342份。在问卷设计上,除基本信息外主要包括六个部分,分别是高考志愿与转专业意向、转专业前后专业选择意向及动因对比、转专业宣传及途径、转专业前后改变调查、专业认知程度、转专业满意度及政策建议。结合问卷调查,对学生转专业动因、人才流失原因进行了分析,并以此提出了缓解对策建议。

四、学生转专业动因分析

从调查情况来看,学生转专业动因主要可以从个人、家庭、高校以及社会四个层面进行分析。

(一)个人因素

兴趣爱好是做好一切事情的助推器,专业选择也不例外。从调查中发现,学生在进入专业就读初期,往往会因为对专业不感兴趣而选择转专业,主要原因如下:一方面是受教育阶段的不同,中学阶段学生和社会是相对脱节的状态,导致学生在选择专业时存在盲目性,所读专业更多的是父母的选择而不是学生本人的选择,进入大学后初步接触社会,更重要的是对自己的发展有了更清晰的认识,个人兴趣逐渐成为专业选择中的主导因素;另一方面是高校在专业引导上有一定的助推作用,学生在各专业间进行横向对比,发觉更适合自己且自己更感兴趣的专业。究其根本,学生的专业选择落脚点还是兴趣程度,可见"兴趣是最好的老师"。相关研究也表明,在学生转专业的原因之中,与专业兴趣相关的原因对学生转专业的影响最大,学生的专业兴趣度越低,他的转专业倾向就越大,也越有可能提出转专业申请。

此外,生理条件也对学生的专业选择造成了一定影响,如身高、视力等,某些飞行员专业招录对这些条件有严格限制。女生在专业选择时普遍倾向于文科类专业,而男生对工科类专业兴趣较大,偏向于理工科专业,这也体现在立信男女比例上,从问卷调查情况来看,女大学生占到83.92%,而男大学生只有16.08%。

(二)家庭影响

对学生专业选择影响最大的莫过于家庭因素,在我国教育体制下,家庭影响显得尤为深刻。从调查情况来看,学生在高考后选择专业时,更多会考虑专业就业前景,而学生对于就业前景的认识基本上来自家庭父母的意见,所以与其说是学生自己择"业",不如说是父母的选择。而父母对学生专业选择的影响,又往往受到父母受教育程度、家庭经济状况等因素的影响,家长在选择专业时更多地会考虑专业的发展前景与就业状况,行业薪资水平等,这也成为导致学生产生转专业意向的潜在原因。

(三)高校影响

在对学生专业满意度调查中发现,接近六成的受访学生对目前就读专业满意度感到一般,由于各专业发展和教学管理水平等低于学生期望值,导致学生在就读专业时被"泼冷水",进而产生了转专业的想

法,所以高校校情对学生转专业意向有着紧密联系。

相关研究表明,有转专业意向的学生群体在一般性学习投入与专业课投入上的表现均逊色于无转专业意向的学生群体,且前者平均绩点显著低于后者。但在立信特殊校情下,往往是学习投入较多、学习成绩更优异的学生才有意向、有资格申请转专业,对学生来说,要努力学好本专业,才能达到不学本专业目的,对专业没有兴趣学不好的学生反而不能转专业;对老师来说,辛苦培养出来成绩好的学生都流失到了其他专业。这一矛盾现象也体现了高校校情对学生转专业影响是十分显著的,这一现象产生的原因主要有以下几点:一是高考制度的制约,学生想从低分数专业转到高分数专业,就必须要用学习成绩来证明自己;二是校风的影响,立信转专业呈现出"热门专业更热,冷门专业更冷"的现象,再加上转专业制度更加强调成绩而非兴趣,使得"对专业没有兴趣且能取得优异成绩的学生才更有机会转专业"的悖论在立信依然存在;三是立信各学院各专业发展不平衡,教学及管理水平也有差异,"口碑"好的专业往往更受学生欢迎。

(四) 社会影响

学生转专业意向受社会经济发展及就业形势影响也较大,以财经类专业为主的高校,各专业的"冷与热"更多的是社会形势变化所导致的,在一定程度上来说,专业选择的冷与热都是相对的。在信息获取不对等情况下,无论是家长还是学生自身,在高考填报志愿和转专业时都容易受到社会经济形势的影响,存在较大的盲目性和从众效应,在我国教育资源有限的前提下,部分学生在高考填报志愿时未必有能力进入自己心仪的专业,所以他们首先会迁就心仪的学校,等进入学校后再找机会转专业。

五、转专业人才流失原因分析

以财税学院为例,转专业造成的人才流失现象主要有以下几方面原因。

一是缺乏专业宣传。不仅是高校之间存在着激烈的竞争,同一高校内的各学院之间也存在着竞争关系,除了教育资源的竞争,转专业制度的实施也催生了优秀学生在各学院之间的竞争关系。从众效应影响下,热门专业无需过多宣传,转专业学生会蜂拥而至,直接抬高专业门槛。相反,若非热门专业不作为,不加强宣传和引导,势必会出现人才流失现象。从财税学院实际情况来看,除了每年对转专业实施方案进行修改后提交学校并公布,几乎没有其他转专业宣传手段,学院发展再好、学科建设再完善、专业就业前景和就业率再高,没有足够的宣传,依然不会有学生申请转入。

二是学院转专业工作方案制定不合理。从表4统计数据中不难看出,在转专业绩点门槛上,财税学院一直高于其他学院,在其他要求中,各学院根据专业不同,设置的门槛也有所不同。在热门专业压迫下,若学院自身仍然设置较高门槛,除非有特别喜欢学院专业的学生,否则不会有很多学生提交申请,这也是造成学院转入人数逐年下降的原因之一。

表4 各学院转专业绩点及主要要求统计表

学院名称	绩点要求	其他要求
财税与公共管理学院	3.2及以上	"高等数学B——微积分(一)"总评成绩在75分以上且无不及格科目
保险学院	3.0及以上	英语和数学单科绩点不低于3.0
法学院	3.0及以上	通识课平台必修课成绩75分以上,学科基础课平台必修课成绩80分以上
工商管理学院	3.0及以上	"高等数学B——微积分(一)"总评成绩达到80分以上

(续表)

学院名称	绩点要求	其他要求
国际经贸学院	3.0及以上	"高等数学B——微积分(一)"总评成绩达到80分以上
会计学院	3.0及以上	第一学期平均成绩在80分以上
金融科技学院	3.0及以上	无
金融学院	3.0及以上	高等数学或应用数学基础课程成绩合格
人文艺术学院	3.0及以上	无补考记录,通识课成绩75分以上,学科基础课和专业课成绩80分以上
统计与数学学院	3.0及以上	数学基础课课程期末考试总评成绩达到90分及以上
外国语学院	2.9及以上	学生高考英语成绩须在120分及以上(150分制)、大学英语(一)成绩须在80分及以上(百分制)
信息管理学院	2.8及以上	"高等数学"70分及以上,或"数学分析"65分及以上;"大学英语"70分及以上。无课程不及格和重修情况

三是学校转专业制度存在漏洞。学生在转专业时最多只能申请一个志愿,在全校共同竞争下,热门专业的门槛自然水涨船高,所以导致很多学生落榜,而一旦落榜便没有再次申请的机会,所以转专业制度在志愿数和调剂上存在漏洞,也侧面影响了非热门专业的申报学生数,增加了隐性的人才流失。

六、缓解转专业人才流失的对策建议

(一) 完善转专业制度

现行制度在志愿和调剂上存在明显不足,应从以下几方面优化。

一是"开源"。增加学生转专业可申请志愿数,并允许学院间调剂,建议转专业申请分批次开展,第一批次为热门专业申请,第二批次开展调剂工作,在允许学生冲击热门专业的情况下也为非热门专业增加一定的转入机会。二是"节流"。在限制10%转出人数的基础上,对转专业名额进行合理分配,按照各学院专业人数比例合理调配转专业名额,在一定程度上限制人才流出。在立信尚不具备大规模大类招生的情况下,建议适当增加转专业限制,避免各专业间发展不均衡现状进一步加剧。三是"协同"。转专业制度的正常运行必定涉及多部门和多方面的制度及利益,因此应从制度层面加强各部门的协同配合,避免"一家言"和"自说自话"的情况,只有各部门通力配合才能保障转专业工作有效落实。

(二) 适当降低学院准入门槛

以财税学院为例,建议将绩点准入门槛放宽至2.8及以上,对高等数学课程要求降低至60分及以上,从立信教务系统绩点统计数据来看,2021级全体学生平均绩点为3.02,适当降低绩点要求在准入门槛上与其他学院拉开差距,对学生有一定的吸引力,也能扩大可申请学生的规模,保持一定的竞争优势和宣传点。此外,由于高等数学类科目改革,考试难度和课程集中度都有所增加,所以适当放宽成绩要求也符合实际情况。

(三) 加强转专业工作的宣传力度

缓解人才流失最重要的一步是如何吸引学生申报本学院专业,建议通过各种传播媒介和渠道,如学院官方公众号、学院官网、校级传媒等途径,发布转专业方案宣传推文,将学院优势专业广而告之,让更多其他学院有转专业意向的学生了解到学院专业发展前景、学科体系、就业形势。同时增加转专业咨询渠道,让更多对学院专业感兴趣的学生能深入了解专业发展,并能接受有针对性的转专业指导。

(四)加强学生归属感培养

学生产生转专业意向有一部分原因是对原学院缺乏归属感,建议以全程导师制为依托,针对新生,开展形式多样的活动,一方面邀请行业专家进校或在线开展专业宣传讲座、公开课、行业前沿教育课等活动,培养学生对专业的浓厚兴趣;另一方面严明导师职责,加强对学生的关心和专业引导,同时发挥党总支和党支部在学生思想教育培养上的优势,增强学生对学院的归属感和凝聚力,从而有效避免人才的流失。

(五)帮助学生树立正确的择"业"观

转专业制度无论如何完善和修订,最终落脚点还是在学生个人选择上,所以对学生择"业"观的培养就显得尤为重要。无论是家庭、学校还是社会,都应该帮助学生树立正确的人生观、价值观和世界观,帮助学生并且引导学生树立对专业正确且全面的认识,在尊重学生自己选择权的前提下,帮助学生选择适合自己的专业,做到以兴趣为先,充分挖掘自身潜力。

参考文献

[1] 李爱国.大学生转专业的现状分析与思考[J].中国成人教育,2009(23):35-36.
[2] 王淑敏.本科生转专业动因探析[J].中国科教创新导刊,2011(19):156.
[3] 潘石仁,王帅,卫彦君,等.高校转专业制度探讨:基于学生"混学分"现象的分析[J].教育探索,2013(4):63-66.
[4] 高昌明.地方高校大学生专业选择的现状分析与对策[J].教育与职业,2015(8):106-108.
[5] 熊艳青,徐丹,刘声涛.研究型大学转专业意向学生学习经历的实证研究[J].当代教育论坛,2019(1):48-57.
[6] 袁媛.大学生专业选择权的属性与实现机制研究[J].江苏高教,2020(9):67-72.
[7] 许逸鑫.高校二级学院转专业学生教学管理探究:以浙江某高校二级学院为例[J].山西青年,2020(8):223,225.
[8] 高实.基于DNN网络结构的学院转专业生源研究[J].吉林大学学报(信息科学版),2021,39(4):479-484.
[9] 孙燕霞.退役复学学生转专业动因分析及对策研究[J].吉林化工学院学报,2021,38(2):59-62.
[10] 杨育红,张钰.我国转专业制度分析及对策建议[J].黑龙江教师发展学院学报,2021,40(12):1-3.
[11] 马莉萍,张心悦.自由转专业政策如何影响学生的转专业行为:基于院系间学生流动的视角[J].湖南师范大学教育科学学报,2021,20(4):93-103.

作者简介

张笑寒 学士,上海立信会计金融学院财税与公共管理学院研究实习员;研究方向为高教研究。

基于教学质量持续改进的"一环、两级、三联动"教学督导工作体系探索与实施

牛媛媛　薛国强　郁顺华

摘要　教学督导工作是学校内部教学质量保障体系的重要组成部分,在促进教学质量提升和教师专业化发展方面发挥着重要作用。本文以新时代高校教学督导工作改革需求为背景,立足上海立信会计金融学院教学督导工作实际,对教学督导运行体系、反馈改进机制等进行了积极探索与实践,初步建立了具有立信特色的"一环、两级、三联动"教学督导工作体系。

关键词　教学督导　教学质量保障体系　高等教育　高质量发展

2018年,教育部新时代全国高等学校本科教育工作会议唱响了"以本为本、四个回归"的主旋律,立德树人、打造"金课"、争创一流、实现教育教学高质量发展已成为全国各类高校行动共识。作为一所会计、金融特色鲜明的公办全日制普通高等学校,上海立信会计金融学院以全国教育大会和新时代全国高等学校本科教育工作会议精神为指导,高度重视教学督导队伍建设,持续改进教学督导运行机制,秉承学生中心、产出导向、持续改进的理念,积极探索具有立信特色的教学督导工作体系,发挥教学督导"督、导、改"三重作用,不断助力教学质量持续改进。

一、学校教学督导工作体系改革背景与着眼点

(一)新时代高校高质量发展的外在需要

"每个时代都有每个时代的精神,每个时代都有每个时代的价值观念。"党的十八大以来,以习近平同志为核心的党中央不断加强党对教育工作的领导,我国高等教育进入以全面提高质量为核心的内涵式发展阶段。2020年11月3日,教育部新文科建设工作会议召开并发布《新文科建设宣言》,明确提出要打造质量文化,强化高校质量保障主体意识。高校教学督导是高校内部监督机构,是高校为提升教学质量而构建的一种自我监督、自我发展和自我完善的质量监控与保障机制,高质量的人才培养需要高质量的教学质量保障支撑。新时代高等教育对高校教学督导工作提出了新的挑战和要求,在大力推进高等教育高质量发展的新时代,教学督导理应担负起新的历史使命和责任,为促进高等教育高质量发展提供更好的内驱力。

(二)学校加强内部教学质量保障的内在要求

在2019年中国高等教育博览会上,我国首个《全国普通本科院校教师教学发展指数》正式发布,其显示我国高校教师在"区域层面、省域层面和校级层面均存在发展得不合理、不均衡、不充分问题",应当加

强教学质量管理来保障和提升教师教学水平。2016年后,为更好发挥教师教学发展中心在促进教师教学能力提升方面的功用,2019年上海立信会计金融学院组建了新的教师教学发展中心,下设教师培训与发展科、教学质量监督科、教学技术管理科三个科室,主要职责是开展教师教育教学能力培训、教学督导与学生评教、课程录制与现代教学技术支持等工作。教学督导工作是学校教学质量保障体系的重要组成部分,对教师教学质量提升有着重要作用,尤其是在学校磨合过渡期、"十三五"攻坚关键时期和机构改革的背景下,加强、改革、优化教学督导工作建设尤为必要。

（三）破解学校教学督导工作困境的现实之需

我国高校教学督导是"高校扩招后高等教育发展的需要"和高校"迎评促建"的产物。原上海立信会计学院和原上海金融学院都有教学督导和教学督导管理机构,合并前也都分别经历过合格评估。2016年合校后,上海立信会计金融学院建立了第一届教学督导组,积极开展常态化教学督导工作。不可否认,教学督导在助力教师教学质量提升、规范教学管理等方面做出了很多贡献,但如何融合以更好适应合校后学校规模、教学发展等实际需认真考虑。教学督导工作实际运行情况还存在以下主要问题,必须进行改革优化。

(1) 督导信息反馈形式化、难整改。一是督导信息采集的覆盖面和及时性存在单一性、不及时等问题,二是督导信息往往停于记录整理阶段,整改落实难以推进,信息反馈闭环整改运行机制存在漏点。

(2) 校院教学督导职责定位不错位、不清晰。校院教学督导部分职责具有相同性,容易引起工作重复、效率不高等问题。

(3) 教学督导在教学质量提升与保障中的作用发挥有待提升。教学督导工作易重督不导、重督轻导或善督不善导,教学督与导的有机融合机制需创新。

二、上海立信会计金融学院督导工作的探索与实施

主要构建了基于教学质量持续改进的"一环、两级、三联动"教学督导工作体系。

一环:即"发现问题、信息反馈、整改落实、改进提升"的教学督导信息闭环,打通督导信息反馈最后一公里的堵点漏点,以闭环切实促进教学质量提升。

两级:即职责清晰、工作互补的校院两级教学督导运行体制机制,校院协同、互补共进,为"领导重视教学、教师投入教学、全校服务教学"的良好教学质量文化氛围夯实根基。

三联动:即教师教学发展中心教学质量监督科、教师培训与发展科、教学技术管理科三科联动,实现"1+1+1>3"的功效,充分挖掘、宣传、发挥教学管优秀典型案例示范引领作用,更大程度发挥教学督导在教学质量提升与保障中的导向作用。

（一）督导信息收集、反馈、改进闭环建设

督导信息反馈是督导工作机制运行中的重要环节,在教学督导工作中全方位多渠道获取信息,建立通畅的信息反馈机制,是实现以督促教、助力教学质量提升的关键所在。

1. 建立三级维度,全方位多渠道获取教学信息

以校级教学督导工作、学院督导工作、学生信息群为基础,构建校级、院级、学生三级教学信息搜集渠道,及时、全面、客观了解各环节教学质量,实现教学质量监控全员参与。

(1) 校级层面:构建校级教学督导工作月报制,及时对督导教学检查、调研等工作中发现的问题、亮点特色案例进行总结。

(2) 学院层面:以学院教学督导教学检查、调研等工作为基础,结合院领导、同行听课等工作,查找问题,发现亮点。

（3）学生层面：以学生信息群为依托，以学生评教为基础，以学生联系人面谈、学生座谈等为形式，及时了解学生对教师教学、教学管理等方面的意见建议。

2. 建立"四反馈"机制，落实督导信息反馈闭环

对于校级、院级、学生三级教学信息渠道搜集到的教学信息，通过反馈学校、反馈学院、反馈教师、反馈职能部门"四反馈"机制，实现教学信息全方位反馈、全力整改的闭环改进，确保教学质量持续提升（图1）。

（1）以学校教学工作例会为依托，通过教学例会及时将督导教学检查、调研、座谈等发现的教学现状、问题与典型案例等反馈学校领导和教学管理机构，为学校教学改革与建设、教学管理等提供决策参考。

（2）以教学督导工作、教学督导工作总结会议等为依托，向学院反馈共性问题及学院层面个性化教学信息，要求学院按时提交对反馈内容的认可情况及整改措施并反馈教师教学发展中心，促进学院教学质量提升。

图1 "发现问题、信息反馈、整改落实、改进提升"的教学督导信息闭环图

（3）以督导听课课后口头反馈、《上海立信会计金融学院教学督导信息反馈表》书面反馈、学生评教系统反馈等为依托，点对点反馈教师优点及改进建议，赋能教师教学质量提升。

（4）以校院教学督导工作、学生意见建议等为依托，以《上海立信会计金融学院教学督导信息反馈表》形式向相关职能部门（学院）反馈教学管理、教学保障等方面的信息，要求相关职能部门（学院）按时提交对反馈内容的认可情况及整改措施，并反馈教师教学发展中心，以教学管理水平、教学保障水平提升助力教学质量改进。

（二）校院两级教学督导运行体制机制

教学督导工作的组织体系、运行机制是保障教学督导工作平稳运行的关键。校院两级教学督导组织体系、运行体制机制聚焦以下两点：一是强调校院教学督导的职责错位和工作内容互补，协同共进；二是以校院教学督导"三查""三评"覆盖教学关键环节，注重督导工作在督查指导教学质量关键环节方面的覆盖性。

1. 以制度建设为抓手，落实校院教学督导职责错位互补

先后制定《上海立信会计金融学院教学督导工作管理办法》《上海立信会计金融学院关于进一步加强教学督导队伍建设的实施方案》《上海立信会计金融学院教学督导工作管理办法（修订）》等教学督导规章制度，不断完善教学督导工作的制度遵循和规范运行。

结合学校校院两级管理实际，建立校院两级教学督导管理体制。校级教学督导工作由教师教学发展中心负责，校级教学督导对学校整体教学状况、主要教学环节和重大教学问题等进行检查、调研、建议，发挥参谋咨询的作用。院级教学督导工作由各学院负责，受教师教学发展中心指导，院级教学督导主要对学院教学质量、教学管理、教学服务保障等开展督查、指导、建议。在听课、试卷检查、论文检查等具体工作方面，校级教学督导采用专项听课、注重对学院教学质量保障运行情况进行督查指导等方式与学院教学督导错位互补。

2. 以"三查""三评"开展全过程、全方位教学质量监控，促进各教学环节质量提升

三查：即以学期初、学期中、学期末教学检查为抓手，对学校教学运行、教学管理、教学保障以及教风、学风、考风开展覆盖学期全过程的定期巡查和日常检查，发现问题、提出建议。

三评：即评教、评学、评管，实现以评促教、以评促学、以评促管。评教以听课评教（教学督导听课、领导听课、同行听课、多元听课）和学生评教为基础，旨在开展诊断性教师教学评价，以听课评教促进教师教

学质量提升,引导教师热爱教学、倾心教学、研究教学,潜心教书育人。评学以试卷检查、毕业论文检查、教学激励计划检查、课堂学风查看等为基础,开展学业质量督导,着重了解学生的学习效果、应用能力和自主学习情况。评管是将教学检查、巡视、调查等发现的教学管理、教学保障等方面信息及时反馈相关职能部门(学院),促进有关政策和管理制度的优化完善。

"三查""三评"全过程、全方位质量监控如图2所示。

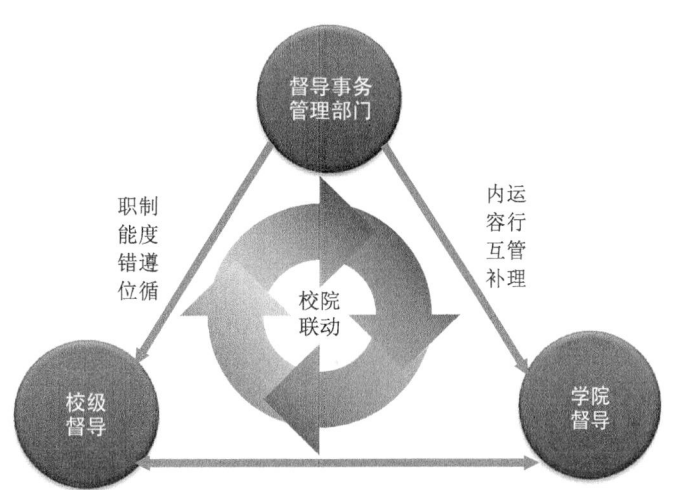

图2 校院两级教学督导运行体制机制图

三查(学期初、学期中、学期末教学检查)、三评(评教、评学、评管)、四反馈(反馈学校、反馈学院、反馈教师、反馈职能部门),既提升了信息反馈的覆盖性,也将学生纳入教学质量监控管理过程,体现了学生中心、产出导向、持续改进的理念,能在更大程度上发挥信息反馈的实效性,切实落实督导信息闭环良性反馈改进机制,更好助力教师教学质量提升。

(三) 三科联动内循环助力教师教学能力提升

国内学者对于教学督导组织架构及职能定位的研究较多,仁者见仁,其中最具代表性的是宁波大学教学督导委员会提出的三种模式,即一是在校(院)长授权下的一个参谋咨询机构、信息反馈机构、教学指导机构、检查监控机构、鉴定评价机构;二是职能处室型,这种模式把教学督导部门定位为行政管理的一个处级单位;三是依附在教务处,配合教务处开展工作。笔者认为,这三种模式,都是我国高校在推动内涵建设、实施管办评分离、加强校内教学质量保障体系等大背景下在教学督导工作方面开展的自主探索实践,本质上无优劣之分。

教学督导工作不是孤岛。2019年新的教师教学发展中心成立以来,教师教学发展中心根据学校发展需求,以创新为引领,以部门科室(教师培训与发展科、教学质量监督科、教学技术管理科)工作融合为切入点,不断优化部门科室管理体制、运行机制,构建了三科联动的科室工作内循环机制。科室工作内循环着眼于三个基本点:一是挖掘校内教师优秀课堂教学案例,做好课程录制工作,发挥好教师示范引领作用,提升教师荣誉感;二是通过教学督导、学生评教等发现教师教学弱项,针对弱项开展精准培训,不断助力教师教学能力提升;三是在部门深入实施管理育人、服务育人能力建设中,将教学督导工作积极融入"三全育人"工作,要求教学督导在督导工作中关注教师立德树人、课程思政育人成效,发挥课堂育人主渠道作用,促进师生共成长。

基于部门科室工作的内循环机制,将教发中心三个科室相互融合、相互赋能,在更大程度上发挥了教师教学发展中心部门职能,更好精准助力教师教学能力提升,更大程度激发教师教学积极性和荣誉感,更好实现了教学督导结合、以导为主、勤督善导的工作原则,实现了"1+1+1＞3"的功效,进一步发挥了教学督导在教学质量提升与保障中的作用。教发中心部门科室工作内循环机制图如图3所示。

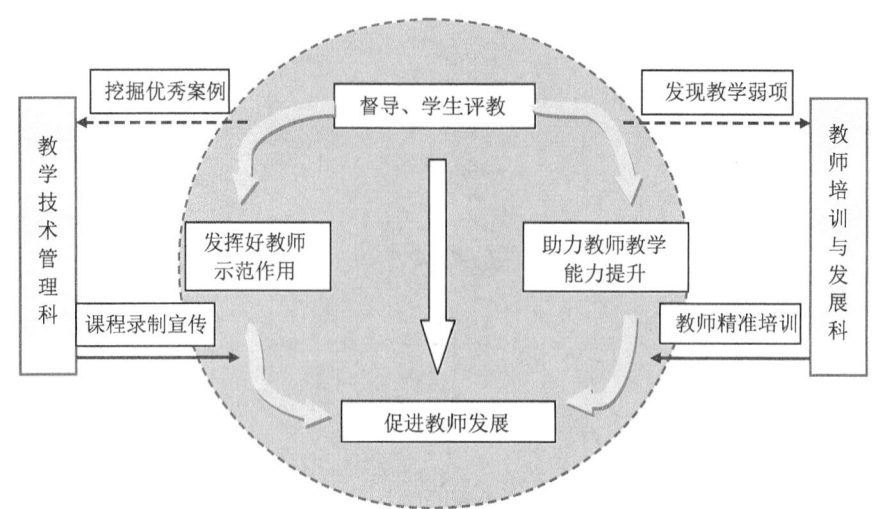

图3　教发中心部门科室工作内循环机制图

三、学校教学督导工作改革成效

(一) 立信特色的教学督导教学质量保障体系初步形成

学校以提升教育教学质量和育人质量为目的,高度重视教学督导工作建设,聚焦教学督导的监督功能、导向功能、激励功能,将教学督导作为学校自我监督、自我发展、自我完善的内驱力,不断自我完善发展教学督导工作体制机制。近几年,学校教学督导坚持督学与督管、监督与指导"两并重",促进课堂教学"从教师的教到学生的学""从知识体系到能力体系"的"两转变",并促进督导评教与教师教学发展中心的"两联动",初步形成了立信特色的教学督导教学质量保障体系。

(二) 教学督导在教学质量提升方面的功用日益提升

在教学督导队伍建设、督导人员构成和知识结构方面,学者马驰提出的"三结合、三统一"模式受到了广泛认可:"三结合",即老中青相结合、管理者和专家相结合、专兼职相结合;"三统一",即教学督导人员应具有深厚的学科专业知识、丰富的教学管理经验和很强的教学研究能力,是学科专业教授和教学管理专家、教学研究专家的"三统一"。学校以学术优先、总量满足、动态调整、校院联动为原则,建设了一支数量合理、专业过硬、职责明确、校院联动的教学督导队伍。教学督导通过对教师、学院等全方位、多角度、周期性的教学质量评价与反馈,促进了各环节质量提升,近四学期学生评教优良率均在92%以上,学生学习满意度较高。

(三) 专项教学督导助力教师教学能力精准提升效果明显

教学督导坚持督导结合、以导为主的原则,结合教学督导新进教师专项听课开展的新进教师教学培训,精准对接青年教师教学需求,效果显著:在2020年上海市属高校新教师岗前培训(第14、15期)教学技能大赛中,学校教师获一等奖1项、二等奖1项。

（四）校内教学质量文化氛围提升效果显著

经过多年建设和校院教学督导两级管理体系的不断优化，学院层面教学督导工作的主动性、积极性、创新性不断提升，如金融学院成立了教学资源开发与教学质量管理中心、国际经贸学院构建了"学校督导—学院督导—学院领导—教学委员会成员—基础教学团队负责人—教学秘书"六位一体的教学质量监控体系，为营造"领导重视教学、学院聚焦教学、教师投入教学、全校服务教学"的教学质量文化氛围奠定了良好基础。

参考文献

[1] 习近平.习近平谈治国理政[M].北京：外文出版社，2014：168.
[2] 李茂科.高校教学督导理论研究综述[J].当代教育论坛，2007(3)：27-29.
[3] 徐巧宁，朱琦，马楠，等.全国普通本科院校教师教学发展现状、问题与对策：基于全国普通本科院校教师教学发展指数的分析[J].中国高教研究，2019(7)：18.
[4] 曹梦霞，谢章丽.教学督导创新的探索与实践[J].江苏工业学院学报，2004，5(3)：62-64.
[5] 宁波大学教学督导委员会.关于大学教学督导的实践与认识[J].宁波大学学报(教育科版)，2002，24(6)：46-48.
[6] 马驰.教学督导模式与素质结构[J].黑龙江高教研究，2002(3)：62-63.

作者简介

牛媛媛 博士，上海立信会计金融学院教师教学发展中心副主任；研究方向为高等教育管理。
薛国强 硕士，上海立信会计金融学院教师教学发展中心教学质量监督办公室负责人；研究方向为教学督导与质量监控。
郁顺华 硕士，上海立信会计金融学院教师教学发展中心主任；研究方向为教师专业发展。

"一流本科专业"建设背景下高校教学改革项目实施效果绩效评价研究

胥晓雅

摘要 近年来,国家对于培养高水平本科人才愈加重视,提出了建设世界一流大学和一流学科的基本方案。一流本科专业建设是"双一流"建设目标的过渡性环节,同时也反映出我国高等教育由计划性向竞争性的转变过程,它对于增强我国大学和专业学科的世界影响力具有重要意义。一流本科专业建设规划是我国高等教育改革的逻辑延伸和政策细化,有助于进一步顺应当前"建设一流专业、培养一流人才"的基本要求,能够为高校教学改革提供政策导向。从目前高校教育改革实践来看,"一流本科专业"建设的周期较长,规模较广,并且经费来源不够稳定,因此改革项目实施效果也无法得到有效保障。另外,许多高校目前尚未构建较为完善的教学改革效果绩效评价体系,对于"一流本科专业"建设也缺乏标准评判的共识。为进一步完善本科人才培养,必须深化高校教学改革项目实施效果的绩效评价研究。

关键词 "一流本科专业" 高校教学改革 实施效果 绩效评价

中华人民共和国教育部在2019年提出了"双万计划",其中明确提出了要加强我国等类高校"一流学科建设",进而引领教学改革发展,使我国高等教育面向未来发展。在此背景之下,各类本科高校都积极以自身教学特色为基础,进一步遵循专业分类发展原则,促进了各项教学改革项目的实施,并取得了瞩目的改革成果,同时也为国内高校的进一步发展提供了新的机遇。"一流本科专业"建设以培养一流人才为最终目标,这一系统性教育改革工程涉及方案修订、课程优化、教学体系变革、实验平台的构建、教学评价、体系优化等多方面的环节,因此为了进一步保证高校教学改革项目实施的最终效果,需要综合量化评价和质性评价、单维评价和多维评价、静态评价和动态评价等多种评价工具,从而针对绩效评价的内容、理念、方式和标准等进行进一步的明确。教学改革过程要充分认识到广大师生对于一流本科专业建设创新内容的适应性,进而更好地实现"双万计划"的建设目标。

一、"一流本科专业"建设背景下优化高校教学改革项目评价的意义

(一) 有助于进一步完善已有本科专业建设体系

首先,"一流本科专业"建设以优化专业发展环境,培养一流人才为主要目标。在高校教学改革项目实施过程中,参与专业建设的各类要素都能够在绩效评价体系的指引下,实现优化和调整,从而形成有助于一流人才培养的专业发展模式。尤其对于广大师生群体来说,教学评价和绩效考核评价体系优化有助于为学生发展以及师资建设提供强有力的指引,并不断激励师生群体实现自我提升。

（二）有助于进一步创新"一流本科专业"建设的具体方法

从以往本科院校教学改革项目实施来看，建设"一流专业"并非一个单纯的线性实施过程，而是如同一个复合函数，涉及多个领域、多个层面，需要综合考量教学改革内外环境中的多个变量。这就要求相关参与者要明确专业人才培养目标，在改革实践中找到新的切入点和突破点，从而使用更加科学的教学改革方法，实现本科专业的优化提升。因此，教学改革实施效果绩效评价的优化，有助于专业建设人员进一步找准自身发展的条件、质量和水平，从而更好地突出教学特色，真正落实国家对于"一流本科专业"建设的具体要求。通过分析教学改革绩效评价的结果，有助于进一步明确新时期学生发展的主要诉求，从而不断转变专业建设的具体方法，优化和调整教学设置。

（三）有助于为未来高校本科专业建设提供新的动力

高校教学改革项目实施效果绩效考核是检验本科专业院校阶段性教学改革成果以及专业建设有效性的重要标准，能够对高校专业人才的培养提供重要的导向作用，同时也能够为本科教育实践提供强大助力。在传统高校本科专业建设评价体系中，学校一般会构建以学生分数为基础的教学评价体系。这种评价模式内容较为单一，覆盖面也较为狭窄，无法更好地顺应新时期社会人才选拔对于高水平、专业性人才综合素质考核需求，也造成了高校专业建设停滞不前，教学创新变革缺乏活力。因此，优化高校教学改革项目的考核评估，有助于进一步发挥教学评价体系的促进作用，更好地引领高等教育发展方向。

二、当前高校教学改革项目实施效果绩效评价存在的问题

（一）教学改革项目实施评价的理念存在偏差性

教学改革评价的理念是构建高校教学改革项目实施评价体系的核心内容，评价理念的正确与否直接关系到教学改革效果评估的最终结果以及教学改革项目实施的作用。但是目前本科高校所遵循的教学改革评价理念往往存在着偏差性的内容，无法进一步满足新时期一流本科专业建设教学评价的具体要求。例如长期以来，教师受传统认知主义教学理论影响，在对学生进行学业考评的过程中，基本遵循工具导向的结果评价。这种考评模式容易使广大师生产生对教学评价的价值偏差，导致偏离教学改革的基本目标，并且降低了一流本科专业建设的生机与活力。

（二）高校教学改革项目实施效果绩效评估制度存在缺陷

从目前高校一流本科专业建设现状来看，许多学校所构建的教学改革评估体系存在以下几方面的制度性漏洞。首先，教学改革评价体系的设计缺乏连续性。在绩效考核与评估工作的具体实践中，评估参与者往往只是侧重于绩效考核的最终结果。一方面忽视了教学改革过程中先进评估理念和管理理念的融入，另一方面也并未从专业建设未来发展的角度出发，制定针对性的绩效评估发展战略。这往往导致教师在科研或教学实践中，无法进一步同步学校一流专业建设的总目标，同时也无法有效提高教师对于教学创新的专业能力素养，造成绩效考核评估的结果也不够理想。其次，高校所构建的教学改革评估体系缺乏激励作用。科学的教学评价体系能够对相关参与者产生明显的激励作用，以更好地实现预期改革目标。但是当前高校所构建的教学评估活动"只看重数量，不注重质量"，缺少对相关参与者日常工作实施的关注度。

（三）高校教学改革项目实施效果评价的指标体系存在问题

首先，绩效评估指标体系的内容缺乏对于高校教学改革广泛而深层次的调研。在一流本科专业建设

过程中,绩效评估的指标体系要以院校的教学特色以及高等教育发展战略为依据,更好地将教学评价参与者的发展诉求与专业的优化建设相结合。但是当前许多高校在构建指标观测点的过程中,缺少对教师意见的广泛征求以及对各种因素的全方位调研,最终造成所构建的评价指标体系标准偏高或偏低,评价结果也无法真正反映出教学改革的实际效果。其次,绩效评估的指标体系存在复杂性问题。部分高校在专业创新建设过程中,为了进一步提高教学改革评价的完整性,将尽可能多的指标都罗列出来,但是指标内容过于复杂,往往不利于教学评价的高效进行,容易造成每个评价指标的权重有所降低。同时评价指标数量的增加还会进一步加大教学评估的工作量,也会提高教学改革评估的总体难度。如果评价指标过于简单,则可能造成教学评价结果的片面性,这就要求相关参与者要进一步掌握评价指标体系构建的合理范围。

三、高校教学改革项目实施效果绩效评价的基本原则

(一) 差异化原则

在高校教学改革项目实施过程中,不同类型的高校、不同层次的专业发展都有着差异化的定位和教学设置,因此它们在师资力量建设和教学实践的环节也有明显差别。教学改革项目实施也不应该一概而论,而是要遵循差异性的原则进行针对性绩效评价标准的制定。以理工科本科院校一流专业建设为例,教学管理人员要形成独特的办学层次,同时在人才培养的定位以及专业发展规划等方面也要明显区别于研究型、科研型的高校。另外,教学评价标准和人才评估标准的制定还要强调地方性特点。因为随着一流本科专业的不断推进,高校教学改革人才培养越来越强调要为地方经济建设和特色教育发展服务。因此在绩效考核指标体系建设过程中,要进一步凸显出教学改革项目实施评价的差异性特点。

(二) 特色化原则

尽管国家教育部门以我国高等教育改革为背景,进一步制定了"一流专业建设"的整体标准和要求。但是各地区高校要在本科专业建设过程中进一步突出自身院校的专业特色和办学特色,走特色化发展路径。因此,在教学改革项目实施效果评价过程中,要进一步结合自身院校的专业发展定位和人才培养规划,要对当前专业建设的各类资源进行充分整合,同时明确自身专业发展的突出性优势。明确如何进行人才培养模式的创新、如何进一步优化专业人才教学效果以及如何构建新时期一流专业。构建特色化专业建设绩效评价指标体系,一方面有助于加强高校专业的特色化建设,另一方面还可以提高教师教学质量评估工作水平以及学生考核工作水平,进一步促进广大师生实现个性化的发展。

(三) 适应性原则

高校教学改革项目实施效果绩效评价还应该遵循适应性原则,进一步优化教学评价的指标体系,使教学改革实践更好地适应我国本科院校的师资建设、教学改革、资源配置以及具体发展目标。高校要在促进地方经济发展的基础上,制定出适应性的教学改革目标和人才培养目标,避免一流本科专业建设好高骛远和脱离实际。在教学改革评价体系的构建过程中,要不断重视自身院校的专业定位,要以国家教育部门所制定的专业建设标准和质量评估标准为最高目标,检验自身专业发展和人才培养质量。

四、"一流本科专业"建设背景下高校教学改革项目实施效果绩效评价策略

(一) 明确教学改革实施效果评价的评价标准

从当前高校教学改革项目实施经验来看,重点学科和重点学校的建设必须要依据一定的评价标准进

行筛选,从而对当前高校教学改革的效果形成综合性认识,筛选出那些需要重点建设的学科项目。在进行改革项目绩效评价过程中,要以行政部门为主导,遵循"先筛选,后认证"的原则,进一步完成项目申报和项目考核。根据教育部发放的"双万计划"通知,一流本科专业建设必须要有明确的专业定位,同时形成规范化的专业管理体系。

(二)构建高校教学改革项目实施效果绩效评价的指标体系

1. 明确高校教学改革实施效果评价的基本模型和一级指标

通过对当前学术研究领域对于专业建设评价的理论研究进行分析可知,相关学者普遍采取将定性分析和定量分析、过程分析和结果分析相结合的方式。例如在教学改革评估实践过程中,主要采用斯坦福尔比姆 CIPP 评估模型。这一评价模型主要是基于泰勒的行为目标模式进行的优化和发展,它在教学评价过程中具有反馈性、过程性以及全面性的优势。主要将教学改革实施效果评估划分为了背景评估、输入评估以及结果评估等几个部分,符合我国本科院校一流专业评价的基本原则和要求。有助于利用科学的评价过程,检验教学改革的目标达成情况,及时改进教学改革的日常性问题,真正提高一流人才的培养质量。

2. 构建教学改革实施效果评价的二级指标和主要观测点

本科院校一流专业建设工程是一个需要长期开展且系统性运行的工程项目。因此,为了保证教学改革实施效果评价的可持续性和有效性,需要进一步遵循过程性、反馈性等基本原则,进一步设计出专业建设评价指标的二级指标内容。从而提高教学评估指标体系的系统性、针对性和可操作性。

(三)综合运用多种评价方式和评价渠道

首先,要实现外部评价和内部评价相结合。在高校一流专业建设过程中,从不同的观测角度和观测深入点往往会得出差异性的教学改革评价结论。其次,要将定性评价和定量评价相结合。定量评价主要是利用当前数字化的数据分析、数据收集技术,对教学改革的提升效果进行评估。再次,要实现过程性评价和结果性评价的有机融合。专业建设教学改革的过程评价主要由高校、社会机构以及政府有关部门参与,同时对教学改革项目实施的具体情况进行动态性跟踪。最后,还要将动态评价和静态评价相结合。动态评价和静态评价是教学改革评估中的重要评价手段。两者的有机融合可以在评价指标体系构建的基础上,形成更加专业化、多层次、立体化的评价体系。

(四)优化高等教育改革过程中的教师绩效考核和评价体系

在一流本科专业建设过程中,高水平师资队伍的建设也是其中的重要环节。因此要进一步创新教师绩效评估的原有方法,提高教师评价的科学性和准确性,增强教师绩效评估的针对性和时效性。另外,对本科院校教师的教学评估,既要包含科研工作内容还要包括教学评估内容,要将对教师教学专业能力评价与教师的奖惩制度、职称评定相联系,避免单纯依靠科研成果和论文发表进行职称授予。还要通过宣传引导和荣誉授予的方式,对教师的科研工作进行激励,使其更加积极地投入专业建设和学科发展的相关工作中,实现科研和教学相结合。

综上,"双一流"建设战略以及"双万计划"是国家推出的教育改革系统性工程。高校要进一步以"一流本科"专业建设为目标,进一步创新原有教学改革评估体系,明确一流人才培养的发展方向。要在教学评价过程中进一步明确系统性评价体系构建对于一流专业建设的重要价值,同时遵循差异性、特色性以及适应性原则,综合运用多种教学评价的方式和理念,构建出适合自身院校教学改革特点以及资源配置状况的教学改革评价体系模型。

参考文献

[1] 周冲.人力资源管理专业核心课程教学改革效果分析[J].阴山学刊,2022,35(01):107-112.
[2] 张聪.高职院校财经类专业统计学课程教学改革效果评价:以长春金融高等专科学校为例[J].中国管理信息化,2021,24(18):223-225.
[3] 郭建华."创新人才"培养视角下高校教师绩效评价与教学改革研究[J].科技风,2021(22):57-59.
[4] 薛晓琳.高校专项资金绩效评价实证研究:基于管理会计理论方法[J].会计之友,2021(09):132-136.
[5] 张婕,刘赢忆,刘召霞.职业能力导向的应用心理学专业教学改革效果研究[J].职业技术,2021,20(02):1-6.
[6] 苏欣慰,刘莎,袁晋芳.教育教学改革专项资金绩效评价与教师教学促进机制的研究[J].财经界,2020(36):11-13,47.
[7] 薛晓燕,李红梅.基于翻转课堂的涉外护理专业混合式教学改革效果研究[J].中国护理管理,2019,19(06):873-876.
[8] 王召瑞.H高校教师绩效评价指标体系研究[D].保定:河北农业大学,2019.
[9] 王霏.面向学生差异的地方高校教学改革绩效评价[J].现代农业研究,2019(01):79-83.

作者简介

胥晓雅 硕士,上海立信会计金融学院助理研究员;研究方向为教育管理。

"本研一体化"教务服务平台构建研究

——以上海立信会计金融学院为例

沈晓欢

摘要 面对新形势下高校教育改革与创新,本文以上海立信会计金融学院为例,探索构建"本研一体化"教学服务平台,整合我校本科生和研究生教学事务,共享交换相关教务数据,以期实现全校研究生和本科生在同一平台进行排课选课、成绩管理和数据分析等,实现多级管理与同级协同的新模式,更好地提升相关职能部门的服务效率和水平,提高我校人才培养质量和办学效益。

关键词 本研一体化 教务管理系统 人才培养

研究生教育与本科教育作为高等教育的两个重要层次,是国家发展、民族振兴的重要基石。当前,研究生、本科生教务管理处于相对独立的状况在高校仍普遍存在,导致了教学资源无法得到充分共享,制约了高校教育改革与创新。随着信息技术日新月异的发展,教育管理信息化建设也从"量变"跨入"质变"的关键阶段,通过信息化手段构建"本研一体化"教务融合正逐渐成为趋势,从而实现高校教学资源的统一调配与共享。

一、研究背景与意义

面向新时代,教育信息化支撑引领着教育现代化发展。《上海市教育信息化2.0行动计划(2018—2022)》,要求坚持融合创新,学校要推进教育服务"一网通办",对面向师生的线上线下服务事项,整合已有系统,优化办事流程,集成跨部门、跨层级服务,逐步实现协同服务、一网通办。

当前,我国具有研究生培养资格的高校基本采用本科生、研究生分类管理的模式,本科和研究生教学管理机构普遍独立设置。教务处统一管理本科教学等事务,研究生院统一管理研究生教学事务,使得原本紧张的教学资源得不到充分共享,如何科学有效地解决教学资源分配这一普遍存在的问题引发众多思考。根据《上海立信会计金融学院"十四五"研究生培养与学位点建设专项规划(2021—2025)》,"十四五"期间学校将争取获批1个以上一级学科硕士学位授权点、5至10个硕士专业学位授权点,在校研究生数量达到1 000人左右。届时,学校的教学资源会更加紧张,教师排课、教室安排等问题将更加突出。

在此背景下,本文通过研究分析相关高校已建成的"本研一体化"教务服务平台,结合上海立信会计金融学院实际教务管理需求和存在的问题,对本科生、研究生教学业务进行梳理,提出了在数字化校园大背景下,以稳定开放的学校中心数据库平台为运行支撑,以一体化服务和管理为导向,借助弹性灵活的系统架构,打破本科、研究生教务管理系统间的数据壁垒,打通教务处、研究生处的相关业务,实现跨部门业务融合与数据共享的一体化教学服务平台建设方案,也为今后上海立信会计金融学院构建本研教育贯通式培养、全面提升人才培养质量奠定坚实基础。

二、现存问题与研究现状

(一) 当前高校教学管理中存在的问题

本科生、研究生管理机构的分置产生了如下几方面的问题。

1. 教学资源未实现有效共享

许多高校的教学设施、教师资源等教学资源在分配上首先满足本科的需求,加之本科和研究生教育在管理机制、运行模式等方面存在差异,导致在开展培养计划制定、排课、选课等日常教学管理工作时两者缺乏协同。随着研究生招生规模不断扩大,相关教学资源将逐渐无法满足研究生教育教学的需求。目前,上海立信会计金融学院研究生课程排课相关工作只有待本科排课结束后,方由教务管理人员通过线下与相关老师进行反复沟通和协调,授课教师涉及会计学院、金融学院、信息管理学院、外国语学院、马克思主义学院等多个二级学院,排课效率亟待提升;在为研究生安排上课教室时,除了固定的研究生专用教室,有时只能见缝插针式地调整,使得教务管理时间成本较高。

2. 教学管理信息化系统未互联互通

传统教务系统通常都根据业务主管部门的需求进行设计开发,导致教务处、研究生院各自形成了一套与职能匹配的教务管理系统。研究生管理信息系统大多涵盖了招生、教务、学工、学位、就业等研究生培养全过程管理功能,本科教务管理系统主要涵盖了学籍、排课选课、教学和教室管理等业务功能。本科教务管理系统与研究生管理信息系统独立运行、平台兼容性差且数据标准不统一,形成了数据孤岛。教师查看课表、成绩录入等工作需要登录本科、研究生两套教务管理系统,带来了诸多不便。

3. 培养模式衔接不够

本科和研究生教育在培养目标上以及管理机制、运行模式等方面存在的差异,使得不少高校难以有效推进本硕贯通式人才培养体系,课程体系缺乏整体规划和有机衔接,部分为研究生开设的课程与本科课程内容相近,一定程度上影响了人才培养质量。上海立信会计金融学院历年录取的研究生,来源于本校的考生约占五分之一,存在着研究生期间重复修读本科生课程的现象。另外,部分研究生由于跨专业报考,在入校以后需要修读一些本科阶段相关专业的基础课程。

(二) 研究现状

随着信息技术的日趋成熟,不少高校在不断探索、改革教学管理体制机制的同时,提出本研一体化教务服务平台的建设理念,有助于推动高校开展教学改革、创新人才培养模式。

清华大学率先借鉴了耶鲁大学、哈佛大学等国外高校的先进管理经验,建立了本-硕-博一体化的综合教务管理系统,科学有效地协调相关单位落实开展教学工作,提高了学校人才培养质量和办学效益。北京大学分阶段分步骤地有序推进研究生管理信息系统建设,实现了跨部门的业务协同,其将工作理念由"管理"转变为"服务"在其中发挥了推动作用。同济大学基于微服务架构构建了一体化教务服务平台,新老教务系统进行了平滑迁移,实现了本研教育贯通式培养。

国内学者普遍认为,高校通过有序推进本科生、研究生教务管理系统的一体化建设,能够有效实现教学资源、教务管理和课程体系等方面的深度融合和充分共享,逐步形成"本研一体化"的管理模式。刘明旭(2018)认为高校应切实发挥信息化的助推作用,通过建设一体化的教务管理信息系统,有力推动"本研一体化"教学管理模式创新,稳步建成本研贯通式人才培养体系。聂嘉、杨思帆(2018)认为重庆师范大学近年来从人才培养方案、课程体系、管理水平、支持系统等方面开展的本硕一体化人才培养模式改革,在提升专业核心竞争力、提高就业质量等方面均取得了一系列显著成效。

三、系统需求分析

(一) 系统概述

上海立信会计金融学院"本研一体化"教务服务平台面向学校全体师生,在同一平台上开展本科生、研究生的排课、选课、退课、排考、成绩管理,统计分析各类教学、学业管理基础数据,统一进行教室管理等。学校通过对现有本科教务管理系统、研究生管理系统业务功能、系统架构进行全面分析,结合学校教务管理模式,厘清本科、研究生教务管理的核心业务需求,确定平台需要实现的中长期建设目标,给予科学的建设方案,开发出符合学校校情的系统,充分发挥好信息化建设对于"本研一体化"教学模式改革的助推作用。

(二) 系统构建思路

在保障现有业务不受影响的前提下,按照"总体设计、分步实施"的原则,提出构建上海立信会计金融学院"本研一体化"教学服务平台的可行性方案,融合打通本科生教务管理系统与研究生教务管理系统,加强教务处与研究生处之间的协同,推进全校教务数据的归集和共享交换,实现学校本科生和研究生教务管理业务一体化,教师、教室等教学资源实现本、研共享,如图1所示。

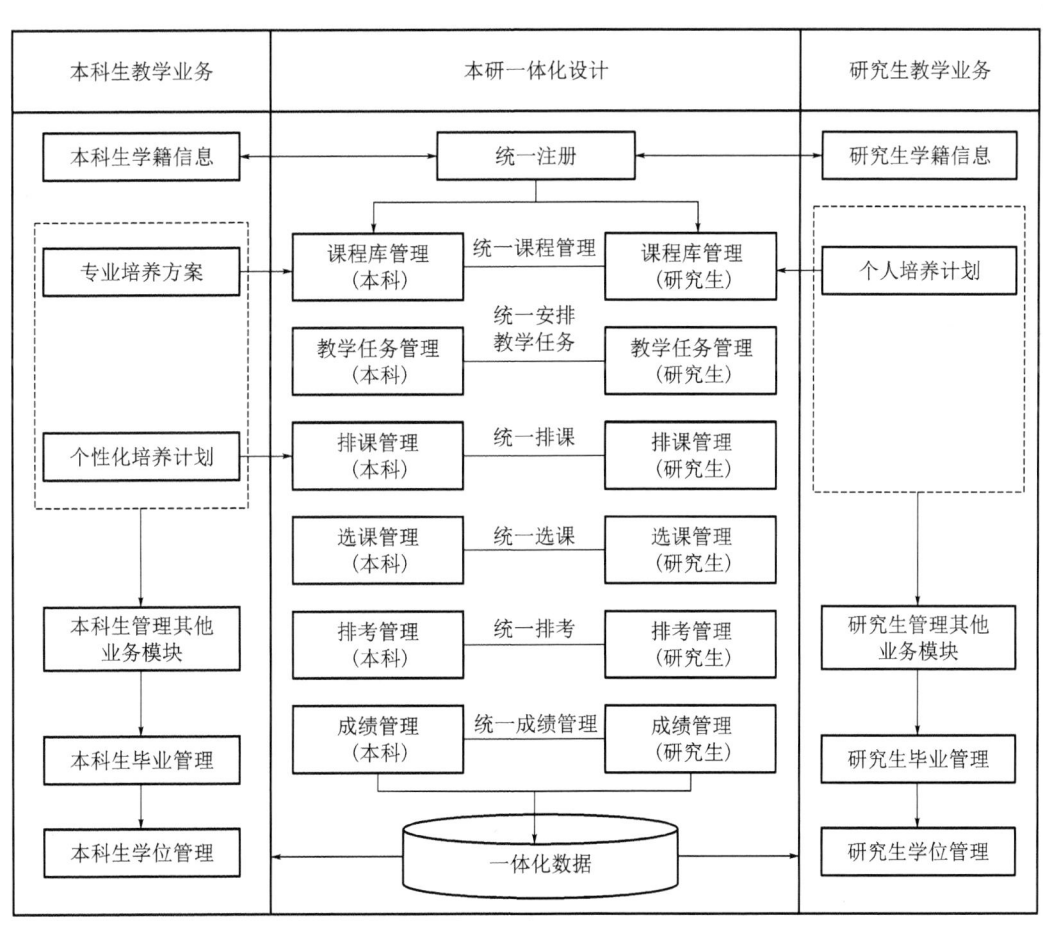

图1 "本研一体化"教务服务平台总体结构

从构建形式上，"本研一体化"教务服务平台目前主要有以下两种形式。一种是新开发一套排课选课系统，分别与本科生、研究生教务管理系统进行数据交换，三套系统各自独立运行，实现教学资源的共享，这种形式的优点是开发成本较低，缺点是易造成系统冗余、不利于深入推进本-硕-博贯通式人才培养体系的建设。另一种是将本科生、研究生教务管理系统进行整合，在一套系统中实现本科生、研究生教务管理的全部业务，采用这种形式意味着要放弃其中一套系统，建设成本较高。

经分析研究，上海立信会计金融学院现有的本科生教务管理系统、研究生培养系统的系统架构采用的都是B/S结构、基于企业级的Java 2 Platform Enterprise Edition(J2EE)平台，具有良好的开放性和可共享性，系统技术架构较为统一。通过加强顶层设计、统一规划"本研一体化"教学服务平台，理顺业务需求，厘清交叉业务，在两个系统现有功能的基础上进行扩展完善，实现两部门的协同运作。鉴于目前学校本科在校生人数远超过研究生，从系统的中长期生命周期考虑，采取以现有本科生教务管理系统为基础，对其进行功能扩展，新增研究生选课排课等功能，同时对研究生培养系统进行改造，两个系统通过中心数据库、接口程序进行业务数据交换和同步。这既能显著降低系统重构的成本，使得研究生培养系统中原有招生、研工、综合事务等模块以及一些个性化功能仍能正常使用，又实现了不同系统间的互通互联。

(三) 业务需求分析

"本研一体化"教务服务平台的核心业务需求在于实现全校师生员工、教学课程、教室资源的统一管理，涵盖学籍注册、培养计划管理、课程管理、排课选课、教学评估、考试组织和统计分析等各个环节，结合上海立信会计金融学院本科生、研究生教务管理业务实际，以科学高效的教学管理保障全校研究生、本科生教学工作的高水平开展。

1. 课程互选的需求

建立"本研一体化"教学管理模式除了要实现教学资源的共享，在供需上最大化地利用现有教室资源，还要推进本科生、研究生课程体系的深度融合。在"本研一体化"教务服务平台中，打通本科生、研究生的培养计划和课程模块，对于一些通选课程，要让本科生和研究生可以进行课程互选，使互为独立的研究生教育与本科教育间可以相互衔接，让学有余力的本科生进修研究生阶段的课程，让有需求的研究生补修本科阶段的专业课程，有效推进"本研一体化"课程体系改革，促进贯通式人才培养体系的形成。

2. 教务管理的需求

本科、研究生的课程互选是"本研一体化"教务管理的重要环节，需要通过系统平台在功能上提供有力支撑，尤其是教学管理标准化显得至关重要。教学管理标准化包括统一的课程编码规则、学籍注册管理、选课开课时间窗口、学分学时标准、评分登分方式等，保证相关数据的规范性和一致性，由此教务服务平台才可有效地运行，保障本硕课程的互选，支撑校院两级管理部门协同配合。

3. 各角色的具体需求

平台的用户主体按身份主要分为三大角色：系统管理员、教师和学生，其中学生又分为本科生和研究生。

系统管理员端的主要需求分为基础数据管理和系统初始化配置。在"本研一体化"教务服务平台中需要将研究生课程信息、教室信息、教师信息、教材、研究生个人信息等纳入系统的统一管理，为研究生配置相应的培养方案、教学计划、排课选课规则等，配置相应的角色、权限，满足研究生课程和研究生群体的排课需求。

对教师来说，在"本研一体化"教务服务平台中需要增加研究生相关课程、教学任务，排定新的教学计划，生成新的教学任务、课表、点名册等。

对于本科生而言，"本研一体化"教务服务平台中在界面上不会有大的变化，在选修课中新增加了研究生相关的课程；对于研究生而言，将增加"本研一体化"教务服务平台的访问权限，可在系统中维护、查看个人学籍信息、选课、个人全部课表。

4. 数据交互的需求

"本研一体化"教务服务平台需要与现有的研究生管理信息系统、学校中心数据库进行数据交互,包括研究生个人基础信息、课程信息、教室信息等,并需要将课表信息、考试成绩信息等同步至研究生管理信息系统。

(四)非功能性需求分析

在满足原有业务要求基础上,增加对研究生开、排、选课以及课程互选等需求,以至于带来对应的数据量、复杂度、系统访问量的增加,因此对系统"本研一体化"教务服务平台提出了更高的性能要求,系统设计时需要对此进行相关考量。另外,对应的数据权限会进一步复杂化,系统需要提供更高的权限控制支撑,最终上线的系统需要提供不低于原有系统的数据安全性级别,此外系统其他安全性不低于原有系统。

四、系统的功能与设计

为了实现"本研一体化"教务管理理念,通过对现有本科教务管理系统、研究生管理系统业务功能、系统架构的全面分析,结合我校教务管理模式,各教务管理系统彼此间既独立又互相联系,构成了本科生、研究生一体化培养一所需要的复杂、庞大、业务范围广的综合管理体系。

(一)设计目标

上海立信会计金融学院"本研一体化"教务服务平台是通过扩展现有本科教务管理系统功能,兼容本科生、研究生的教学运行模式,实现本科生和研究生教学资源的一体化使用和管理,实现统一课程、统一排课、统一选课等,最终实现统一化的教学运行(图2)。

平台依托学校数据中心,建设本科生教务管理数据库和研究生培养管理数据库,以"本研一体化"教务服务平台一个系统支撑本科生教务管理系统、数据交换平台和研究生培养系统,服务本科生、研究生、教师、教学和行政管理人员。

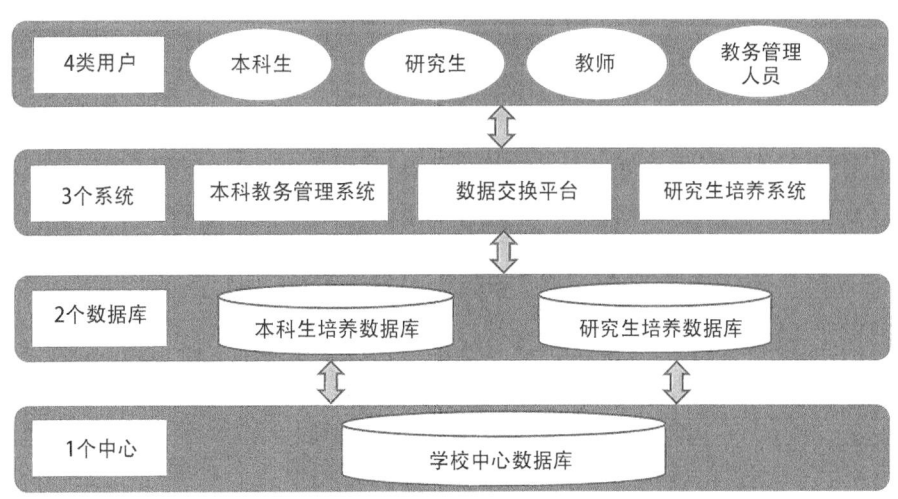

图2 "本研一体化"教务服务平台基本框架

(二)系统模块设计

上海立信会计金融学院自2011年获得审计硕士专业学位研究生培养资格以来,学校成立了负责研究生事务的职能部门,统一管理研究生教学事务,目前已建有涵盖研究生招生、学籍、培养、学位、学工、综合事务的研究生管理信息系统。学校本科生教务管理事务由教务处负责,通过本科生教务管理系统开展本科生的排课、选课、退课、排考、成绩管理,统计分析各类教学、学业管理基础数据等。在"本研一体化"教务服务平台的支持下,通过培养方案、课程管理、教学任务、排课管理、选课管理、学籍管理、基础信息等8个系统主要功能模块,可以实现本科生、研究生教务服务的一体化管理,相关数据均通过学校的中心数据库进行共享与交换。"本研一体化"教务服务平台中与研究生教务管理相关的功能模块如表1所示。

表1 "本研一体化"教务服务平台中研究生业务相关功能模块结构表

序号	功能模块	子模块	相关功能
1	培养方案	专业方案编制、专业方案审核、专业方案查询、学生方案绑定、班级方案绑定、公共课程	1. 专业培养方案 2. 研究生个人培养计划 3. 公共培养方案 4. 课程替代
2	课程管理	课程信息维护、课程类别、课程能力等级	1. 研究生课程维护 2. 研究生教学大纲
3	教学任务	任务管理、任务生成、任务查询、院系任务	1. 研究生任务管理 2. 重修开课
4	排课管理	课表查询、冲突检测、调课申请管理、手工排课、排课分组、院系排课、排课分配、课表发布、批量排课、排课日志;自动排课、小节占用模式、课程自动排课设置、任务自动排课设置、任务自动排课批次	1. 开关参数设置 2. 排课建议 3. 自动排课 4. 手动排课(本研课程冲突提示) 5. 课程管理
5	选课管理	上课名单、上课名单查询、选课范围、设置学分、统计筛选、选课参数、学科日志查询	1. 开关参数设置 2. 研究生选课 3. 研究生选课筛选 4. 研究生上课名单管理
6	学籍管理	学生学籍:预估填报开关、班级学生、学籍统计、学分统计、预估填报、预估填报管理、学生查询、学籍维护分权、学籍管理、学籍异动、班级查询、学籍信息确认开关	1. 研究生学籍维护 2. 研究生学籍异动
7	基础信息	基础信息:学校、部门、教学日历方案、学年学期、校区、建筑、房间、假日安排、时间设置、小节、通用人员信息;基础代码:性别、国家地区、民族、政治面貌、语种、行政区划、人员关系、证件类型、用户分类、科研机构、学科门类;教学基础:项目、专业、方向、课程、班级信息、教室、教师	1. 研究生授课教师管理 2. 外聘教师、兼职教师管理
8	系统管理	应用管理、资源管理、关系数据库	1. 研究生基础信息管理 2. 用户权限管理 3. 系统消息管理

(三) 系统权限设计

安全因素是应用开发中需要着重考虑的。除了在硬件方面安装防火墙、设置网络访问策略等措施,必须要设置对系统安全具有支撑作用的软件架构。考虑到本科生、研究生教务管理业务的融合,需要构建一体化的业务流程,可灵活地对平台分配用户权限。基于上述考虑,"本研一体化"教务服务平台权限管理采用基于角色的访问控制(role-based access control,RBAC)模型,其能够很好地满足"本研一体化"教务服务平台对权限管理方面的需求。其实现原理的基本思想为,每个角色将拥有不同权限(功能)的组合,系统权限(功能)将被赋予至角色,而不是具体用户,由角色限制用户在"本研一体化"教务服务平台中的功能操作。当一个角色指定给一个用户时,此用户就拥有该角色所包含的权限。由此,就增加了"本研一体化"教务服务平台功能的可配置性:学校统筹规划全校的教室资源、教师资源和教学时间,统一安排全校本科生和研究生课程的时间和地点;由教务处和研究生处各司其职,分别进行课程管理、教学任务的维护;本科生和研究生通过平台进行选课;以课程为单位统一管理本科生和研究生的课程成绩;教师可访问含有本科生、研究生课程开课信息的课表,在统一的界面录入所有选课学生的学习成绩。同时,还可有效防止出现数据安全漏洞,避免教职工、学生个人信息、成绩等类似敏感数据的外泄。

五、总结与展望

本文结合上海立信会计金融学院"本研一体化"教务服务平台建设,分析了平台的基本需求,结合本科、研究生的教务管理模式,开展了平台的设计,目前成功完成了"本研一体化"教务服务平台一期工程,实现了包括底层基础数据、系统支撑服务以及培养计划制定、排课选课、教室管理等业务功能,基本达到了预期目标。平台最终兼标准技术、快速开发为一体,在技术架构、可扩展性和成本控制等方面均具有一定的优势。

教务管理信息化建设是一项长期的、不断迭代的系统化工程,平台的功能还有待进一步地完善和优化,下阶段的研究重点将进一步拓展平台功能,加速推进"本研一体化"教务服务平台与相关应用系统的融合,为今后学校实施本研贯通式培养奠定良好的基础。

参考文献

[1] 宣华.本-硕-博一体化教务管理的探索与实践:以清华大学注册中心为例[J].教育理论与实践,2013,33(3):9-11.
[2] 张辉.研究生教育管理信息化建设的实践与认识:以北京大学为例[J].学位与研究生教育,2013(5):36-40.
[3] 刘明旭.高校教学管理信息化建设路径探究:"本研一体化"视角[J].教育信息化论坛,2018,15(3):35-36.
[4] 聂嘉,杨思帆.教育学本硕一体化人才培养模式改革探讨:以重庆师范大学为例[J].教育与教学研究,2018,32(3):49-54.
[5] 宣华,郭大勇.构建现代化教学支撑平台的探索[J].高等工程教育研究,2009(2).
[6] 马霖.基于工作流的信用卡增值业务系统设计与实现[D].上海,上海交通大学,2009:16-18.

作者简介

沈晓欢 硕士,上海立信会计金融学院研究生处工程师;研究方向为信息系统管理与软件开发。